Bhakti
Das Yoga der Liebe

Bhakti
Das Yoga der Liebe

Gregor Maehle

Kaivalya Publications 2025

Lektorat: Manuela Guillebeau

Von demselben Autor:

Ashtanga Yoga: Practice and Philosophy

Ashtanga Yoga: The Intermediate Series

Pranayama The Breath of Yoga

Yoga Meditation: Through Mantra, Chakras and Kundalini to Spiritual Freedom

Samadhi The Great Freedom

How To Find Your Life's Divine Purpose – Brain Software For A New Civilization

Chakras, Drugs and Evolution – A Map of Transformative States

Mudras: Seals of Yoga

Herausgegeben von Kaivalya Publications PO Box 181
Crabbes Creek, NSW 2483 Australien

© Gregor Maehle 2025

Dieses Buch ist urheberrechtlich geschützt. Mit Ausnahme des fairen Umgangs für private Studien, Forschung, Kritik oder Rezensionen, wie es das Urheberrechtsgesetz erlaubt, darf kein Teil ohne schriftliche Genehmigung des Autors vervielfältigt werden.

Englische Ausgabe erstmals veröffentlicht 2024

Maehle, Gregor
Bhakti: Das Yoga der Liebe/von Gregor Maehle;

Lektorat: Manuela Guillebeau

ISBN (pbk.): 978-1-7635825-4-5
Enthält bibliografische Hinweise

Bhakti-Yoga

Es wurden alle Anstrengungen unternommen, die Urheberrechtsinhaber der zitierten Materialien zu kontaktieren, aber das war nicht in jedem Fall möglich.

Titelbild: Radha und Krishna, Bharat Kala Bhavan, Varanasi

Widmung

An die alten Weisen Indiens, die die Geheimnisse des Lebens in den *Veden* und *Upanishaden* offenbart haben.

Danksagung

Ich bin Shri T. Krishnamacharya dankbar für sein lebenslanges Engagement, viele äußerst hilfreiche Yoga-Techniken zu lehren.

An Shri Ramakrishna, weil er gezeigt hat, dass es eine gemeinsame Wahrheit hinter allen Religionen gibt, die nicht auf eine einzige Art von mystischer Erfahrung reduziert werden kann.

An Shri Ramanujacharya für die Darstellung einer genauen Theologie, die auf den *Upanishaden*, der *Bhagavad Gita* und dem *Brahma Sutra* basiert.

An Shri Aurobindo, der gezeigt hat, dass *Jnana*, *Karma* und *Bhakti* Yoga Teile eines integrierten Ganzen sind.

An Alfred North Whitehead, der gezeigt hat, dass dies auch für die Mathematik, die westliche Wissenschaft, die westliche Philosophie und das Christentum möglich ist.

Inhaltsverzeichnis

Liste der Shastras, die in diesem Text zitiert werden: xiii

Einführung 1

Kapitel 1: Wer und was ist das Göttliche? 23

Kapitel 2: Wer sind wir? 77

Kapitel 3: Was ist unsere Beziehung zum Göttlichen? 95

Kapitel 4: Bhakti, was es ist 123

Kapitel 5: Karma Yoga und seine Bedeutung für Bhakti 167

Kapitel 6: Jnana Yoga und seine Bedeutung für Bhakti 213

Kapitel 7: Raja Yoga und seine Bedeutung für Bhakti 237

Kapitel 8: Die Rolle der Ethik in Bhakti 253

Kapitel 9: Metaphysische Irrtümer und was das
Göttliche nicht ist 263

Kapitel 10: Klärung von Begriffen 293

Epilog 323

Bibliographie 327

Informationen über den Autor 335

Liste der Shastras, die in diesem Text zitiert werden:

Aitareya Upanishad
Bhagavad Gita
Bhagavata Purana
Brhad Aranyaka Upanishad
Chandogya Upanishad
Gheranda Samhita
Hatha Tatva Kaumudi
Hatha Yoga Pradipika
Mahabharata
Mandukya Karika
Mandukya Upanishad
Mundaka Upanishad
Narada Bhakti Sutras
Ramanujas Shri Bhashya
Ramanuja's Vedanta Sara
Taittiriya Upanishad
Yoga Sutra

Umfangreiches Inhaltsverzeichnis

Danksagung ix

Liste der Shastras, die in diesem Text zitiert werden: xiii

Einführung 1
- Meine Begegnung mit Bhakti 2
- Was ist ein Ishtadevata? 5
- Namen des Göttlichen 8
- Was ist Menschliche Liebe? 9
- Der Unterschied Zwischen menschlicher und göttlicher Liebe 12
- Was ist göttliche Liebe? 16

Kapitel 1: Wer und was ist das Göttliche? 23
- Das göttliche als das Selbst 24
- Gottheiten und göttliche Formen 33
- Gott als das Universum 42
- Vijnana, Gottverwirklichung 49
- Transzendent und immanent, Vater und Mutter, Nirguna und Saguna 60
- Das Geheimnis des Höchsten Wesens 69
- Stufen der Gottverwirklichung 72

Kapitel 2: Wer sind wir? 77
- Jiva, die individuelle Seele, die in die Wiedergeburt verstrickt ist 81
- Purusha, das verkörperte Bewusstsein 88
- Atman, das unverkörperte Selbst und das reine Bewusstsein 92

Kapitel 3: Was ist unsere Beziehung zum Göttlichen? 95
- Die Egolosigkeit des Göttlichen 96
- Warum ist diese Beziehung so wichtig für
  das Göttliche? 103

Kapitel 4: Bhakti, was es ist 123
- Definition von Bhakti 127
- Eigenschaften und Haltungen, die Bhakti unterstützen 130
- Arten und Formen von Bhakti 138
- Weihung 145
- Gottverwirklichungen und die Intellektuelle
  Liebe zu Gott 148
- Reine Liebe und Ekstase 153
- Auswirkungen von Bhakti 155
- Die Essenz von Bhakti 162

Kapitel 5: Karma Yoga und seine Bedeutung für Bhakti 167
- Das Gesetz des Karmas 167
- Karma als Arbeit 175
- Was ist Karma Yoga? 178
- Die tiefe Bedeutung des Yajna 180
- Warum ist Karma Yoga wichtig? 185
- Selbstkontemplation (Svabhava) oder Gesetz des Seins 189
- Selbst-Pflicht (Svadharma) oder Gesetz des Werdens 197
- Varna oder kaste und warum es für Bhakti wichtig ist 202
- Yajna – mehr über Darbringung und Geben 205

Kapitel 6: Jnana Yoga und seine Bedeutung für Bhakti 213
- Was ist Jnana Yoga? 213
- Vijnana (Gottverwirklichung) 217
- Jnana und Bhakti 218

- Wie Man Jnana Yoga praktiziert 220
- Auswirkungen von Jnana 231

Kapitel 7: Raja Yoga und seine Bedeutung für Bhakti 237
- Was ist Raja Yoga? 237
- Warum Raja Yoga 241
- Methoden Des Raja Yoga 245
- Praktische Tipps für die Integration von Bhakti in die Raja Yoga Praxis 248
- Zusammenfassung 251

Kapitel 8: Die Rolle der Ethik in Bhakti 253

Kapitel 9: Metaphysische Irrtümer und was das Göttliche nicht ist 263
- Der unbewegte Beweger 264
- Gott – nicht ein riesiger Mensch im Himmel 267
- Die Welt – keine Illusion 273
- Bewusstsein – nicht alles, was Existiert 276
- Karma Yoga – keine minderwertige Disziplin des Yoga 281
- Bhakti-Yoga – nicht der einzige Weg, sich dem Göttlichen zu nähern 283
- Das individuelle Selbst und das göttliche Selbst – nicht ein und dasselbe 286

Kapitel 10: Klärung von Begriffen 293
- Geist 293
- Avatarschaft 303
- Shraddha 307
- Shastra (Schrift) 311
- Yugas (Weltzeitalter) 314

- Kasten und Varnas - zusätzliche Hinweise und Referenzen 319

Epilog 323

Bibliographie 327

Informationen über den Autor 335

Einführung

Im 14. Jahrhundert in Schiraz in Persien ging ein 20-jähriger Bäcker am Balkon einer Frau aus der Oberschicht vorbei und verliebte sich beim Anblick ihrer Schönheit hoffnungslos in sie.

Der Bäcker war arm, stammte aus einfachen Verhältnissen und galt nicht als hübsch. In dem Maße, in dem ihm dämmerte, dass sein Verlangen nach der Frau, die später die Frau des Königs wurde, niemals erfüllt werden konnte, wurde seine Besessenheit von ihr nur noch größer. Seine Verliebtheit ging so weit, dass er schließlich kaum noch essen und schlafen konnte. Über verschiedene Umwege wurde der junge Mann schließlich Schüler eines Sufi-Meisters, der ihm riet, seine menschliche Liebe in Richtung des Göttlichen zu lenken. Hafiz, wie er genannt wurde, hielt seine gesamte mystische Reise in seinen Gedichten fest, die heute zu den schönsten in persischer Sprache gehören. Obwohl er kein *bhakta*[1] im engeren Sinne des Wortes war, gibt uns Hafiz' Werk dennoch einen klaren Wegweiser, was es bedeutet, menschliche Liebe in göttliche Liebe zu verwandeln. Es ist bemerkenswert, dass es selbst bei Hafiz 40 Jahre lang dauerte, bis sich die ungeschliffenen Gefühle des Herzens in das kostbare Juwel der göttlichen Verwirklichung verwandelt hatten.

Ich besitze zwar nicht Hafiz' Gabe der Poesie, aber auch mein Zugang zum Pfad der *bhakti* erfolgte nicht durch die Vordertür. Als ich jung war, fühlte ich mich zum *Jnana Yoga* hingezogen, dem Weg der Realisierung des formlosen Absoluten oder des unendlichen Bewusstseins durch das Reflektieren über Schriftstellen. Ich praktizierte auch das

---

[1] Praktizierender des Bhakti-Yoga, dem Weg der Hingabe

Raja Yoga des *Yoga Sutra*, das aus verschiedenen Meditations- und Konzentrationsübungen besteht, um den Geist scharf wie einen Laser zu machen, damit er Unwissenheit und Verblendung durchschneiden kann. Beim *Bhakti* Yoga fühlte ich mich jedoch immer unwohl. Es erinnerte mich an die religiöse Indoktrination meiner Kindheit, bei der mir gesagt wurde, ich müsse an einen riesigen, bärtigen, weißen Mann im Himmel glauben, der bei meiner Weigerung Fluten, Heuschrecken, Seuchen usw. schicken oder mich in die ewige Verdammnis der Hölle schicken würde.

MEINE BEGEGNUNG MIT BHAKTI

Als ich in Indien ankam, war ich im gleichen Alter wie Hafiz, als er Shakh-e-Nabat auf dem Balkon sah. Hier war ein Land, in dem es niemanden interessierte, ob mein Gott das formlose Absolute, das *nirvana*, ein blauhäutiger Flötenspieler oder gar eine nackte, schwarze Frau mit Totenkopfgirlanden war. In meinem Gepäck nach Indien befand sich eine Erfahrung, die ich vor kurzem gemacht hatte und die ich in den Korb «zu schwer zu integrieren» gelegt hatte, da sie mit meinen atheistisch-agnostischen Tendenzen unvereinbar war. Nachdem ich über einen längeren Zeitraum meditiert, gefastet, mich isoliert und die *Upanishaden* studiert hatte, bin ich zum Schluss gekommen, dass ich nicht in der Lage war, das zu erreichen, was ich anstrebte: *moksha*, spirituelle Befreiung. In einem seltenen Moment der Hingabe legte ich mich auf den Waldboden und richtete meine Augen auf den nächtlichen Himmel. Ich dachte: «Hilfe, zeig mir, wer ich bin», obwohl es nach meinem bekennenden Agnostizismus kein Wesen da draußen gab, das ich hätte ansprechen können.

In diesem Moment war es, als würde ein riesiger Reißverschluss über den Himmel aufgezogen werden und der Stoff, der die Realität verhüllte, wurde entfernt. Dahinter erschien ein unendliches und ewiges Wesen, dessen Körper die Gesamtheit aller Universen war. Vor meinem inneren Auge brachte diese Wesenheit einen endlosen Strom von Universen hervor und nahm andere, die ihren Lauf genommen hatten, wieder auf. Gleichzeitig strahlte das Wesen eine Unendlichkeit von empfindungsfähigen Wesen, Mikroben, Pflanzen, Pilzen, Tieren, Menschen und göttlichen Formen aus, die alle Berechnungen und Emanationen seines Selbst waren, und dadurch wurde es zu sich Selbst. Gleichzeitig blieb ein Aspekt seines Selbst, Seine ewige Essenz, von diesen Umwandlungen völlig unberührt. Ich sah diese Offenbarung etwa 45 Minuten lang vor meinem geistigen Auge. Dann dachte ich über ein Jahr lang darüber nach, bevor ich zu dem Schluss kam, dass sie nicht in meine Lebensauffassung passte und deshalb in den Korb mit den zu hart zu vereinbarenden Dingen wanderte. Das, was ich gesehen hatte, war mir zu lebendig, zu sehr Wesen; es beinhaltete zu viel Prozess, Entwicklung und Vielfalt. Ich wollte nur das Eine, das Nichts, die Leere, die Nichtexistenz, das Bewusstsein, die Bewusstheit und die Stille. Ich wusste nicht, was ich mit Gott und der Liebe anfangen sollte.

Mit diesen Vorurteilen kam ich in den frühen 80er Jahren nach Indien, wo ich mich zunächst verschiedenen Sekten und Kulten anschloss, die Erleuchtung versprachen, bevor ich eine mehrjährige Ausbildung im klassischen Yoga begann. Diese Ausbildung umfasste *asana*, *pranayama*, *chakra*-Kundalini Meditation, *samadhi*, Sanskrit und das Studium der *shastra* (Schriften). Ungefähr 20 Jahre nach Beginn dieser Ausbildung begann ich, ohne viel darüber nachzudenken, während langer Atemrückhalte (*kumbhakas*) *trataka* (Blick) auf verschiedene göttliche Bilder und Symbole zu praktizieren. Ich wollte herausfinden, ob eine solche Konzentration dazu beiträgt, den Geist während des Atemrückhalts klar (*sattvisch*) zu halten. Was ich bekam, war viel mehr als das, was ich erwartet hatte. Ich lernte, dass inspirierte göttliche Bilder, die spirituellen Archetypen ähneln, Wissen offenbaren können, wenn der Geist des Meditierenden leer und aufnahmefähig ist. Wenn sie richtig ausgeführt werden, wird der Geist bei langen yogischen Atemrückhalten mehr oder weniger automatisch leer und aufnahmefähig.

Während ich mich anfangs auf hinduistische Götterbilder in Kombination mit *mantras* in Sanskrit konzentrierte, lernte ich später, dass buddhistische, islamische, christliche und jüdische Bilder in Kombination mit Inkantationen auf Pali, Arabisch oder Hebräisch genauso gut funktionieren. Der indische Mystiker Shri Ramakrishna, der all diese Wege nacheinander beschritt, hatte dies bereits bestätigt. Später experimentierte ich mit animistischen, indigenen und naturbasierten heiligen Symbolen wie Tier- und Pflanzengeistern, heiligen Bergen und Flüssen usw., deren Wert und Fähigkeit, den Meditierenden zu unterweisen, sich ebenfalls bewährt haben. Obwohl ich mein *Raja* Yoga bis heute fortsetze, haben mich diese Erfahrungen letztlich von einem technikbasierten *Raja* Yogi zu einem auf Hingabe basierenden *Bhakti* Yogi gemacht. Ich hoffe, dass dieser Text über *Bhakti* Yoga jeden unterstützen kann, der tiefer in seine Spiritualität und die damit verbundenen Erfahrungen eintauchen möchte.

Du kannst *Bhakti* Yoga praktizieren, egal ob du Mitglied einer spirituellen Gemeinschaft bist oder nicht. Was ich sehr wichtig finde, ist, dass authentische spirituelle Erfahrungen und Wissen den Glauben letztendlich ersetzen werden. Jemand, der nur an etwas glaubt, weiß, dass er sich auf unsicherem Boden befindet und neigt deshalb dazu, seine Position dogmatisch gegen Andersgläubige zu verteidigen. Die zur Schau gestellte Gewissheit in Bezug auf religiöse und spirituelle Überzeugungen zeigt sich oft im Ausmaß des inneren Zweifels und der Infragestellung. Dieses Paradoxon von äußerer Gewissheit und innerem Zweifel hat viel zu

EINFÜHRUNG

unserer Geschichte der heiligen Kriege beigetragen, bei denen wir versuchen, diejenigen mit dem Schwert zu bekehren, die einen anderen Glauben haben, den wir als bedrohlich empfinden. Wenn wir Wissen erlangt haben, spielt es keine Rolle mehr, ob jemand anderes glaubt, dass wir Recht haben oder nicht.

Du würdest dich zum Beispiel nicht bedroht fühlen, wenn dir jemand sagt, dass du keine Augen hast. Die Tatsache, dass du sehen kannst, sagt dir, dass du Augen hast. Alternativ kannst du auch in den Spiegel schauen, um zu bestätigen, dass du Augen hast. Ähnlich verhält es sich, wenn jemand sagt, er glaube nicht an die Schwerkraft. Du kannst dich auf deine Füße stellen und spüren, wie die Schwerkraft deine Füße in den Boden drückt. Auch wenn du auf einem Sofa sitzt, spürst du, wie die Schwerkraft deinen Körper auf die weiche Oberfläche drückt. Wenn dir jemand sagt, dass er nicht glaubt, dass du Augen hast oder nicht an die Schwerkraft glaubt, wirst du ihn wahrscheinlich für seltsam halten, aber sicher nicht für eine Bedrohung für dein primäres Wertesystem. Anders verhält es sich mit religiösen Überzeugungen. Wenn wir noch kein Wissen erlangt haben, kann uns die Tatsache, dass jemand anderes einen anderen Glauben vertritt, verunsichern, ob unser Glaube falsch ist. Wir können diese Unsicherheit durch Aggression kompensieren. Diese Unsicherheit und die daraus resultierende Aggression werden überflüssig, wenn wir mystisches Wissen erlangen.

WAS IST EIN ISHTADEVATA?

All das ändert sich, wenn wir das eine namenlose Göttliche kennen, das unter tausend Namen bekannt ist. Dieses Wissen führt zur Ergebenheit und zum Dienst an dem Einen, der uralten Quelle aller Religionen, spirituellen Wege und mystischen Schulen, die alle gleichermaßen gültig sind. Im

Yoga Sutra heißt es, dass das Studium heiliger Abhandlungen die für dich passende Gottheit (*ishtadevata*) offenbart.² Das Konzept des *ishtadevata* impliziert, dass es viele verschiedene Arten von Persönlichkeiten gibt, wobei jede göttliche Form eine andere Frequenz repräsentiert, die von dem einen Göttlichen angenommen wird, um mit uns individuell zu kommunizieren. Obwohl das Göttliche weder eine Person noch ein riesiger Mensch im Himmel ist, ist es für jeden von uns persönlich. Das ist so, weil wir alle Permutationen des einen Göttlichen sind, durch die Es Seine unbegrenzte Kreativität verkörpert. Die *Gheranda Samhita*, ein mittelalterlicher *Hatha* Yoga Text, lehrt in ihrem siebten Kapitel sechs Wege, um *samadhi* (absorbierende Ekstase und Offenbarung) zu erreichen. Einer dieser sechs Wege ist *bhakti samadhi*, der darin besteht, das *ishtadevata* (die für ein bestimmtes Individuum angemessene göttliche Form) in unserem Herzen zu visualisieren, bis wir Tränen der Freude vergießen.³ Es scheint verwirrend, dass die einfache Visualisierung einer göttlichen Form zum Vergießen von Tränen des Glücks führen soll, aber der Kontext ist alles. Dieser Vers steht im letzten Kapitel einer Abhandlung, die endlose Listen von okkulten Praktiken wie *asanas*, *kriyas*, *mudras*, *pranayama*, Meditationen usw. enthält, um sich auf *samadhi* vorzubereiten. Selbst bei diesem abschließenden Thema besteht die *Gheranda Samhita* nicht auf *bhakti*, sondern führt sie nur als eine von sechs möglichen Vorgehensweisen auf.

Der entscheidende Hinweis in dem Vers, der *bhakti* so kraftvoll macht, ist jedoch der Begriff *ishtadevata*. Die wichtige Konnotation, die dieser Begriff beinhaltet ist, dass du eine Repräsentation des Göttlichen wählen musst, die für dich geeignet ist und die dir nicht von jemand anderem

---

2 Yoga Sutra II.24
3 Gheranda Samhita VII.14-15

EINFÜHRUNG

aufgezwungen wird. Eine Form, die für mich geeignet ist, kann für jemand anderen völlig unpassend sein. Eine solche Situation sollte uns nicht verunsichern, sondern uns dazu bringen, unsere Vielfalt zu feiern. Wenn du zum Beispiel der einzige lebende Mensch auf der Erde wärst, der über ein bestimmtes *ishtadevata* meditiert, würde das weder dieses *ishtadevata* abwerten noch deine Erfahrung in irgendeiner Weise entwerten. Es bedeutet nur, dass du derzeit der einzige Mensch auf der Erde bist, der diesen bestimmten spirituellen Persönlichkeitstyp hat.

Wenn unsere Meditation und Verbundenheit mit unserem *ishtadevata* tiefgreifend ist, können wir schließlich an den Punkt kommen, an dem wir die Tiefe dessen ausgelotet haben, was uns dieses bestimmte *ishtadevata* offenbaren kann. Beachte, dass dies keine Beschränkung des Göttlichen ist, sondern eine unseres spirituellen Persönlichkeitstyps. Wir können uns dann entscheiden, über eine andere göttliche Form zu meditieren und dann noch eine andere, wie Shri Ramakrishna gezeigt hat. Shri Aurobindo sagte, dass ein vollendeter *bhakta* letztendlich über alle verfügbaren *ishtadevatas* meditieren wird. Wir sollten uns von dieser Aussage jedoch nicht zu einer Art Wettlauf mit der Zeit von göttlicher Form zu göttlicher Form verleiten lassen. Dennoch wies Aurobindo auf eine Tatsache hin, die für eine zukünftige globale spirituelle Gemeinschaft äußerst wichtig werden wird. Wenn du eine fremde Kultur besuchst, dann bereite dich darauf vor, indem du über die göttlichen Formen meditierst, die in dieser Kultur verwendet werden. Durch eine solche Meditation tauchst du von innen in eine andere Kultur ein. Indem du die göttlichen Formen dieser Kultur verstehst und ihren *darshana*[4] erhältst, wirst du in eine andere Kultur eintauchen, wie ein Fisch ins Wasser.

---

4 Darshana bedeutet direkt übersetzt Ansicht. Während einer tiefen Betrachtung erlangen wir Offenbarung.

NAMEN DES GÖTTLICHEN

Um die Allgemeingültigkeit auszudrücken, werde ich in diesem Text die folgenden Begriffe für das Göttliche verwenden: das Höchste Wesen, Purushottama (Sanskrit für das Höchste Wesen), das Eine, und Gott. Der letztgenannte Begriff ist besonders belastet, da fast jeder eine klare Meinung darüber hat, was er bedeutet, ob positiv oder negativ. Ich fand es sehr wichtig, diesen Begriff zurückzufordern. Im ersten und wichtigsten Kapitel dieses Buches geht es darum, was das Göttliche ist und was nicht. Fische haben scheinbar kein Bewusstsein für den Ozean, in dem sie schwimmen, denn er ist alles, was sie je erlebt haben. So ist es auch mit dem Göttlichen. Unsere Situation in Bezug auf das Göttliche ist ähnlich wie die eines Fisches in Bezug auf den Ozean. Wir definieren etwas, indem wir seine Grenzen gegen etwas abgrenzen, das es nicht ist. Unsere Definition des Guten erhält Bedeutung, indem wir es gegen das Falsche abgrenzen, genauso wie unser Begriff des Heißen, der durch die Abgrenzung von dem entsteht, was kalt ist.

Ebenso war Blau die letzte Farbe, die in den meisten Sprachen benannt wurde. Das liegt daran, dass der größte Teil der Welt, der Himmel und die Ozeane, blau sind. Aus diesem Grund sahen wir die Farbe Blau über einen langen Zeitraum unserer Geschichte nicht als Farbe an, sondern als das, wie die Welt aussieht. Genauso verhält es sich mit dem Göttlichen, und deshalb fällt es uns schwer, Es zu sehen. Das Göttliche ist nicht nur die Kulisse, vor der sich alles abspielt, sondern alle Akteure auf dieser Leinwand sind auch das Göttliche.

Ich werde diesen Text auf heilige Schriften, das Zeugnis wegweisender Mystiker und meine eigenen Erfahrungen stützen. Im Großen und Ganzen basiert alles, was ich in diesem Buch schreibe, auf diesen drei Grundlagen. Die

EINFÜHRUNG

maßgeblichen Schriften, die ich zitiert habe, sind die *Bhagavad Gita*, das *Bhagavata Purana* (in beiden ist der Vishnu-*avatar* Krishna der Hauptsprecher) und Naradas *Bhakti Sutra*. Ich werde auch aus der *Bibel* und verschiedenen Yogatexten zitieren, insbesondere aus dem *Yoga Sutra*. Außerdem habe ich den indischen Theologen Ramanujacharya (1077-1157 n. Chr.), die indischen Mystiker und Philosophen Shri Ramakrishna (19. Jahrhundert) und Shri Aurobindo (20. Jahrhundert), den britischen Mathematiker und Philosophen Alfred North Whitehead (20. Jahrhundert) und verschiedene zeitgenössische indische Gelehrte, darunter Swami Tapasyananda und Swami Tyagisananda, zitiert. Wenn es zum ersten Mal vorkommt, spreche ich diese Autoritäten mit dem in Indien gebräuchlichen Ehrentitel Shri an. Aufgrund der Masse an Zitaten und um mich nicht zu sehr zu wiederholen, werde ich den Titel im weiteren Verlauf weglassen. Das ist nicht respektlos gemeint, und ich hoffe, dass niemand daran Anstoß nimmt.

WAS IST MENSCHLICHE LIEBE?

Die mittelalterliche *Hatha Tatva Kaumudi* fragt, was *Hatha Yoga* ohne *bhakti* nützt.[5] Der Text beschreibt *bhakti* als den Prozess, bei dem ein Yogi in Tränen intensiver Glückseligkeit getränkt wird, die durch die Liebe in der Kommunion mit dem Göttlichen hervorgerufen werden. Im Text heißt es weiter, dass *bhakti* die Erfahrung der ewigen Liebe ist, wenn man in den Ozean der göttlichen Liebe eintaucht. An der Wortwahl ist zu erkennen, dass sich der Begriff der Liebe hier deutlich von den Vorstellungen unterscheidet, die wir in der modernen Gesellschaft von der Liebe haben. Heute verwenden wir den Begriff hauptsächlich im Zusammenhang mit romantischer Liebe. Die romantische Liebe geht von dem Mythos aus, dass

---

5 Hatha Tatva Kaumudi, S. 629

wir irgendwie unvollständig sind und dass es da draußen genau die richtige Person gibt, die uns ganz und vollständig macht, wenn wir sie nur finden können.[6] Moderne Menschen neigen daher dazu, romantische Beziehungen mit enormen Erwartungen zu beginnen, unter deren Gewicht sie schnell zusammenbrechen. Die meisten Menschen können der Erwartung, ihren Partner ganz und glücklich zu machen nicht gerecht werden, und warum sollten sie auch? Wir glauben dann, dass wir die falsche Person gewählt haben, gehen unseren Weg und suchen weiter nach Mr. oder Mrs. Right.

Eines der Probleme der menschlichen Liebe ist das immer vorhandene Element der Projektion. Freud wies darauf hin, dass unsere Beziehungen zu unseren primären Bezugspersonen, in der Regel unseren Eltern, bestimmte psychologische Wunden hinterlassen, die im Yoga *samskaras* (unbewusste Prägungen) genannt werden. Auf der Grundlage dieser frühen Prägungen wählen wir später im Erwachsenenalter unsere(n) Partner nach ihrer Fähigkeit aus, dieselben Wunden wieder aufzureißen, weil sie unsere bestehenden Vorurteile bestätigen. So werden unsere Partner zur Projektionsfläche für unsere unbewussten Vorurteile. Ich werde sie einfach als Projektionen bezeichnen.

Zu diesen Vorurteilen gehören Überzeugungen wie die, dass das Leben schmerzhaft oder komplex ist, dass wir wertlos oder unwürdig sind, dass Männer nur an Sex interessiert sind, dass es Frauen nur um Geld und Sicherheit geht, und viele mehr. Unser Unterbewusstsein hat solche Überzeugungen aus unseren Lebenserfahrungen verinnerlicht, um zu überleben, und viele von ihnen stammen aus der frühen Kindheit durch das Nachahmen unserer primären Bezugspersonen. Wir haben diese Überzeugungen als Reaktion auf das Verhalten unserer

---

6 Robert A. Johnson, We: Understanding the Psychology of Romantic Love, Harper One, 2009.

EINFÜHRUNG

Bezugspersonen und aller anderen, denen wir begegnet sind, entwickelt. Wenn wir uns nicht auf eine transformative Arbeit einlassen, werden solche unbewussten Vorurteile und Überzeugungen im Erwachsenenleben meist nicht überprüft, weil sie in der Vergangenheit funktioniert haben. Aus diesem Grund bezeichnen wir im Yoga die Gesamtheit dieser Überzeugungen als roboterhafte Programmierung.

Wir neigen dazu, unsere Partner nicht danach auszuwählen, wer sie wirklich sind, sondern danach, ob sie geeignet sind, unsere Projektion zu empfangen. Der Punkt, an dem wir aus der Projektion unserer unbewussten Bedürfnisse auf unseren Partner aufwachen, ist oft der Punkt, an dem die Liebesbeziehung zerbricht. An diesem Punkt suchen wir uns normalerweise einen neuen Partner, der der nächste Empfänger unserer Projektion wird. Wenn wir uns jedoch bewusst dafür entscheiden, unseren Partner zu lieben, ohne auf ihn zu projizieren, kann unsere Liebe eine spirituelle Qualität annehmen. In diesem Fall verschiebt sich der Fokus der Beziehung von dem, was wir von unserem Partner brauchen, zu dem, was wir bereit sind zu geben. Das ist der Punkt, an dem die menschliche Liebe beginnt, sich der göttlichen Liebe zuzuwenden. Letztendlich verlangt die göttliche Liebe von uns, dass wir jeden Menschen als eine Verkörperung Gottes sehen und erleben. Für viele von uns ist der Partner der natürliche Ausgangspunkt auf dieser Reise.

Eine ähnliche Quelle für Projektionen kann unsere Liebe zu unseren Kindern sein. Moderne Menschen, die keiner bestimmten Religion oder einem spirituellen Weg folgen, hegen oft die unbewusste Hoffnung oder den Glauben, eine Form von Unsterblichkeit zu erlangen, indem sie in ihren Kindern weiterleben. Als Kind hatte ich mit der manchmal zwanghaften Art meiner Mutter zu kämpfen, sich mit mir zu identifizieren. Als ich meinen Vater um Rat fragte, wie ich mit dieser Situation umgehen sollte, sagte er, ich müsse verstehen, dass meine

Mutter Atheistin sei. Wie alle Atheisten, so sagte mein Vater, sah sie ihre Kinder als eine Fortsetzung ihrer selbst und als ihre Eintrittskarte zur Unsterblichkeit. Solche unbewussten und ungeprüften Überzeugungen können sich in so einfachen Aussagen wie «Ich will nicht, dass meine Kinder die gleichen Entbehrungen oder Schwierigkeiten erleiden wie ich» oder «Ich wollte schon immer dieses oder jenes tun, konnte es aber nie. Jetzt sorge ich dafür, dass meine Kinder es können.» Oder wir haben uns gewünscht, Arzt, erfolgreicher Sänger oder Sportler zu werden, aber es hat nie geklappt. Jetzt versuchen wir, diesen Erfolg durch unsere Kinder zu erreichen, indem wir sie in eine Position manövrieren, in der wir ihren Erfolg genießen und vollenden können. Eine solche Einstellung ist in dem Maße vorhanden, in dem wir versuchen, unsere Kinder in eine bestimmte Richtung zu drängen.

Natürlich kann auch hier eine Entwicklung stattfinden. Das wird besonders deutlich, wenn wir anfangen, unsere Kinder nicht für das zu lieben, was sie für uns sein können, sondern einfach für das, was sie jetzt sind, auch wenn das nicht unbedingt die Person ist, die wir uns vorgestellt haben. Vor allem, wenn unser Kind ein problematisches Schicksal hat und wir es trotzdem selbstlos lieben und unterstützen oder allenfalls allmählich lernen, dies zu tun, dann beginnt sich unsere Liebe zum Ideal von *bhakti*, der göttlichen Liebe, zu entwickeln.

DER UNTERSCHIED ZWISCHEN MENSCHLICHER UND GÖTTLICHER LIEBE

Die menschliche Liebe ist eine Liebe, bei der wir uns darauf konzentrieren, im Zusammensein mit dem geliebten Menschen einen hormonellen Rausch zu erleben. Wenn unsere Liebe so weit gereift ist, dass der Fokus auf unserer Fähigkeit zu lieben liegt, unabhängig von den Eigenschaften des Liebesobjekts, praktizieren wir bereits eine Vorversion von *bhakti*. Der entscheidende Unterschied ist, dass wir nicht mehr Liebe empfangen, sondern Liebe geben wollen. Je reifer diese Liebe ist, desto unabhängiger ist sie vom tatsächlichen Verhalten des Empfängers. Das wird in unserem Bild von der idealen Mutterliebe deutlich, in der die Mutter ihr Kind bedingungslos liebt, auch wenn das Kind weiterhin unglückliche Verhaltensweisen und Entscheidungen zeigt.

Daher ist es nicht falsch zu sagen, dass unsere Familien das erste Übungsfeld für die Praxis von *bhakti* sind. Wenn wir eine reife Qualität der Liebe zu unserer Ehepartnerin, unseren Kindern und Eltern entwickeln, können wir diese Liebe auf alle Kinder Gottes ausdehnen, egal ob Mensch oder nicht. Das ist ein großer Schritt, denn unsere Familie ist oft eine Erweiterung unseres Egos. Auch wenn die reife Liebe zu den Familienmitgliedern ein bedeutender Schritt nach vorn ist, kann man nicht von echter *bhakti* sprechen, wenn sie sich nicht auf die gesamte Existenz richtet. Das ist so, weil die gesamte Existenz der kristallisierte Körper des Göttlichen ist. Das Göttliche ist kein bärtiger weißer Mann im Himmel. Im Gegenteil, das Göttliche besteht aus:

- einem transzendenten Aspekt (das formlose Absolute, das unendliche Bewusstsein, das Dao, der Vater, das *nirguna* Brahman usw.),
- einem immanenten Aspekt (genannt kosmische Intelligenz, göttliche Schöpferkraft, Shakti, die Mutter, Shekhinah usw.),
- alle Materie als der Körper des Göttlichen,
- einer unendlichen Anzahl von Wesen, in die das Göttliche eintritt, indem Es sich durch sie ausdrückt,
- und einer unendlichen Anzahl von Objekten, in die das Göttliche eintritt, indem Es ihnen ihre charakteristischen Eigenschaften verleiht.

Du brauchst die Liste nicht auswendig zu lernen; ich werde sie in diesem Text häufig wiederholen. Sie ist der Schlüssel zu echter *bhakti*. Im *Bhagavata Purana* steht, dass wir über jeden Aspekt des Göttlichen einzeln und dann über alle Teile zusammen meditieren müssen.[7]

Wenn wir Gott wirklich lieben wollen, müssen wir jedes Wesen und jedes Atom in diesem Universum und alles darüber hinaus lieben. Das erste Kapitel dieses Textes ist diesem Thema gewidmet, denn ein wahres Verständnis davon, was das Göttliche ist, bildet die Grundlage von *bhakti*. Alles als Gott zu sehen, bedeutet nicht, dass wir alles als perfekt akzeptieren oder dass die Welt, die die Menschheit für sich selbst geschaffen hat, perfekt ist. Sie ist alles andere als das. Es bedeutet jedoch, dass wir zu Akteuren der Veränderung werden müssen, und zwar nicht aus einer Position der Frustration, der Wut oder der Angst darüber, dass die Dinge so sind, wie sie sind, sondern aus einer Position der Liebe.

Bhakti wird manchmal auch als Yoga der Gefühle oder als der Akt der Hinwendung der eigenen Gefühle zu Gott bezeichnet. Keine dieser Aussagen ist falsch, aber sie bedürfen einer Erklärung. Diese Aussagen bedeuten nicht, dass wir emotional sein sollten oder dass Emotionen dem Göttlichen näher sind als Gedanken. Emotionen sind Gefühle, die auf vergangenen Prägungen beruhen. Wenn ich emotional bin, reagiere ich auf der Grundlage vergangener Konditionierungen. Ein einfacher Weg, das zu verstehen, ist, wenn wir uns unsere Reaktion auf etwas ansehen, das unser Ehepartner tut. Wenn es eine Reaktion auslöst, die auf dem gegenwärtigen Moment basiert, dann wird lediglich ein Gefühl bewirkt. Wir könnten zum Beispiel traurig, besorgt oder ängstlich über etwas sein, das unser Partner sagt oder tut. In allen Fällen wären wir in der Lage, unsere Gefühle ohne große emotionale Aufladung in unserer Stimme zu

---

[7] Bhagavata Purana III.33.22

äußern. Wir könnten mitteilen, dass es für uns hilfreich wäre, wenn unser Partner sein Verhalten aus diesem oder jenem Grund ändern würde.

Im Falle einer Emotion wäre die Situation ganz anders. Hier würden wir unserem Partner gegenüber nicht auf der Grundlage von Gefühlen reagieren, die in diesem Moment entstehen. Stattdessen reagieren wir auf der Grundlage von Emotionen aus der Vergangenheit. Diese Emotionen sind oft mit ähnlichen Situationen verbunden, die wir mit einem Elternteil oder einer Hauptbezugsperson erlebt haben. Als Kinder sind wir in der Regel nicht in der Lage, angemessen darauf zu reagieren; daher wird sich eine emotionale Ladung, z.B. im Zusammenhang mit Demütigung, im Laufe der Zeit aufbauen. Dieser emotionale Ballast kann dann Jahrzehnte später ausgelöst werden, und wir können einen Gefühlsausbruch zeigen, der scheinbar in keinem Verhältnis zu dem steht, was unser Partner gerade gesagt hat. Eine Emotion ist demgemäß ein aufgestautes Gefühl, das auf vergangenen Erfahrungen, Reaktionen und Prägungen beruht.

Wenn wir also *bhakti* das Yoga der Emotionen nennen oder davon sprechen, dass man seine Emotionen auf Gott ausrichtet, dann meinen wir damit, dass es bei *bhakti* darum geht, die eigenen Emotionen zu reinigen, indem man sie auf Gott ausrichtet. Betrachten wir zum Beispiel die Emotionen Angst und Hass. Es ist unmöglich, Gott zu lieben und eines Ihrer Kinder zu hassen. Jemanden zu hassen, bedeutet, Gott zu hassen. In diesem Fall bedeutet die Hinwendung der Gefühle zu Gott, dass man den Hass loslassen muss, denn der Hass auf jemanden ist gleichbedeutend mit dem Hass auf Gott. Zum Thema Angst sagt Shri Krishna in der *Bhagavad Gita*, dass Seine Ergebenen diejenigen sind, die niemanden fürchten und niemandem Angst einjagen.[8] Sie tun dies, weil sie alles als eine Manifestation Gottes sehen. Natürlich wäre

---

8 Bhagavad Gita XII.15

es töricht zu behaupten, dass *bhakti* jedes Gefühl von Angst verhindert. Wenn wir zum Beispiel eine Straße überqueren und ein großer Lastwagen mit hoher Geschwindigkeit auf uns zurast, ist es nur gesund, Angst zu haben. Die Angst mobilisiert das Adrenalin, das uns hilft, mit unglaublicher Geschwindigkeit auf den sicheren Gehweg zu rennen. Aber *bhakti* wird uns helfen, den mehr oder weniger permanenten Zustand der unbewussten Angst zu überwinden, den viele heute erleben. Beachte auch hier den Unterschied zwischen einem Gefühl, das mit dem gegenwärtigen Moment zu tun hat, und einer lange aufgestauten Emotion. Wir können also verallgemeinern, dass Emotionen nur in Abwesenheit der göttlichen Liebe weiterbestehen können. In der Gegenwart der göttlichen Liebe schmelzen sie dahin, und es bleiben nur noch Gefühle übrig, die mit der Gegenwart zu tun haben.

WAS IST GÖTTLICHE LIEBE?

Über göttliche Liebe zu schreiben oder zu theoretisieren ist schwierig, denn sie bringt den Geist zum Schweigen, wenn man sie spürt. Aus diesem Grund wird sie auch die Stimme des Herzens genannt. Aber ich muss darüber schreiben, denn göttliche Liebe, *bhakti*, ist eine spirituelle Disziplin. Sie kommt nicht automatisch oder spontan, sondern ist eine erlernte Reaktion, eine spirituelle Praxis, eine *sadhana*, wie wir am Beispiel von Hafiz und vielen anderen gesehen haben. Sie zu studieren und zu praktizieren, kann mehr Liebe in die Welt bringen. Wir können auch Gott, dem Göttlichen, helfen, sich mehr durch uns auszudrücken, als es gegenwärtig möglich ist.

Die göttliche Liebe ist reine Liebe. Reine Liebe ist Liebe, die von unserer Emotionalität, unseren Bedürfnissen und unserem Bedürfnis, gebraucht zu werden, befreit ist. Liebe ist die zentrale Ausstrahlung unseres Wesens. Sie ist das, was aus unserem Kern, aus unserem *atman*, unserem Bewusstsein, unserer Seele, nach außen zu unserer oberflächlichen Persönlichkeit strahlt. Die *bhakta* versucht, die Oberflächenpersönlichkeit wie einen Kristall oder Diamanten durchsichtig zu machen, damit die strahlende Liebe im Kern unseres Wesens zum Vorschein kommen kann.

Die metaphorische Verwendung eines Kristalls oder Diamanten ist konstruktiv, denn beide müssen poliert und geschliffen werden, um ihr Strahlen und ihre Leuchtkraft zu entfalten. Ein Diamant kann im Inneren eines Steins verborgen sein, und an der Oberfläche ist vielleicht nur wenig von ihm zu sehen. Um sein größtes Potenzial zum Vorschein zu bringen, sind Arbeit und Fachwissen beim Polieren und Schleifen erforderlich. In ähnlicher Weise erfordert die Praxis von *bhakti* Arbeit und Fachwissen, um das Strahlen unseres *atman*, unseres Selbst, unseres Bewusstseins, zum Vorschein zu bringen.

Liebe ist ein Aspekt unseres Bewusstseins, des Selbst und des Göttlichen. Und da unser Bewusstsein alles wahrnimmt, ohne etwas auszulassen, liebt es auch alles und jeden gleichermaßen. In der *bhakti*-Praxis geht es darum, diese Fähigkeit zu entwickeln. Wenn wir diese Eigenschaft zum Vorschein bringen können, wird sie uns erfüllen. Wir können dann über das Bedürfnis, zu empfangen, zu nehmen und bedürftig zu sein, hinausgehen. Wahre *bhakti* muss immer ein gewisses Maß an Selbsterkenntnis, Wissen über das Göttliche und die Bereitschaft beinhalten, die eigene Liebe in die Welt hinauszutragen, indem man dem Göttlichen und allen Wesen dient. Shri Aurobindo sagt, dass Liebe ohne Wissen leidenschaftlich und intensiv sein kann, aber oft blind, grob und sogar gefährlich ist. Sie ist eine große Kraft, aber auch ein Stolperstein.[9] Liebe, die im Wissen [über das Göttliche und

---

9 Sri Aurobindo, The Synthesis of Yoga, Sri Aurobindo Ashram, Pondicherry, 1948, S. 548

das Selbst] begrenzt ist, verdammt sich in ihrem Eifer selbst zur Enge. Liebe, die mit Wissen verbunden ist, so Aurobindo, steht nicht im Widerspruch dazu, sondern stürzt sich mit Freude in göttliche Werke; denn sie liebt Gott und ist eins mit Ihr in all Ihren Wesen. Für die Welt zu arbeiten bedeutet, die eigene Liebe zu Gott zu spüren und zu verwirklichen. Wir sollten daher nicht befürchten, dass unsere *bhakti*-Praxis dazu führt, dass wir weltfremd, sektiererisch oder desinteressiert werden. Im Gegenteil: *bhakti* ermöglicht es uns, mit großer Freude und Mitgefühl im Dienst des Göttlichen und aller Wesen zu handeln.

Da das Göttliche reine Liebe ist, können wir Es nur dann wirklich spüren, wenn wir zu reiner Liebe werden. Dieses Werden bedeutet nicht, dass wir uns verändern, sondern vielmehr, dass wir die destruktiven Aspekte unserer oberflächlichen Persönlichkeit loslassen. Wir können nur dann reine Liebe sein, wenn wir Feindschaft, Hass und Gegnerschaft aufgeben und loslassen. Dieser Dreiklang steht für den externalisierten inneren Konflikt. Ein veräußerlichter innerer Konflikt bedeutet, dass wir Aspekte von uns ablehnen, die zu schmerzhaft sind, um sie anzusehen und anzuerkennen. Wir verdrängen diese Aspekte also in die Tiefe unseres Unbewussten und bekämpfen sie, indem wir sie externalisieren, d.h. in anderen erkennen, bekämpfen und versuchen, sie zu zerstören, indem wir den unterdrückten Konflikt auf sie projizieren.

Indem wir die Qualität der reinen, göttlichen Liebe entwickeln, können wir schädliche, zerstörerische und schmerzhafte Aspekte unserer Psyche anerkennen und sie dem Göttlichen übergeben und loslassen. Dazu gehört nicht nur, dass wir schmerzhafte und zerstörerische Elemente in unserer Psyche anerkennen, sondern auch, dass wir uns selbst vergeben, dass wir sie beherbergen. In dem Maße, in dem wir uns selbst vergeben, vergeben wir auch anderen für ihre Unzulänglichkeiten. Das beendet den inneren Konflikt und seine Verdrängung. Damit verliert die Externalisierung dieses Konflikts ihre Notwendigkeit.

Mit anderen Worten: Um Gott wirklich zu spüren, müssen wir letztlich alle Konflikte in uns selbst beenden und uns selbst lieben und akzeptieren. Wenn es richtig gemacht wird, sind die wesentlichen Nebeneffekte dieses Prozesses das Loslassen negativer Einstellungen und die Entwicklung von Dankbarkeit und Vergebung. Wir behindern unsere Entwicklung und halten uns selbst zurück, indem wir an negativen Einstellungen zum Leben, zur Welt und zu anderen festhalten. Wir entwickeln diese Einstellungen, um uns vor Widrigkeiten zu schützen, aber sie behindern die Zufriedenheit und das Glück, das wir aus dem Leben ziehen. Diese negativen Einstellungen beruhen meist auf schmerzhaften, manchmal traumatischen Erfahrungen in der Vergangenheit. Indem wir das Göttliche erkennen, und verstehen, dass die Natur des Göttlichen Liebe ist, und uns in Seinen Dienst stellen, verlieren diese schmerzhaften Erfahrungen ihren Zweck und können nach und nach losgelassen werden.

Um schmerzhafte Erfahrungen loszulassen, müssen wir uns zunächst der Anstrengung und der viszeralen und neurologischen Energie bewusst werden, die wir in das Festhalten an ihnen investieren. Sobald wir dieses Bewusstsein schaffen (und nur dann), können wir diese Energie loslassen und sie für kreativere und lebensbejahende Zwecke nutzen. In diesem Zusammenhang sind die Affirmationen (*sankalpas*) und die Kultivierung von Gedankenmustern im Einklang mit dem Göttlichen (*bhavanas*), die ich in meinem Text aus dem Jahr 2020, *How To Find Your Life's Divine Purpose*, beschrieben und aufgelistet habe, hilfreich und wichtig. Mit über 100 Seiten ist das Thema zu umfangreich, um es hier zu behandeln.

Ein wichtiges Thema in diesem Zusammenhang, das ebenfalls in diesem Buch beschrieben wird, ist die Praxis des Vergebens. Auch hier ist der einfachste Weg, zu vergeben, die Erkenntnis, dass alle Wesen Emanationen und Kinder des Göttlichen sind. Sie können verletzt und fehlerhaft sein und durch ihre lange, schmerzhafte und traumatische Geschichte von Fehlern sogar böse und sadistische Handlungen begehen. Selbst dann sind sie auf ihre eigene verzerrte Art und Weise auf dem Weg zu Glück, Liebe und Freiheit. Auch sie werden letztendlich ihr Ziel erreichen, wenn auch wahrscheinlich auf verschiedenen Umwegen. Auch sie werden das gleiche Ziel erreichen, nämlich das Göttliche zu erkennen und zu lieben. In der Zwischenzeit müssen wir ihnen verzeihen und, wenn nötig, ihr Verhalten mitfühlend korrigieren, ohne daraus eine Selbstverherrlichung abzuleiten, weil wir richtig, besser oder tugendhafter sind.

Vergebung bedeutet nicht, dass wir jemanden unbestraft davonkommen lassen, denn sein *karma* wird ihn einholen. Vergebung ist eine Reinigungsübung für unser eigenes Unterbewusstsein. Groll, an dem wir festhalten, vergiftet unser Unterbewusstsein. Unser Unterbewusstsein kann nicht unterscheiden, ob wir einen Groll gegen jemand anderen oder gegen uns selbst hegen. Deshalb sagte Jesus Christus: «Richtet nicht, denn nach demselben Maß, nach dem ihr richtet, werdet ihr selbst gerichtet werden.»[10] In dem Maße, in dem wir negative Einstellungen loslassen und vergeben, wird das beherrschende Thema unseres Lebens Dankbarkeit und Liebe. Dankbarkeit ist eines der heilsamsten Gefühle, die wir haben können. Echte Dankbarkeit dafür, dass wir am Leben sind und dass das Göttliche sich durch uns erfährt, kann nicht im selben Raum existieren wie Angst, Depression und Trauma.

---

10 Matthäus 7:1-2

EINFÜHRUNG

Das Überraschendste, was man entdecken kann, wenn man immer tiefer in das *Bhakti* Yoga eintaucht, ist, dass das Bewusstsein (*purusha, atman*, Brahman) nicht nur ein kühles, losgelöstes, farbloses Gewahrsein ist, sondern in seinem Zentrum, in seinem Kern, von der Natur der reinen Liebe ist. Deshalb ist es richtig zu sagen, dass Gott Liebe ist und dass die Praxis von *bhakti* einerseits zu Wissen führen kann, andererseits aber auch die Praxis von *Jnana* Yoga (dem Yoga des Wissens) zu *bhakti* führen kann. Nur zusammen sind sie vollständig. Im Sanskrit bedeuten die Begriffe *hrt* und *hrdaya* beide Herz, Kern und Zentrum. Das Herz*chakra* ist das zentrale der sieben Haupt*chakras*. In diesem *chakra* erklingt der unangestimmte Klang (*Anahata*), die Ur-Silbe OM. Aus ihr sind alle anderen Schwingungsmuster hervorgegangen. Deshalb ist es richtig, das OM in der indischen Philosophie als das Äquivalent zum Urknall zu bezeichnen. In der Astrophysik ist der Urknall die ursprüngliche Welle, das erste Schwingungsmuster, aus dem alles hervorgeht.

Die *Chandogya Upanishad* sagt über das Herz, dass sich in der Mitte der Brust ein kleiner Schrein mit einer kleinen Flamme befindet (der *atman*, das Selbst). Darin befindet sich auf wundersame Weise das gesamte riesige Universum mit all seinen Planeten, Sternen, Ozeanen, Kontinenten, Gebirgen, Flüssen und Wesen.[11] Diese Passage spiegelt einen mystischen Zustand wider, in dem der Seher erkannte, dass die gesamte Schöpfung aus dem formlosen Absoluten durch das Herz in einem Zustand der reinen Liebe hervorgeht. Das Bewusstsein offenbart sich Yogis, die im Herzen zentriert sind, als von der Natur der reinen Liebe. Wir tun dies, indem wir uns auf das Herz*chakra* konzentrieren, während wir in einem Zustand reinen Bewusstseins verweilen - eine fortgeschrittene Meditationstechnik. Diese Erfahrung hat dann das Potenzial,

---

11 Chandogya Upanishad 8.1.1-3

nach aussen zu strahlen und uns und unsere Einstellung zur Welt zu heilen. Wir können diesen Zustand so weit bringen, dass es nur noch reine Liebe gibt, sonst nichts. Es gibt kein Gefühl des Ichs, des Körpers, des Geistes oder der Trennung und anfangs gibt es auch keine Wahrnehmung von etwas anderem als der Liebe - ein tiefgreifender Zustand von Schönheit, Freiheit, Frieden und Ausdehnung. Dann können wir diese Liebe in die Welt ausstrahlen und zu einem Träger dieser göttlichen Liebe werden.

Damit wir diese heilende Flamme der göttlichen Liebe weitergeben können, muss das oberflächliche Selbst (der egoische Körper-Geist-Komplex) durch die Erfahrung reiner Liebe gereinigt und transformiert werden. Das kann nur geschehen, wenn wir alle Konflikte und Kämpfe mit uns selbst aufgeben und loslassen. Dieser Konflikt mit uns selbst scheint manchmal uralt, fast ewig zu sein. Seit einer gefühlten Ewigkeit definieren wir uns durch den Krieg, den wir gegen uns selbst geführt haben. Dazu gehören Feindseligkeit, Antagonismus, Ehrgeiz, Wettbewerb, unterschiedliche Grade an häuslicher Gewalt und bewaffnete Konflikte zwischen Kulturen. Wir können diese Tendenzen überwinden, indem wir die göttliche Liebe wiederentdecken. Diese Liebe kümmert sich nicht um das Empfangen. Sie ist so überfließend, dass sie immer geben will, geben muss.

Trotz all der selbst geschaffenen Widrigkeiten, mit denen die Menschheit konfrontiert ist, müssen wir wiederentdecken, dass wir Kristallisationen der göttlichen Liebe sind und dass unsere wesentliche Natur Liebe ist. Das Ziel des *Bhakti* Yoga ist es, dass diese innere Qualität der Liebe durch unser Wesen in die Welt hinausstrahlt, um anderen Heilung und uns selbst Sinn zu geben. Für dieses Herz gibt es nur ein Ziel im Leben: einen wertvollen Beitrag zum Leben anderer zu leisten.

Kapitel 1
WER UND WAS IST DAS GÖTTLICHE?

Wie alle Yogas wird auch *Bhakti* Yoga idealerweise nicht allein, sondern in Verbindung mit allen anderen Yogas praktiziert. Auf diese Weise ist es viel effektiver. *Bhakti* Yoga ist das Yoga der göttlichen Liebe oder die Hingabe an das Göttliche. Bevor wir uns mit den Methoden der *bhakti* befassen, müssen wir verstehen, an was wir uns hingeben oder was wir lieben. Unsere Liebe zum Göttlichen wird beeinträchtigt, wenn wir tief im Inneren glauben, dass das Göttliche anthropomorph ist, d.h. ein riesiger Mann im Himmel.

Gott ist kein Mann. Weder ist Gott ein Mensch, noch hat Gott ein Ego, von dem aus er die einen bestrafen kann, während er andere belohnt, die ihm lieber sind. Stell dir einen Moment lang vor, Gott wäre ein Mensch. Wie würde sich das auf das Bestreben der Evolution auswirken, Lebensformen zu entwickeln, die weiterentwickelt sind als die Menschheit? Oder wollen wir wirklich an dem Glauben festhalten, dass die Menschheit die Krone der Schöpfung ist und die Evolution hier endet? Die letzten Jahrhunderte der Menschheitsgeschichte, einschließlich des fast permanenten Krieges der Menschheit gegen sich selbst und die Natur, haben gezeigt, dass die Evolution dringend auf die posthumane Biologie umgestellt werden muss.

Auf den folgenden Seiten werde ich untersuchen, wie wir das Göttliche erfahren können. Dabei gibt es eine gewisse

Reihenfolge, was aber nicht bedeutet, dass die Aspekte des Göttlichen in dieser Reihenfolge erfahren werden müssen. Allerdings sind die ersten Aspekte in der Regel offensichtlicher und zugänglicher als die letzteren. Letztendlich wird eine *bhakta* danach streben, all diese Aspekte des Göttlichen zu erfahren und vielleicht noch weitere, die ich aus Unwissenheit nicht aufgeführt habe.

DAS GÖTTLICHE ALS DAS SELBST

In der *Bhagavad Gita* heißt es im Vers VI.29, dass ein weiser Mensch das Selbst in allen Wesen wohnend und alle Wesen als im Selbst ruhend sieht. Beides zu sehen ist eine Erfahrung, die wir nach einigen Fortschritten in der Meditation und im Yoga machen können und die allen zugänglich ist. Bitte beachte, dass ich, sofern nicht anders angegeben, den Begriff Yoga für die Gesamtheit aller spirituellen Disziplinen verwende, einschließlich der körperlichen, respiratorischen, mentalen und spirituellen Praktiken (*sadhanas*). Wenn ich mich ausschließlich auf den körperlichen Aspekt des Yoga beziehe, verwende ich den Begriff *asana* (Körperhaltung).

Wenn wir mit Yoga und Meditation beginnen, gehen wir zuerst davon aus, dass wir der Körper sind, denn das ist es, was uns die moderne Gesellschaft lehrt. Nach einer Weile des Lernens wird uns klar, dass sich unser Körper und unser Körpergefühl (manchmal auch als Körperbewusstsein bezeichnet) in einem ständigen Wandel befinden. An einem Tag fühlen wir uns müde, an einem anderen Tag energiegeladen. An einem Tag fühlen wir uns steif und schmerzhaft, an einem anderen flüssig und stark. Letztendlich bemerken wir, wie sich unser Körper täglich und allmählich im Laufe der Zeit verändert. Das bedeutet, dass der Körper nicht das Selbst ist, denn das Selbst ist ein dauerhafter Zustand (das werde ich später noch genauer erklären). Doch nach einiger Zeit entdecken wir eine tiefere Entität in uns, die den Körper beobachtet und wahrnimmt. Diese Entität bleibt entweder gleich oder verändert sich viel langsamer, so dass wir es zunächst nicht bemerken. In der Meditation lernen wir dann, diese Entität zu beobachten und sie vom Körper zu isolieren. Isolieren bedeutet, dass wir jederzeit unterscheiden können, ob das, was wir beobachten, ein Signal des Körpers oder dieser neuen Entität ist.

Diejenigen, die aus einer westlich geprägten Gesellschaft stammen, würden diese neue Entität den Geist nennen. Ich verzichte an dieser Stelle darauf, dass jemand mit einem traditionellen indischen Hintergrund zwischen Körper und Geist das so genannte *prana*-Selbst oder die *prana*-Hülle einfügen möchte, die Shri Aurobindo das Vital-Selbst nennt. Ob wir diese Schicht dazwischen legen oder nicht, ändert nichts an der Funktionsweise des Prozesses in seiner Gesamtheit. Nach einer gewissen Zeit der Beobachtung des Geistes stellen wir fest, dass er sich nicht nur von Tag zu Tag oder sogar von Stunde zu Stunde ständig verändert, sondern dass sich mit der Zeit auch die Gefühle unseres Geistes verändern. Dazu gehört auch, was der Geist uns über uns selbst, unser Selbstbild oder unsere Identität erzählt.

Es gibt das, was wir als oberflächlichen Geist bezeichnen könnten, der sich mit alltäglichen Überlebensfragen und Aufgaben beschäftigt, und einen tieferen Geist, der unser Selbstverständnis, unsere lang gehegten Werte und unsere Überzeugungen darüber, wer wir sind, beinhaltet. Im Yoga wird der oberflächliche oder sensorische Geist *manas* genannt (die englischen Begriffe man, human und woman sind vom Sanskrit *manas* abgeleitet). Der Einfachheit halber können wir uns an die deutsche Kurzform «Geist» halten.

Die tiefere Schicht des Geistes, die unser langfristiges Selbstverständnis, unsere Werte und Überzeugungen enthält, wird im Yoga *ahamkara* oder *asmita* genannt. Diese

Begriffe können mit Ich-Bin-heit, Ich-Sinn, Ich-Macher oder Ego übersetzt werden. Von diesen Begriffen ist der Begriff Ego der gebräuchlichste, aber wir müssen bedenken, dass wir den Begriff ohne Werturteil verwenden. Er bedeutet nicht, ob jemand ein großes oder pathologisches Ego hat. Er umfasst einfach das, was unser Selbstverständnis und unsere Identität auf einer tieferen Ebene formt und prägt.[12]

Wenn wir den Körper vom Geist und später das Ego vom Geist isoliert haben, werden wir feststellen, dass sich sogar das Ego täglich anders anfühlt. Außerdem entwickelt es sich allmählich über einen längeren Zeitraum weiter, wenn auch meist langsamer als der Körper und der oberflächliche Geist. Wenn wir das sich verändernde Ego über einen längeren Zeitraum beobachten, werden wir uns schließlich einer tieferen Ebene unseres Bewusstseins bewusst, auf der die Veränderungen des Körpers, des oberflächlichen Geistes und des Egos entstehen. Manche Yogaschulen schalten noch eine oder zwei weitere Ebenen dazwischen, andere wiederum gehen davon aus, dass wir direkt von unserem Ego in das fallen können, was man reines Gewahrsein nennen kann. Reines Gewahrsein bedeutet hier, dass man gewahr und bewusst ist, unabhängig von jeglichen Inhalten des Gewahrseins.

Wir können zum Beispiel Scham, Jubel, Verlegenheit, Schmerz, Neid oder Angst empfinden, aber das sind alles nur Inhalte des Bewusstseins. Im Yoga und in der Meditation üben wir uns darin, uns des Wesens bewusst zu werden, das gewahr ist, völlig unabhängig von der Empfindung, der wir uns bewusst sind. Sich dieses Wesens bewusst zu sein, ist ein fesselnder Zustand. In der *Bhagavad Gita* heißt es dazu: «Derjenige, der in Ruhm und Schande derselbe ist».

---

12 Eine fortgeschrittene Disziplin des Yoga befasst sich damit, das Ego auf den reinen Ich-Gedanken zu reduzieren. Im Yoga Sutra wird diese Disziplin unter dem Begriff asmita-samadhi aufgeführt.

Ruhm, Scham und andere Empfindungen versuchen, uns aus unserer Mitte herauszutragen und scheinen uns zu einer sofortigen Reaktion zu zwingen. Wie reagierst du auf diesen Ruhm oder diese Schande? Was ist deine Position? Womit identifizierst du dich? Wenn wir beim Gewahrsein bleiben, können wir eine Schicht unserer Persönlichkeit, unser tiefes Selbst, finden, die unverändert bleibt, was auch immer mit unserem Oberflächenselbst geschieht.

In den *Upanishaden* wird dieses tiefe Selbst meist als *atman* bezeichnet. Das *Yoga Sutra* nennt es *purusha* (Bewusstsein), die abrahamitischen Religionen nennen es Seele und die *Bhagavad Gita* bezeichnet es meist als *jiva* (individuelle Seele). Im nächsten Kapitel werde ich jeden dieser Begriffe definieren und ihre Unterschiede erklären. Sie alle sind in bestimmten Situationen hilfreich, in anderen weniger. Aber kehren wir zurück zu der Aussage der *Bhagavad Gita*, dass ein Weiser das Selbst in allen Wesen wohnend und alle Wesen als im Selbst ruhend sieht. Wenn wir lange genug über das reine Gewahrsein meditieren, erkennen wir, dass es inhaltslos ist, d.h. es kann alles wahrnehmen, worauf wir es richten, aber die Inhalte bleiben nicht an ihm haften. Die Inhalte oder Objekte des Bewusstseins perlen vom Bewusstsein ab wie Wasser. Sie sind wie Schlamm, der nicht an einem Lotusblatt haftet, oder, profaner ausgedrückt, wie Speiseöl, das nicht an einer Antihaft-Pfanne klebt. Dieses Bewusstsein, das wir tief in uns wahrnehmen, ist außerdem unendlich, das heißt, es erstreckt sich räumlich in alle Richtungen, und es ist ewig, das heißt, es erstreckt sich zeitlich in die Vergangenheit und die Zukunft. Jeder kann beide Tatsachen durch langfristige Meditation und Yogapraxis bestätigen.

Aber weil dieses Bewusstsein, unser tiefes Selbst, ewig und unendlich ist, ist es in allen Wesen dasselbe, egal wo sie sind und ob sie jetzt existieren, in der Vergangenheit existiert haben oder in der Zukunft existieren werden. Deshalb fordert uns die *Gita* auf, «das eine Selbst zu sehen, das in allen Wesen wohnt». Aber die *Gita* hört damit nicht auf. Sie behauptet auch, dass alle Wesen in dem Selbst wohnen. Wie kann das sein? Dieses zweite Diktum verlangt von uns, viel tiefer in die Erfahrung des Selbst einzutauchen. Wenn wir es uns gelingt, uns für längere Zeit auf das Selbst zu konzentrieren, erkennen wir schließlich wie in der *Chandogya Upanishad* beschrieben, dass sich im Raum des Herzens, im Selbst, auf geheimnisvolle Weise das gesamte riesige Universum mit all seinen Himmelskörpern, Kontinenten, Ozeanen, Gebirgen, Flüssen, Wäldern und Wesen befindet.

Auf geheimnisvolle Weise ist Gott also nicht nur in unser aller Herzen, sondern dieses tiefe Selbst enthält auch uns alle und das gesamte Universum. Um einen Begriff aus der Geometrie und Mathematik zu verwenden, das Göttliche ist von fraktaler Natur. Das bedeutet, dass immer dann, wenn wir ins Detail gehen (z.B. in das Selbst des einzelnen Meditierenden), die Natur des Ganzen wieder zum Vorschein kommt. Es ist diese fraktale Natur des Geistes, auf die der Buddha hinwies, als er sagte, dass [die tiefste Schicht des] Geistes die Welt und alle Wesen enthält.

Die göttliche Gestalt, die durch die *Gita* zu uns spricht, Shri Krishna, sagt im Vers VI.30: «Wer Mich in allen Wesen sieht und alle Wesen in Mir, ist nie wieder getrennt von Mir, noch Ich von ihm.» Lasst uns diese Aussage genauer betrachten. Erstens wird unser tiefes Selbst mit einem bewussten Wesen identifiziert, das wir fühlen und mit dem wir kommunizieren können und das seinerseits fühlen und zu uns sprechen kann. In den nächsten Abschnitten über die Gotteserkenntnis (*vijnana*) und das Höchste Wesen (Purushottama) werde ich darauf eingehen. Es sei hier angemerkt, dass hier das Sehen des Göttlichen in allen Wesen als eine Form der Praxis vorgeschlagen wird. Wir sollen über den Punkt hinausgehen, an dem wir das Göttliche nur in einem Moment des

Hochgefühls, in einer Epiphanie, einer Offenbarung, sehen können, und es stattdessen zu einer ständigen Sichtweise machen. Dieser ständige Blick für das Göttliche ist besonders wichtig, wenn wir eine problematische Beziehung zu jemandem haben. Dann müssen wir entschlossen sein, dasselbe Selbst, das wir in uns selbst erkennen, auch in der anderen Person zu sehen.

Wir mögen einwenden, aber warum verhalten sie sich nicht wie Gott, wenn Gott in ihnen ist? Aber auch wir verhalten uns nicht immer wie Gott, selbst wenn wir in freudigen Momenten das Göttliche in uns gesehen haben. Wenn uns jemand mit Negativität angreift, müssen wir dem Göttlichen innerlich signalisieren: «Du versteckst dich zwar sehr gut in dieser Person, aber ich habe dich trotzdem erkannt.» Bitte beachte, dass ich nicht dazu rate, diese Erkenntnis unseren Widersachern direkt mitzuteilen. Wenn sie Gott nicht in sich selbst sehen können, hat es keinen Sinn, wenn wir ihnen sagen, dass wir es können. Wir können jedoch ihr Verhalten ändern, indem wir uns nicht in die Konfrontation hineinziehen lassen. Wir können diese Veränderung nicht mit Worten vermitteln, aber sie muss sich in unserer friedlichen und nicht bedrohlichen Haltung zeigen. Sie muss aus dem Innersten heraus strahlen und in unseren Handlungen und Einstellungen sichtbar werden.

Die *Gita* fährt dann mit dem Hinweis fort, dass, wenn wir das göttliche Selbst in allen Wesen und alle Wesen im göttlichen Selbst sehen, das Göttliche für uns nie verloren ist und wir für das Göttliche auch nicht. Das Bild hier ist ähnlich wie die Beziehung einer einzelnen Zelle zu unserem Körper. Unser Bewusstsein schließt diese Zelle ein; andererseits ist die Zelle in unserem Körper enthalten. Die *Gita* fordert uns auf, uns diese Beziehung bewusst zu machen, d.h. wir erkennen einerseits, dass es die Gesamtheit des Göttlichen ist, die sich durch unser mikroskopisches Selbst (und Billionen anderer mikroskopischer Selbste) ausdrückt, während wir uns gleichzeitig bewusst sind, dass wir eine Rolle im größeren Spielplan einer unendlichen Entität spielen. Die Kunst des Lebens besteht darin, eine bewusste Feedbackschleife zu schaffen, eine Kommunikationsverbindung zwischen dem kosmischen Selbst und unserem eigenen individuellen Selbst, die wir immer im Blick haben.

Schauen wir uns nun einige Textstellen im *Bhagavata Purana* an, einem Text, der manchmal auch als *Shrimad Bhagavata* bezeichnet wird. Es ist eines der 36 *Puranas*, was so viel wie «alte Geschichten» bedeutet, eine Gruppe von *shastras* (Schriften), die sich hauptsächlich mit mythologischem Material befassen. Von diesen ist das *Bhagavata* das hingebungsvollste *Purana*. Im *Bhagavata Purana* erklärt das Göttliche, dass Ihre Gegenwart in allen Wesen erkannt werden sollte.[13] In Swami Tapasyanandas Prolog zu Band 3 des *Bhagavata Purana* finden wir eine ausführliche Darstellung der Verehrung des Göttlichen in allen Wesen und der Bedeutung der Praxis von «*vandana*», d.h. der Begrüssung Gottes in allen Wesen und allem.[14] In einer späteren Passage fordert uns das *Bhagavata Purana* dann auf, das Höchste Wesen als im Herzen aller Wesen beheimatet zu erkennen.[15] Warum wird sowohl in der *Bhagavad Gita* als auch im *Bhagavata Purana* die gleiche Aufforderung bis zum Überdruss wiederholt?

Die Antwort ist, dass viele Menschen einen ersten Blick auf das Göttliche erhaschen, indem sie das Bewusstsein im Kern ihres Wesens erleben. Ich verwende den Begriff Bewusstsein hier im Sinne des *Yoga Sutra*, wo er das bezeichnet, was bewusst ist, d.h. der Sitz des Bewusstseins, und nicht das, dessen wir uns bewusst sind (d.h. der Inhalt des Geistes). In der letzteren

---

13 Bhagavata Purana III.29.16

14 Swami Tapasyananda, Srimad Bhagavata, Sri Ramakrishna Math, Chennai, 1981, Bd. 3, S. 29

15 Bhagavata Purana XI.29.47

Bedeutung wird das Wort heute in der westlichen Psychologie verwendet. Im Yoga hat es die erstere Bedeutung.

Wenn wir das Bewusstsein, das Selbst, den Zeugen, das Gewahrsein in uns erkannt haben, ist es ein denkbarer Schritt, es auch in allen anderen fühlenden Wesen zu erkennen. Die *Gita* und das *Bhagavata Purana* betonen immer wieder, dass das gleiche Selbst in allen Wesen gesehen werden muss. Diese Sichtweise muss erlangt werden, weil diese Erfahrung und Perspektive eine transformative Kraft haben, die unsere Ethik und unseren Umgang mit allen anderen verändern wird. Das Konzept des Anderen wird aufhören zu existieren, da alle anderen Wesen in unserem Selbstverständnis enthalten sind, sobald wir unser Selbst, das Bewusstsein, auch in ihnen erkennen. Besonders in Konfliktsituationen müssen wir uns daran erinnern, dass dasselbe Selbst, Gott, durch alle Wesen in die Welt hinausschaut.

Im täglichen Leben gehen wir davon aus, dass wir Fehler auf «andere» externalisieren und dadurch selbst keine Fehler begehen können. Sobald wir das gleiche Selbst in allen Lebewesen erkennen, wird uns klar, dass wir in Konfliktsituationen verhandeln müssen, damit alle Beteiligten die Fehler gleichmässig auf sich nehmen. Durch dieses Verständnis entschärfen wir automatisch Konflikte. Ethische Regeln sind grundlegend, bis wir das gleiche Selbst in allen Wesen erkannt haben. Sobald wir diese Erkenntnis erlangt haben, wird es für uns eine Herausforderung sein, unethisch zu handeln, da wir automatisch den Schmerz aller Wesen spüren. Die *Gita* unterstreicht diese Tatsache, indem sie sagt, dass die größten Yogis diejenigen sind, die die Freude und das Leid anderer so empfinden, als wäre es ihr eigenes, weil sie erkannt haben, dass alle Wesen denselben *atman* teilen.[16]

In der *Gita* heißt es auch immer wieder, dass wir die Erkenntnis desselben Selbst in allen Wesen mit der Erkenntnis

---

16 Bhagavad Gita VI.32

aller Wesen innerhalb desselben Selbst verbinden müssen. Diese Aussage wird in den *Upanishaden* manchmal als die Einheit oder Identität des reinen Bewusstseins (*atman*) und des kosmischen Selbst (Brahman) bezeichnet. Dies können wir in Momenten sehen und erfahren, in denen wir uns von unserer oberflächlichen Persönlichkeit und der Identifikation mit dem egoischen Körper-Geist lösen und uns in die tiefste Schicht unserer Psyche, das Bewusstsein, fallen lassen. In dem Maße, in dem wir durch Meditation und Yoga die Entidentifikation mit unserer oberflächlichen Persönlichkeit und unserem egoischen Körper-Geist aufrechterhalten können, können wir im tiefen Selbst/Bewusstsein absorbiert bleiben. Wenn wir längere Zeit in diesem Zustand bleiben, kann er sich bis zur Erkenntnis des kosmischen Selbst, des Brahman, ausweiten und vertiefen. Diese Erkenntnis ist das, was die *Gita* «alle Wesen im Selbst sehen» nennt.

Aus Gründen der spirituellen Hygiene möchte ich bereits hier darauf hinweisen, dass wir, wenn wir durch Gnade diesen Zustand erfahren, nicht mit der Aussage «Ich bin das Brahman» aus dem Zustand herauskommen sollten. Wir können das Brahman in dem Moment erfahren, in dem die Identifikation mit dem «Ich» und dem Körper aufgegeben wird. Wenn wir uns des egoischen Körper-Geistes bewusst sind, ist eine Identifikation mit Brahman unmöglich. Wenn wir den *brahmanischen* Zustand verlassen, bleibt eine Erinnerung bestehen, die für die spirituelle Integration wichtig ist. In dem Moment jedoch, in dem wir unseren sprachlichen Verstand und unsere Sprachbox benutzen, um einen Satz wie «Ich bin das Brahman» zu intonieren, sind das Ego und das Körperbewusstsein notwendig, und deshalb ist der Zustand des Brahman-Seins technisch gesehen nicht mehr vorhanden (abgesehen von seiner Erinnerung). Deshalb heißt es in yogischen Texten oft, dass, wenn das Brahman erscheint, das Bewusstsein der Welt (und des Körpers) verschwindet, und wenn das Bewusstsein der Welt (und des Körpers) erscheint, verschwindet das Brahman. Aus diesem Grund sagte der verstorbene bengalische Mystiker Shri Ramakrishna, dass wir nach einer göttlichen Offenbarungserfahrung immer nur sagen sollten, dass wir ein Kind des Göttlichen sind, anstatt eine Identität mit dem Göttlichen zu behaupten. Er stellte fest, dass die Behauptung einer Identität und die Identifikation mit dem Göttlichen falsch ist, solange wir verkörpert sind. Diese feine und wesentliche Unterscheidung ist notwendig, um zu vermeiden, dass wir ein spirituelles Ego entwickeln, das genauso problematisch und weit verbreitet sein kann wie ein materialistisches Ego.

GOTTHEITEN UND GÖTTLICHE FORMEN

Ein anderer Weg, auf dem viele von uns zunächst Zugang zum Göttlichen finden, ist über Gottheiten, Formen des Göttlichen oder über *avatare*, Verkörperungen des Göttlichen im Menschen, wie Jesus Christus oder Shri Krishna. Mit *avataren* werde ich mich in einem separaten Abschnitt in Kapitel 10 befassen, mit Gottheiten hier. Der Vorteil von Gottheiten ist, dass sie dem einzelnen Suchenden einen Zugang zum Göttlichen bieten können. Das Problem mit Gottheiten ist, dass ein solcher Zugang leicht zu Sektenbewegungen führen kann. Ein Beispiel wäre der Glaube, dass meine Gottheit der deinen überlegen ist, nur weil ich sie verstehen kann, während ich deine nicht verstehen kann.

Ein anderes Beispiel wäre der Glaube, dass ich überlegen bin, weil ich jetzt einen direkten Draht zum Göttlichen habe. Wenn wir jedoch echtes *Bhakti* Yoga praktizieren wollen, müssen wir erkennen, dass keine Gottheit einer anderen überlegen ist und kein Gottesverehrer einem anderen überlegen ist, nur weil er eine bessere Gottheit hat. Vergleiche, Wettbewerb und das Streben nach Vorteilen sind typische Merkmale der Menschheit, aber wir müssen sie über

Bord werfen, wenn wir den Weg der *bhakti*, des Dienstes am Göttlichen, einschlagen. Dieser Weg bedeutet, dem Göttlichen durch alle Wesen und alle göttlichen Formen zu dienen. Um das zu verdeutlichen, heißt es zum Beispiel im *Bhagavata Purana*, dass die Verehrung Vishnus die Verehrung aller Wesen ist.[17] Dieser Vers erinnert uns daran, dass es keinen Sinn hat, das Göttliche zu verehren, wenn dies nicht in Demut, Wohlwollen und Dienst an allen zum Ausdruck kommt. Angenommen, wir haben Schwierigkeiten, das Göttliche, das Brahman, in einer bestimmten Gottheit oder einem Menschen zu erkennen. Dann müssen wir uns eingestehen, dass dies unsere eigene Begrenzung ist und niemals die der anderen.

Die *Bhagavad Gita* sagt, dass egal welchen Aspekt des Göttlichen wir mit Überzeugung verehren wollen, das Höchste Wesen wird unsere Überzeugung stärken.[18] Der Gedanke dahinter ist, dass eine Form der Verehrung besser ist als keine, selbst für einen begrenzten Aspekt des Göttlichen. Der Grund dafür ist für diejenigen offensichtlich, die jemals in ihrer Meditation das formlose Absolute (im Sanskrit *nirguna* Brahman genannt) verehrt haben. Weil das formlose Absolute formlos ist, können wir es weder visualisieren noch durch auditive (Klang, Sprache usw.) oder visuelle Symbole darstellen. Der menschliche Geist kann jedoch nur mit visuellen und auditiven Symbolen denken und eine Bedeutung erzeugen. Praktisch gesehen ist die Verehrung des formlosen Absoluten oder die Konzentration darauf eine Nicht-Verehrung oder Nicht-Konzentration, da es kein erkennbares Objekt gibt. Das ist eine edle Art zu sagen, dass es eine Zeitverschwendung ist, es sei denn, jemand ist sehr fortgeschritten im Yoga. Krishna erklärt genau diese Tatsache in Vers XII.4 der *Gita*.

---

17 Bhagavata Purana IV.31.14
18 Bhagavad Gita VII.21

In meiner eigenen Meditationspraxis benutze ich eine große Bandbreite an Gottheiten und göttlichen Formen, um das Göttliche zu verehren. Aber jedes Mal, wenn ich das tue, erinnere ich mich daran, dass die göttliche Form nur ein Hinweis auf ein abstraktes Prinzip dahinter ist (das formlose Absolute), das ich sonst nicht darstellen könnte. Die Beziehung zwischen dem formlosen Absoluten oder dem Höchsten Wesen und einer Gottheit oder einem göttlichen Symbol ist vergleichbar mit einem Icon auf deinem Desktop auf der einen Seite und einer Computeranwendung von mehreren Gigabyte auf der anderen. Das Icon hat vielleicht nur 18 KB, aber es öffnet eine vergleichsweise kolossale Anwendung, wenn du daraufklickst. Das Icon ist nur ein Pfad zur Anwendung. In ähnlicher Weise benutzen wir göttliche Formen und Gottheiten, um Zugang zum Göttlichen, dem Höchsten Wesen, zu erhalten. Wenn wir vergessen, dass das Symbol nicht das Höchste Wesen ist, führt das zu Fundamentalismus und Sektierertum.

In der *Bhagavad Gita* heißt es, dass du, wenn du eine bestimmte Gottheit verehrst, die Ergebnisse dieser Verehrung allein vom Höchsten Wesen erhältst.[19] Das ist eine andere Art zu sagen, dass es nur einen wahren Gott gibt und alle Gottheiten und göttlichen Formen abhängige Emanationen und Symbole sind, die von diesem Göttlichen ausstrahlen. Aber es heißt auch, dass sie alle gangbare Wege sind, um zu dem einen wahren Gott zu gelangen. In diesem Vers heißt es dann, dass das Höchste Wesen dich gerne dort treffen und dir helfen wird, wo du dich gerade befindest. Aber im nächsten Vers sagt das Göttliche, dass die Früchte, die man durch die Verehrung von Gottheiten erhält, begrenzt sind, während die Früchte der direkten Verehrung des Höchsten Wesens unendlich sind (ich möchte schleunigst darauf hinweisen,

---

19 Bhagavad Gita VII.22

dass das viel schwieriger ist, weil wir uns immer wieder eingestehen müssen, dass wir das Höchste Wesen selten vollständig begreifen können).[20] Das Höchste Wesen sagt hier also, dass die Verehrung von Gottheiten für den Moment akzeptabel ist, aber wenn du jemals daran interessiert bist, wirklich zu verstehen, wer Ich, das Höchste Wesen, bin, dann forsche und prüfe weiter. Diese Aussage sagt uns, dass es mehrere Schichten gibt, um die Tiefe des Höchsten Wesens zu verstehen. Je mehr von ihnen wir verstehen, erfahren und würdigen können, desto tiefer wird unsere Praxis sein. In den folgenden Abschnitten werde ich viele von ihnen erforschen.

Ein entscheidendes Ergebnis des umfassenden Wissens und Verstehens der vielen Aspekte des Göttlichen ist die Fortführung dieses Wissens zum Zeitpunkt des Todes. In einem späteren Vers der *Gita* erklärt das Höchste Wesen, dass diejenigen, die verstanden haben, dass Es die Kraft ist, die alle physischen Manifestationen des Göttlichen und alle Gottheiten aufrechterhält, Es auch zum Zeitpunkt des Todes als solches erkennen werden.[21] Um das zu erreichen, gehen wir noch einmal zum *Bhagavata Purana* zurück, wo wir nachlesen können, dass der Gottergebene erkennen muss, dass Gottheiten nur Emanationen des Höchsten Brahman sind. Das heißt, sie haben keine eigene Macht und keine eigenständige Unabhängigkeit. Wenn wir das erkennen und uns daran erinnern, wenn wir eine Gottheit verehren, wird die Verehrung zur Verehrung des Brahman, des unendlichen Bewusstseins, des Höchsten Wesens. Im *Purana* heißt es weiter, dass der eigentliche Name von Brahman Sat-Chit-Ananda ist. Auch der indische Mystiker Shri Aurobindo verwendet diesen Begriff, um den Namen Gottes zu bezeichnen. Sat-Chit-Ananda ist eine Verbindung, die oft in

---

20 Bhagavad Gita VII.23
21 Bhagavad Gita VII.30

den *Upanishaden* erwähnt wird, dem wichtigsten Quellentext für die meisten mystischen Lehren aus Indien. *Sat* ist ein Begriff, der mit Wahrheit oder Existenz übersetzt wird, was das ist, was wirklich existiert. *Chit* bedeutet Bewusstsein, und *ananda* bedeutet Ekstase. Der Begriff *sat* bezieht sich auf den immanenten Aspekt des Göttlichen, das Element, das hier bei uns ist und das wir beobachten können, was letztlich zu der Ansicht führt, dass alles Gott ist. *Chit* als Bewusstsein ist der transzendentale Aspekt des Göttlichen, transzendental, weil er nicht mit den Sinnen wahrnehmbar ist. *Ananda* ist die Ekstase, die durch das Zusammenspiel beider Aspekte entsteht. Es ist auch die Freude und Ekstase, die der *bhakta* empfindet, der das Zusammenspiel von beidem erlebt und zu einem Kanal dafür wird.

Im *Bhagavata Purana* finden wir die rätselhafte Aussage, dass Gott, der aus Sat-Chit-Ananda besteht, die geeignete Verehrung für das *Krta Yuga* (Goldenes Zeitalter, oft auch *Satya Yuga*, Zeitalter der Wahrheit genannt) ist.[22] Wenn du dachtest, dass der vorige Absatz über die Ekstase, die entsteht, wenn der transzendente Gott und der immanente Gott aufeinandertreffen, ein bisschen weit hergeholt war, dann bist du nicht allein. Im *Bhagavata Purana* heißt es, dass wir zwar alle auf diese Stufe zurückkehren wollen, aber dass es sich dabei um eine Form der Spiritualität handelt, die in einem längst vergangenen Zeitalter, dem so genannten Goldenen Zeitalter der *Veden*, üblich und en vogue war. Unabhängig davon, ob wir an eine solche goldene Vergangenheit glauben oder nicht, ist es für die meisten von uns heute einfacher, mit simpleren Konzepten des Göttlichen zu beginnen, wie dem Selbst oder göttlichen Formen und Gottheiten, bevor wir uns komplexeren Konzepten zuwenden. In einem späteren Abschnitt werde ich das Zusammenspiel der transzendenten

---

22 Bhagavata Purana III.21.8

und immanenten Aspekte des Göttlichen, auch göttlicher Vater und göttliche Mutter genannt, untersuchen. Zum Abschluss unserer Diskussion über göttliche Formen wollen wir noch einmal auf das *Bhagavata Purana* zurückkommen, in dem es heißt, dass die Anbetung des Göttlichen durch die Anbetung aller Gottheiten und des gesamten Universums erfolgen soll.[23] Auch dies ist eine komplexe Aussage. Shri Aurobindo sagte, dass ein Yogi in der Lage sein sollte, alle Gottheiten zu verehren, aber lass dich am Anfang nicht überwältigen und fang mit einer oder wenigen an, und lass dir niemals von einem Anhänger einer Sekte sagen, dass du dich an dieselbe Gottheit halten musst. Wie wir jetzt alle wissen, sind sie alle nur Repräsentationen des einen namenlosen Höchsten Wesens.

Wie können wir herausfinden, welche Gottheit für uns geeignet ist? Das *Yoga Sutra* sagt, dass wir durch das Lesen heiliger Texte herausfinden können, welche Form des Göttlichen für uns geeignet ist.[24] Um es zu vereinfachen: Wann immer du eine intensive, positive Reaktion auf eine Beschreibung des Göttlichen hast, ist es wertvoll, diese weiter zu erforschen. Drucke ein Bild der [göttlichen] Form aus und meditiere dann darüber, indem du *trataka* (yogisches Anschauen) darauf praktizierst. Tue das möglicherweise auch während *kumbhaka* (yogische Atemrückhalte im Rahmen von *pranayama*, yogischer Atmung).

Bevor ich den Abschnitt über göttliche Formen beende, möchte ich kurz auf den Anthropomorphismus eingehen. Obwohl die heiligen Schriften zwar besagen, dass der Mensch nach dem Ebenbild und der Ähnlichkeit Gottes geschaffen wurde, haben wir viele göttliche Bilder nach unserem eigenen Abbild geschaffen. Ohne jemandes Empfindlichkeiten

---

23 Bhagavata Purana IV.31.14
24 Yoga Sutra II.44

verletzen zu wollen, stell dir einen Moment lang vor, eine andere Spezies hätte eine Religion: Wie würden sie sich Gott vorstellen? Wie ein Mensch? Nein, wahrscheinlicher ist, dass ihr Gott genauso aussieht, wie sie selbst, nur dass er gigantische Ausmaße annimmt, mit Allmacht ausgestattet ist und im Himmel sitzt. Ich will damit sagen, dass die Vorstellung, Gott sähe aus wie man selbst, wahrscheinlich ein evolutionärer Zustand ist, den eine Spezies durchläuft, bis wir es besser wissen. Es ist eine Form von Speziesismus, der Glaube, dass deine Spezies besser ist als andere, gefolgt von diskriminierenden Handlungen gegen sie.

Ob du es glaubst oder nicht, in vielen Kulturen gibt es eine lange Geschichte von Atheismusvorwürfen gegen Mystiker, die sich weigerten, das Göttliche in anthropomorphen Begriffen zu beschreiben. Das heißt, wenn du nicht an den riesigen, weißen, bärtigen, aus der Luft geborenen Mann glaubst (oder füge eine andere bevorzugte Erscheinung ein), dann bist du per Definition ein Atheist. Nach dieser Auffassung wäre der Autor dieses Buches in den Augen vieler eine Art Krypto-Atheist. Ich möchte die ganze Argumentation umdrehen und vorschlagen, dass die *Gita* und das *Bhagavata Purana* ein komplexes, vielschichtiges kosmisches Wesen beschreiben, das, weil es für unseren begrenzten menschlichen Verstand zu schwer zu begreifen ist, in der Zwischenzeit in menschlicher Gestalt verehrt werden kann. Das ist nur umso verständlicher, wenn wir bedenken, dass diejenigen, die ein fortgeschrittenes Verständnis dieses namenlosen Höchsten Wesens bezeugen (doch gleichzeitig sind alle Namen, die auf das Göttliche hinweisen, die Namen des einen Göttlichen), immer ausschließlich Menschen sind. Deshalb haben wir gelernt, sie als *avatare* zu verehren.

Es scheint einen Zusammenhang zu geben zwischen dem speziesistischen Glauben an die Vorherrschaft des Menschen, der ausschließlichen anthropomorphen Darstellung des

Göttlichen als riesiger Mann, der über den Wolken thront und vom Himmel aus regiert, und der Zerstörung unserer natürlichen Umwelt und dem Missbrauch von Tieren, Wäldern, Ozeanen und der Atmosphäre. Wie ich in meinem früheren Buch *How to Find Your Life's Divine Purpose* beschrieben habe, wurde das religiöse Gebot «Macht euch die Erde untertan» unhinterfragt in die westliche Wissenschaft übernommen und bildet heute ihr philosophisches Fundament. In den ersten 300 Jahren ihres Bestehens wurde die westliche Wissenschaft ausschließlich von religiösen Menschen gefördert, darunter Bacon, Kopernikus, Newton, Galilei und Descartes, die an einen übernatürlichen Gott glaubten, der sich wesentlich von der Natur unterschied. Folglich war die Natur nicht göttlich und konnte nach Belieben ausgebeutet werden. Ich weise hier darauf hin, dass die *Bhagavad Gita*, das *Bhagavata Purana* und Mystiker wie Ramakrishna und Aurobindo die Welt als einen integralen Aspekt Gottes betrachten. Diese Autoritäten weisen auf die Notwendigkeit hin, die Materie, die Natur und alle Wesen als wesentliche Aspekte Gottes zu sehen. Wenn wir diesen Grundsatz in die Wissenschaft integrieren, können wir eine Wissenschaft entwickeln, die nicht etwas auf Kosten von etwas anderem verbessert. Mit anderen Worten: Ich vertrete einen mystischen Ansatz für das, was der verstorbene Biologe James Lovelock die Gaia-Theorie nannte und heute als Erdsystemwissenschaften bezeichnet wird.[25] Hier betrachten wir die Welt und alles, was darin enthalten ist, als ein zusammenhängendes Ganzes und möglicherweise als einen Superorganismus, in dem alle Individuen Rollen spielen wie einzelne Zellen in einem Körper. Als Mystiker konzentriere ich mich darauf, die Intelligenz und das Wesen dieses Superorganismus direkt zu erfahren. Eine solche

---

25 James Lovelock, Gaia: A New Look at Life on Earth, Oxford University Press, 2016.

Erfahrung, wenn sie robust und detailliert genug ist (denn es gibt mehrere Ebenen der Erfahrung, die in diesem Text nach und nach auftauchen werden), wird uns davon abhalten, unethisch, ausbeuterisch und ökologisch unvernünftig zu handeln. Zum jetzigen Zeitpunkt versucht die ökologische Bewegung, uns intellektuell davon zu überzeugen, dass es in unserem eigenen Interesse liegt, unser Verhalten zu ändern - mit eher begrenztem Erfolg. Wenn wir stattdessen das Höchste Wesen in seiner Gesamtheit sehen, wie es Aurobindo tat, ist widersprüchliches und schädliches Verhalten nicht mehr möglich.

Darüber werde ich später noch ausführlich sprechen, aber jetzt wollen wir noch einmal darauf zurückkommen, warum anthropomorphe Bilder so beliebt sind: Anthropomorphe Bilder des Göttlichen, also solche mit menschlichen Zügen, funktionieren, und ich verwende sie selbst. Sie sind eine heuristische Abkürzung, die wir nutzen können und sollten, wenn es nicht möglich ist, all die vielen Aspekte des Höchsten Wesens in ihrer Gesamtheit zu erfassen. Aber letztendlich müssen wir erkennen, dass dies eine Stufe in der Entwicklung unserer Spiritualität ist, und wir müssen uns schliesslich für nicht-menschliche Darstellungen des Göttlichen öffnen. In einem Abschnitt der *Bhagavad Gita* mit dem Titel 'Die Herrlichkeit des Göttlichen' heißt es: «Unter den Göttern bin ich Krishna, unter den Menschen bin ich Arjuna, unter den Gewässern bin ich der Ozean, unter den Gebirgen bin ich der Himalaya, unter den Bäumen bin ich der Peepal-Baum (*Ashvatta* oder *ficus religiosa*, von den Buddhisten *Bodhi*-Baum genannt) und unter den Tieren bin ich der Löwe usw.»[26] Dieser Abschnitt ermutigt uns, das Göttliche überall und in allem zu sehen, zu erkennen und zu verehren. Zum Beispiel wird die höchste Form des yogischen *samadhi* manchmal mit

---

26 Bhagavad Gita X.19-41

der ozeanischen Ekstase oder einfach mit der ozeanischen Erfahrung verglichen. Von meinem Platz aus, an dem ich dieses Buch schreibe, habe ich einen weiten Blick auf den Pazifischen Ozean. Wann immer meine Augen müde werden oder ich Inspiration brauche, schaue ich auf und werde mir dieser gewaltigen ozeanischen Präsenz bewusst. Der Ozean hat etwas Ewiges, Numinoses, Offenbarendes und Ehrfurchtgebietendes an sich. Wir können Gott im Ozean sehen, wenn wir dafür offen sind. Das Gleiche kann und muss von Gebirgszügen, heiligen Bergen, Seen, Flüssen, Wäldern, der Sonne und dem Mond, dem Sternenhimmel, heiligen Bäumen wie dem *Peepal* oder dem *Banyan* und natürlich den Tieren gesagt werden. Die Frage ist nicht so sehr, ob Gott in ihnen ist. In der Tat ist Gott in ihnen, denn es gibt nichts außer Gott. Die Frage ist, ob ein bestimmtes Objekt oder eine bestimmte Form für dich geeignet ist, um Gott darin zu sehen. Dann nutze sie auf deinem Weg, um letztendlich Gott in allem zu sehen. Das erfordert zwar ein hohes Maß an Können, aber irgendwo muss man ja anfangen.

GOTT ALS DAS UNIVERSUM

Ein weiterer Aspekt des Göttlichen, den viele von uns verstehen und zu dem sie Zugang haben, ist Gott als das Universum. Damit meine ich nicht, dass Gott und das Universum identisch sind (diese Ansicht wird Pantheismus genannt), sondern dass das Universum der kristallisierte Körper Gottes ist (diese Ansicht wird Panentheismus genannt), ähnlich wie mein physischer Körper die humanoide Form ist, in der ich mich gerade bewege. Die Ansicht, dass das Universum Teil des Göttlichen ist, das Göttliche aber größer ist als das Universum, wird in der *Bhagavad Gita* vertreten, wo Krishna sagt: «All dieses Universum ist von Mir, dem transzendentalen Wesen, durchdrungen. Alle Objekte werden von Mir getragen, aber

Ich bin nicht in ihnen.»[27] Diese Aussage verdeutlicht, dass das Göttliche in allem ist, aber dass einige Aspekte des Göttlichen nicht Teil des physischen Universums sind. Später erweitert Krishna diesen Gedanken noch, indem er sagt: «Mit Mir als dem bezeugenden Choreographen projiziert die göttliche Schöpferkraft dieses mächtige Universum aus bewegten und unbewegten Teilen und lässt es weiter kreisen.»[28] Das Konzept des bezeugenden Choreographen impliziert, dass das Universum kein zufälliges Ereignis ist, sondern ein geführter Ausdruck der Kreativität des Göttlichen, d.h. seiner physischen Ausdehnung. Wir empfinden das Universum als gesetzmäßig, weil es das Göttliche ausdrückt, und seine Gesetzmäßigkeit ist die Natur des Göttlichen.

Die Fähigkeit, das Göttliche in allem zu sehen, ist die Grundlage für ein hingebungsvolles Leben. Wenn wir eine abstrakte Vorstellung vom Göttlichen haben, das irgendwo im fernen Himmel oder im Nichts angesiedelt ist, wird das unser Verhalten im Hier und Jetzt wahrscheinlich nicht ändern. Das Konzept des *Bhakti* Yoga besteht jedoch darin, das Göttliche in allem, was wir betrachten, zu sehen und zu erkennen und anschliessend in der Lage zu sein, das Göttliche in allem anzuerkennen, zu preisen und zu lieben.

In Kapitel 13 der *Gita* sagt Krishna, dass ein wahrer Seher derjenige ist, der das Höchste Wesen überall und in allem erkennt.[29] Der mittelalterliche indische Theologe Ramanuja entwickelte diese Sichtweise deutlich in der sogenannten *Visishtadvaita*-Philosophie, nach der das Universum der Körper Gottes und nicht vom Göttlichen getrennt ist. Ramanuja war der große Kontrahent des *Advaita-Vedanta*-Philosophen Shankara, der lehrte, dass die Welt eine Illusion ist. Dass die

---

27 Bhagavad Gita IX.4
28 Bhagavad Gita IX.10
29 Bhagavad Gita XIII.27

Welt eine Illusion ist, ist nicht die Ansicht des Krishna aus der *Bhagavad Gita*, und Shankara muss in vielerlei Hinsicht die Bedeutung von Krishnas Worten verdrehen, damit sie mit seiner Philosophie übereinstimmen, ein Prozess, der als Eisegese [Hineininterpretieren] bezeichnet wird. Dazu werde ich später mehr schreiben.

Das Universum ist der Körper Gottes, und man muss mit einem intellektuellen Verständnis beginnen, aber man kann nicht auf dieser Stufe bleiben. Im Kapitel 11 der *Gita* sagt Arjuna zu Krishna, dass er Ihn nun intellektuell verstanden hat, aber eine mystische Sicht auf das benötigt, was Krishna zuvor gesagt hat. Als Krishna einwilligt und seine universelle Form (*vishvarupa*) offenbart, sieht Arjuna einen Glanz, der dem von tausend Sonnen gleicht, die gleichzeitig am Himmel leuchten.[30] Aber das ist nur eine Einführung für Arjuna, der nun das ganze Universum als eine Vielzahl sieht, welches im Körper des Gottes der Götter vereint erscheint.[31] Der Wortlaut des Verses ist entscheidend. Erstens bestätigt er, dass das Universum tatsächlich der Körper des Göttlichen ist. Zweitens entwickelt er die Idee der Vielheit als Einheit. Wenn wir das physikalische Universum und die Entwicklung des Lebens betrachten, stellen wir fest, dass beides ein Wettlauf in Richtung Vielfältigkeit und Komplexität ist. Doch hinter dieser Komplexität können wir ohne weiteres die vereinigende Intelligenz erkennen, die alles hervorbringt und sich vor allem durch diese Vielfalt schöpferisch ausdrückt. Um das Höchste Wesen zu verstehen, müssen wir beides gleichzeitig im Blick haben.

Der menschliche Verstand hat ein verzweifeltes Bedürfnis nach Einfachheit, ein fast krankhaftes Bedürfnis, alles auf den kleinsten, einzigen Nenner zu bringen. Als Ergebene des Göttlichen müssen wir erkennen, dass das Göttliche einen

---

30 Bhagavad Gita XI.12
31 Bhagavad Gita XI.13

Intellekt mit unendlicher Feuerkraft hat und es daher nicht nötig hat, sich auf Einfachheit zu beschränken. Das Göttliche ist Einheit und unendliche Vielfalt zugleich. Deshalb sind wir oft völlig verblüfft, wenn wir komplexe Wissenschaften wie Geschichte, Wirtschaft oder Erdsystemwissenschaften nebeneinander studieren. Es scheint alles so kompliziert zu sein. Warum kann es nicht einfacher sein? Vertraue darauf, dass das Göttliche nicht von diesen Wissenschaften verblüfft ist, sondern dass diese Verblüffung nur unsere unzureichende Intelligenz widerspiegelt.

Wechseln wir zum *Bhagavata Purana*, um zu sehen, was es zu diesem Thema sagt. *Skanda* II, Kapitel 5 des *Bhagavata*, befasst sich mit dem Universum als der äußeren Form des Göttlichen und führt ein vergöttlichtes Konzept der Natur für die Meditation ein. Ein paar Seiten später schlägt das *Purana* vor, *dharana* (Konzentration) auf dieses Universum als Form des Göttlichen durchzuführen.[32] Wir werden später einen Abschnitt aus Kapitel XII der *Gita* besprechen, in dem Krishna erklärt, dass es viel schwieriger ist, sich auf das formlose Göttliche, das oft das formlose Absolute oder *nirguna* Brahman genannt wird, zu konzentrieren und es zu verstehen. Das Universum als die Form des Göttlichen (*saguna*) zu sehen, beseitigt diese Schwierigkeit. Es macht uns klar, dass wir, wie es in der Bibel heißt, im Göttlichen leben, uns bewegen und unser Sein haben.[33] Ähnlich wie in der *Bhagavad Gita* heißt es auch im *Bhagavata Purana* in der oben genannten Passage, dass das Höchste Wesen diese universelle kosmische Form [d.h. das Universum] mit seinen fünf Elementen durchtränkt.

Ein paar Verse später rät das *Bhagavata Purana* dem Gottesverehrer, sich ausschließlich auf das Universum als den

---

32 Bhagavata Purana II.2.23ff

33 Apostelgeschichte 17:28

grobstofflichen Körper Gottes zu konzentrieren, außerhalb dessen es nichts gibt.[34] Die Formulierung «außerhalb dessen es nichts gibt» bedeutet, dass es nur Gott gibt. Es gibt nichts im Universum, was nicht Gott ist, d.h. nichts, was nicht heilig ist, nicht verehrt werden sollte und nichts, was entweiht, nicht angebetet oder von Gott entfremdet werden sollte. Unsere moderne Gesellschaft braucht ständig Giftmülldeponien, Atommülldeponien und Orte, an denen wir veraltete Ölplattformen oder ausgebrannte nukleare Antriebsanlagen versenken können. In der Ökonomie nennen wir diesen Prozess negative Externalität, und wir führen ihn durch, damit jemand anderes die Rechnung bezahlen kann, damit unsere Produktionsanlagen rentabel bleiben. Die Externalität ist ein Schlüsselprozess, der unsere Kultur nicht nachhaltig macht.

In der *bhakti*-Lehre gibt es keine Orte, an die wir Abfall auslagern können, denn alles ist Gott. In ähnlicher Weise definiert unsere Gesellschaft Einzelpersonen oder gesellschaftliche Gruppen als Personas non grata, als Personen, die nicht willkommen sind. Dies geschieht, damit wir die Verfehlungen auf sie übertragen können und damit versuchen können, die Verfehlungen und die Personas non grata aus unserer Bilanz zu streichen. Selbst in Gesellschaften, die Rassismus bis zu einem gewissen Grad überwunden haben, wird die Benachteiligung von Frauen (z.B. durch niedrigere Löhne oder die automatische Erwartung, dass sie sich um ältere Menschen kümmern) oder von anderen Tierarten (z.B. durch die Zerstörung ihres Lebensraums, um Platz für die landwirtschaftliche Nutzung und für Industrieanlagen zu schaffen) immer noch häufig externalisiert.

Bereits früh im *Bhagavata Purana* erfahren wir, dass das gesamte Universum ein Ausdruck des schöpferischen

---

34 Bhagavata Purana II.2.38

Gedankens des Göttlichen ist.[35] Die Tatsache, dass das schöpferische Denken der Ursprung des Universums ist, sollte uns an dem New-Age-Grundsatz zweifeln lassen, dass die meisten persönlichen Probleme auf den Geist zurückzuführen sind und dass wir unsere Probleme lösen könnten, wenn wir aufhören zu denken. Wie soll das Göttliche die Welt ins Leben gerufen haben? Indem Es die Ärmel hochkrempelt, eine Schaufel in die Hand nimmt und mit dem Bau beginnt? Nein, das Göttliche ist die kosmische Intelligenz und das göttliche Gesetz als zwei seiner Aspekte. Weil es das Eine ohne ein Zweites ist, dem nichts entgegensteht, und weil es allmächtig ist, kristallisiert und verdichtet sich alles, was es denkt, zur Existenz. Daher ist es richtig zu sagen, dass das Universum ein Ausdruck des schöpferischen Gedankens des Göttlichen ist oder dass das Göttliche die Welt in die Existenz gedacht hat. Das Ziel des *bhakta* ist es nicht, den Geist völlig auszuschalten, sondern in Übereinstimmung mit dem Göttlichen zu denken. Ich habe dies in meinem vorherigen Buch *How to Find Your Life's Divine Purpose* ergründet, aber dieses Konzept wird auch in diesem Text im Abschnitt über *Karma* Yoga behandelt.

Zu Beginn von Band 2 des *Bhagavata Purana* wird das gesamte Universum mit einem *yantra* verglichen.[36] Ein *yantra* stellt eine heilige Geometrie dar, über die wir meditieren können, um das Prinzip dahinter zu verstehen. Das Prinzip hinter dem Universum ist das Höchste Wesen. Das Universum ist nicht vom Göttlichen getrennt, sondern Ihre grobe Form, das heißt, es ist Ihr kristallisierter Körper. Wenn wir über die Schönheit, die Einzigartigkeit, die Intelligenz und die Weisheit des Universums meditieren, entwickeln wir ein Gefühl des Staunens und der Ehrfurcht, das uns hilft, die Qualitäten

---

35 Bhagavata Purana II.5.3 und 11

36 Swami Tapasyananda, Srimad Bhagavata, Bd. 2, S. 2

der Wesenheit zu verstehen, aus dem es entstanden ist. Ich verwende hier den Begriff Wesenheit (engl. Beingness) anstelle von Wesen (engl. Being), weil wir in der deutschen Sprache den Begriff Wesen (im Englischen den Begriff Being) verwenden, um eine Entität zu bezeichnen, die von allem um sich herum getrennt und in Raum und Zeit begrenzt ist. Selbst wenn man das Wort «Höchstes» vor den Begriff «Wesen» setzt, fällt es manchen schwer, nicht an ein riesiges, bärtiges Männchen im Himmel zu denken. Die Verwendung des Begriffs Wesenheit hilft uns jedoch zu verstehen, dass wir über das Prinzip sprechen, das allen Wesen zugrunde liegt, das sich durch alle Wesen und durch dieses wunderschöne, wunderbare Universum, in dem wir leben, ausdrückt. Wir sind Teile (*amshas*) oder Funken (*jivas*) des Göttlichen, die in ihm, d.h. im Universum, leben.

Es ist wichtig zu betonen, dass die Erkenntnis, dass das Universum göttlich ist, keine abstrakte oder intellektuelle Erkenntnis ist, die keinen Einfluss auf unser Leben hat. Der verstorbene Begründer der Prozessphilosophie, Alfred North Whitehead, sagte, dass wir Frieden nicht dadurch erreichen, dass wir bestimmte kognitive Überzeugungen mehr oder weniger intensiv vertreten, sondern dadurch, dass wir unsere Beziehung zu der Tatsache verstehen, dass das Universum göttlich ist.[37] Whitehead sagt, dass das Universum ein Ausdruck unendlicher Kreativität, Freiheit und unendlicher Möglichkeiten ist, aber dass es ohne die vollendete ideale Harmonie, die Gott ist, nicht wirklich werden kann. Das ist wichtig zu verstehen, denn ohne dieses Verständnis würden wir in den Pantheismus zurückfallen, d.h. in den Glauben, dass das Universum in seiner Gesamtheit Gott ist und dass es nichts Göttliches jenseits des Universums gibt. Ich befürchte,

---

37 John B. Cobb, A Christian Natural Theology, Westminster John Knox Press, 2007, S. 62

dass dies die philosophische Grundlage für die spirituelle Plattitüde «das Universum kümmert sich» ist. Diese Aussage reduziert das Universum auf ein riesiges Einkaufszentrum, das aus irgendeinem Grund jede Laune unseres Geistes und Egos befriedigen muss. Die *bhakta* hingegen meditiert über das Universum, um die gigantische Intelligenz zu verstehen, die es ins Leben gerufen hat, und um zu erkennen, dass das Universum ohne das Göttliche nichts wäre.

VIJNANA, GOTTVERWIRKLICHUNG

Wir haben nun unsere Untersuchungen zu den einfachen Konzepten oder Aspekten des Göttlichen abgeschlossen, die das Göttliche als Selbst, als Gottheiten und als das Universum darstellen. Diese werden uns in der Regel auf dem Weg der *bhakti* zuerst begegnen, da sie leichter zu verstehen und zu begreifen sind. Die folgenden Konzepte sind fortgeschrittener, aber sehr wichtig, und letztendlich muss der *bhakta* sie alle integrieren. Auch wenn dies einige Zeit in Anspruch nimmt, ist die Liebe zu Gott erst dann vollständig, wenn wir Gott so tiefgründig wie möglich verstehen, ein Prozess, den die *Gita jnana yajna* - Opfer der Erkenntnis - nennt.

Die ersten sechs Kapitel der *Gita* sind eher einführend, während die meisten fortgeschrittenen Konzepte in den letzten 12 Kapiteln vorgestellt werden. Leider beschränken sich viele Leser:innen bei ihrer Analyse auf diese ersten sechs einführenden Kapitel. Doch das siebte Kapitel stellt gleich zu Beginn eines der wichtigsten Konzepte der *Gita* vor, indem es die Begriffe *jnana* und *vijnana* gegenüberstellt. Der Begriff *jnana* wird im Allgemeinen mit dem Wissen über das Selbst oder der Selbstverwirklichung gleichgesetzt. Die Vorsilbe *vi* in *vijnana* bedeutet Vergrößerung oder Ausdehnung. Es handelt sich also um eine Form des Superwissens, das umfassender ist als die bloße Selbstverwirklichung. Shri Ramakrishna war der erste, der auf die Bedeutung des Begriffs *vijnana* hinwies, und er lehrte, dass es Gottesverwirklichung bedeutet, die aus der kombinierten Erkenntnis des Göttlichen mit Form (*saguna* Brahman) und des formlosen Absoluten (*nirguna* Brahman) besteht.[38]

Shri Aurobindo nahm den Staffelstab von Ramakrishna auf und entwickelte das Konzept von *vijnana* weiter. Aurobindo übersetzt *vijnana* gewöhnlich mit «Supergeist» (engl. supermind), d.h. die Intelligenz des Göttlichen.[39] Aurobindo definiert den Supergeist auch als das Höchste Wesen, das sich selbst dynamisch als Zeit erkennt.[40] Um dies weiter auszuführen, beschreibt Aurobindo den Supergeist auch als den schöpferischen Wissens-Willens-Aspekt des Höchsten.[41]

Das ist wichtig zu verstehen, denn Aurobindos lebenslange Praxis und sein Bestreben war es, sich mit dem göttlichen Supergeist in Einklang zu bringen, was er als «Herabrufung des Supergeistes» bezeichnete. Für Aurobindo war es wichtig, sich nicht nur auf die Aspekte des transzendentalen Bewusstseins, der Stille, der Leere und des Nichts des Göttlichen zu konzentrieren, sondern auch auf dessen kreativen und intelligenten Selbstausdruck.

Aurobindo entwickelte den Begriff Supergeist in der ersten Hälfte des 20. Jahrhunderts. Heute, mehr als 100 Jahre später, klingt der Begriff veraltet, da wir ihn eher mit Informationstechnologie und künstlicher Intelligenz (oder profaner mit Dingen wie Superman oder Supermarkt) in Verbindung bringen. Ich schlage stattdessen die Begriffe

---

38 Sw. Tapasyananda, Shrimad Bhagavata, Band 3, S.9
39 Debashish Banerji, Seven Quartets of Becoming- A Transformative Yoga Psychology Based on the Diaries of Sri Aurobindo, Nalanda International, Los Angeles, 2012, S. 157
40 Debashish Banerji, Seven Quartets of Becoming, S. 187
41 Debashish Banerji, Seven Quartets of Becoming, S. 277

immanenter Gott oder kosmische Intelligenz vor, und die Verbindung zwischen beiden wird im nächsten Abschnitt untersucht. Ich will nicht respektlos sein, wenn ich hier Aurobindos Sprache verbessere. Ich halte Aurobindo für den führenden intellektuellen und mystischen Titanen des 20. Jahrhunderts, und ich bin alles andere als das. Aber die deutsche Sprache veraltet schnell, eine Tatsache, der sich Aurobindo nur zu bewusst war. Anders als im Sanskrit, wo die Bedeutung der Wörter in alten Grammatiktexten festgelegt ist, werden die Definitionen der Wörter im Deutschen durch Konventionen abgeleitet. Daher ändern sie sich, wenn genügend Menschen ihre Meinung darüber ändern, was sie bedeuten.

Schauen wir uns die geheimnisvolle, oft übersehene und falsch interpretierte Passage der *Gita* an, in der der Begriff *vijnana* eingeführt wird. Nachdem Krishna in den ersten sechs Kapiteln der *Bhagavad Gita* Arjuna *Karma-*, *Jnana-*, *Samkhya-*, *Buddhi-* und *Raja-*Yoga gelehrt hat, spricht er die folgenden kraftvollen Worte: «Ich werde dir nun das essenzielle Wissen (*jnana*, d.h. Selbstverwirklichung) und das umfassende Wissen (*vijnana*, d.h. Gottesverwirklichung) vermitteln, nach dem alles, was zu wissen ist, bekannt ist».[42] Sowohl Ramakrishna als auch Aurobindo waren der Meinung, dass dies der zentrale Vers der *Gita* ist. Der Begriff *jnana* bezieht sich im Allgemeinen auf die Verwirklichung des reinen Bewusstseins, des Zeugen, der in unserer Tiefe wohnt und den Patanjali als *purusha*, unsere eigene wahre Natur, und die *Upanishaden* als *atman*, das tiefe Selbst, bezeichnet. Bei dieser Erkenntnis lassen wir uns in der Regel in den Kern unseres Wesens fallen und erkennen dort eine Präsenz, die unendlich, ewig, unveränderlich und unkonditioniert ist, d.h. sie verändert sich nicht, egal was wir erleben. Da diese

---

42 Bhagavad Gita VII.2

Erfahrung (je nachdem, wie lange wir sie aufrechterhalten) zu einer Disidentifikation und einer anschließenden Distanz zum oberflächlichen Selbst, dem egoischen Körper-Geist, führen kann, wird sie oft als Selbstverwirklichung bezeichnet.

Viele Schulen sehen diese Selbstverwirklichung als Ziel und Ende des spirituellen Weges, und einige argumentieren, dass Patanjalis Yogaschule mit ihrer Betonung des objektlosen *samadhi*, des *samadhi* auf das reine Bewusstsein, zu ihnen gehört. Nach einer anderen Ansicht geht Patanjalis Yoga mit seiner Lehre vom *siddha* (unsterbliche befreite Wesen, die aktiv bleiben) im dritten Kapitel des *Yoga Sutra* weiter, aber es würde den Rahmen dieses Buches sprengen, dieses wichtige Thema zu erörtern. Krishna lehrt jedoch im siebten Kapitel der *Gita*, dass es hinter der Selbstverwirklichung die größere Öffnung der Gottesverwirklichung gibt, die, wie Ramakrishna lehrte, aus der integrierten Verwirklichung sowohl des *nirguna* als auch des *saguna* Brahman, des Göttlichen mit Form und des formlosen Absoluten, besteht, die beide viel größer sind als das individuelle Selbst.

Ein kurzer Ausflug in die indische Theologie: Die soeben dargelegte Ansicht ist natürlich unvereinbar mit der Lehre Shankaras (dem führenden Vertreter des *Advaita Vedanta* und der Ansicht, dass die Welt eine Illusion ist), aber sie stimmt mit Ramanujas (Ramanuja war der große Widersacher Shankaras) Identität-in-Differenz-Lehre überein, wie ich später noch erläutern werde. Ich werde diese Dinge häufig erwähnen, weil *Advaita Vedanta* den westlichen Eindruck von der indischen Philosophie so sehr dominiert, dass Bewohner der westlichen Welt oft zu denken scheinen, dass jeder in Indien glaubt, die Welt sei eine Illusion. Die Ansicht, die im siebten Kapitel der *Gita* vertreten wird, deckt sich auch mit Shri Aurobindos Erfahrungen im Alipore-Gefängnis, wo er inhaftiert war, bevor er wegen Aufruhrs und der Organisation des bewaffneten Widerstands gegen die britische Herrschaft in Indien vor Gericht gestellt wurde. Aurobindo nutzte seine Zeit im Gefängnis, um zunächst die große Stille und Leere des Selbst zu erfahren, eine Erfahrung, die er später als Freiheit und *nirvana* bezeichnete, und später die Verwirklichung des kosmischen Selbst, als alles um ihn herum, die Zellenwände, seine Decke und sein Bett, seine Wachen und Mitgefangenen, zum Göttlichen, in diesem Fall Krishna, verschmolzen.

In den folgenden paar Versen beschreibt Krishna selbst, was er mit *vijnana* meint. Obwohl dies das siebte Kapitel der *Gita* ist, verrät er auch hier nicht alles. In den Kapiteln 15 und 18 gibt er noch tiefgründigere Fakten preis. Im Vers VII.4 der *Gita* erklärt er, dass seine tiefere Natur (*apara prakriti*) achtfach ist, einschließlich der fünf Elemente, des Geistes (*manas*), der Intelligenz (*buddhi*) und der Ich-bin-heit (*ahamkara*). Schauen wir uns zunächst den Begriff *prakriti* an. Der Begriff wird am ehesten mit Natur, Schöpfungskraft oder Schöpfungsfähigkeit übersetzt. Natur ist natürlich der am wenigsten sperrige Begriff, aber wir müssen die Natur in diesem Zusammenhang als die Kraft verstehen, die alles hervorbringt.

In Patanjalis *Sutra* sind die Entfaltungen von *prakriti* Dinge, mit denen wir uns dis-identifizieren müssen, damit das reine individuelle Bewusstsein endlich frei, isoliert und unabhängig ist und sich in seiner eigenen Pracht offenbaren kann. Dieser letzte Ausdruck klingt etwas herausfordernd, aber er beschreibt genau, wie es sich anfühlt, wenn das reine Bewusstsein ungehindert für sich selbst steht und von keiner Identifikation mit dem Oberflächenselbst, dem egoischen Körper-Geist, begrenzt wird. Diese Tatsache wird auch in der Geschichte von den zwei Vögeln in der *Mundaka Upanishad* wunderbar ausgedrückt und bestätigt.[43] Hier erfahren wir von zwei Vögeln, guten Freunden, die auf demselben Baum des Lebens sitzen. Der erste Vogel, der

---

43 Mundaka Upanishad III.1

das oberflächliche Selbst darstellt, das mit *prakriti* verbunden ist, isst die Früchte des Lebensbaums: Freude und Schmerz. Durch die ständige Achterbahnfahrt, die Unbeständigkeit und das Auf und Ab von Vergnügen und Schmerz wird der erste Vogel schließlich niedergeschlagen und fällt in die Verzweiflung. Der *Mundaka* rät nun, dass der erste Vogel, das oberflächliche Selbst, sich von den Früchten des Lebensbaums abwendet und seinen Freund, den zweiten Vogel, betrachten soll. Der zweite Vogel steht für den *purusha* des *Yoga Sutra*, das reine Bewusstsein, das im objektlosen *samadhi* (Verzückung) verweilt und frei von *prakriti* und ihren vielen Kindern der mentalen Identifikation und Sinneserfahrung ist.

Auch wenn das sehr vereinfacht ist, könnten wir den Ratschlag, der hier gegeben wird, darauf reduzieren, dass in *purusha*, im Bewusstsein verweilt werden soll und dass *prakriti* und ihre Entfaltungen zu vermeiden sind. Und genau das ist die Ansicht, die wir vertreten können, wenn wir ausschließlich *Jnana* und *Raja* Yoga praktizieren, die die *Gita* in den ersten sechs Kapiteln behandelt. Aber Krishna führt uns nun weiter zu *vijnana*, indem er sagt, dass die *prakriti* Seine göttliche Schöpferkraft ist. Diesen Begriff wird er in der *Gita* immer wieder verwenden und macht die *prakriti* zu Seiner Shakti, Seiner Kraft. Dies steht im Gegensatz zu Patanjalis Yoga, das uns dazu auffordert, uns von *prakriti* zu isolieren (obwohl er mit der Einführung des egolosen *siddha* über diese Haltung hinausgeht).

Bevor ich zum nächsten Vers übergehe, möchte ich kurz auf Shri Krishnas Liste der acht Bestandteile der niederen *prakriti*, die fünf Elemente, der Geist, die Intelligenz und das Ego eingehen. Die vollständige Liste in der *Samkhya Karika* umfasst natürlich 23 Entfaltungen, darunter die Quanten oder feinstofflichen Elemente (*tanmatras*), die fünf Handlungsorgane (*karmendriyas*) und die fünf Sinnesorgane (*jnanendriyas*). Krishna hat jedoch bereits im zweiten Kapitel ausführlich über die *Samkhya*-Philosophie gesprochen. Der Begriff *Samkhya* bedeutet Aufzählung und eines ihrer Hauptmerkmale ist die Aufzählung und Auflistung aller Kategorien der *prakriti*. Hier in der *Gita* gibt Krishna nur eine kurze Auflistung der wesentlichen Kategorien, denn es geht nicht darum, wie viele Kategorien der *prakriti* es insgesamt gibt, sondern darum, dass die *prakriti* die Kraft ist, mit der Er die Welt bewegt, anstatt einer mechanischen Kraft, die unabhängig von sich selbst wirkt.

Ein weiterer wichtiger Punkt ist, dass die *prakriti* aus zwei Teilen besteht, einem höheren und einem niedrigeren. In der *Gita* ermahnt uns Krishna, dass seine höhere Natur, die *para prakriti*, der Ursprung aller *jivas*, der individuellen Seelen, und die Stütze des gesamten Universums ist.[44] In einem späteren Kapitel werde ich Begriffe wie *jiva* (individuelle Seele), *purusha* (Bewusstsein), *atman* (tiefes Selbst oder heiliges Selbst) usw. voneinander abgrenzen. Sie haben alle eine ähnliche Bedeutung, aber sie haben auch wesentliche Unterschiede, die es zu verstehen gilt. Wenn wir den Begriff *jiva* hier erwähnen, müssen wir jedoch einen Blick auf seine Bedeutung werfen. Der *Jiva* wird oft als das Oberflächenselbst oder das individuelle Selbst bezeichnet. Er wird als ein Funke des göttlichen Feuers bezeichnet. Wie im folgenden Unterkapitel näher erläutert wird, hat das Göttliche zwei Hauptaspekte: *saguna* (mit Form oder Gott immanent) und *nirguna* (Gott transzendent, unendliches Bewusstsein, formloses Absolutes). Der vorliegende Abschnitt befasst sich nicht mit dem transzendentalen Aspekt des Göttlichen, der in Kapitel 15 der *Gita* analysiert wird, sondern hier geht es um den immanenten Aspekt, d.h. das Göttliche, das hier bei uns ist, das wahrnehmbar ist. Dieser immanente Gott besteht aus den folgenden Hauptelementen:

---

44 Bhagavad Gita VII.5

- kosmische Intelligenz, die alles nach göttlichem Gesetz denkt und ins Dasein ruft,
- das materielle Universum, einschließlich aller Objekte, die das Ergebnis der niederen *prakriti* sind,
- alle Wesen, die das Ergebnis der höheren *prakriti* sind.

Wie kann das verstanden werden? Stell dir den Wesensaspekt des immanenten Gottes als ein unendliches Wesen mit unendlich vielen Permutationen, Individuationen, Wegen und Berechnungen vor, wie es in der Welt erscheinen könnte. In ihrer Gesamtheit stellen sie sein unendliches Potenzial dar. Es hat jedoch kein Ego. Das *Bhagavata Purana* bestätigt diese Egolosigkeit.[45] Ohne Ego ist die einzige Möglichkeit für den immanenten Gott sich zu individualisieren und die unendlichen Aspekte, Persönlichkeiten und Individualitäten zu verkörpern, die Es potenziell sein könnte, sie alle zu werden. Jeder von ihnen ist mit einem Körper, einem Bewusstsein, einem Geist und, was wichtig ist mit einem Ego ausgestattet. Das Ego ist eine psychologische Software, die Bewusstsein, Körper und Geist zu einem individuellen Selbstverständnis verbindet, d.h. es ermöglicht uns zu sagen: Das ist mein Körper, mein Geist und mein Bewusstsein. Wir nehmen das als selbstverständlich hin, aber ein äußerst komplexer Vorgang macht dies möglich. Wenn unser Ich-bin-heit oder Ich-Sinn durch *karma*, psychische Krankheiten (wie Schizophrenie oder Multipersönlichkeitsstörung) oder den Konsum von Psychedelika geschädigt wird, wird uns vielleicht plötzlich bewusst, wie prekär und zerbrechlich die Verbindung zwischen dem tiefen Selbst (Bewusstsein) und dem Oberflächenselbst (egoischer Körper-Geist) ist.

Da das Göttliche als egoloses Wesen nicht zum Individuum werden kann, muss Es sich durch eine unendliche Anzahl

---

45 Bhagavata Purana III.12.38

individueller Selbste, uns, individualisieren, um auf der Ebene des Individuums zu handeln. Das Göttliche ist kosmisch; Es ist alles und kann daher nicht das Individuum sein. Es kann nur die Gesamtheit aller individuellen Selbste gleichzeitig sein. Das Göttliche muss sich durch uns individualisieren, um auf einer individuellen Ebene zu handeln und zu erfahren. Ein Individuum hat ein Ego und kann sich daher im Raum-Zeit-Kontinuum begrenzen, d.h. es kann sagen, ich bin jetzt hier und nicht anderswo und zu anderen Zeiten. Da das Göttliche kein Ego hat, kann Es kein Individuum sein. Da das Göttliche frei von individueller Persönlichkeit und Ego ist, kann Es überall und zu jeder Zeit gleichzeitig sein. Da das Göttliche ein grenzenloses Potenzial hat, enthält Es eine unendliche Anzahl individueller Permutationen. Daher sehen wir eine Vielzahl von Wesen in allen Zeiträumen und an allen Orten. Sie alle sind Funken (*jivas*) und Fraktionen (*amshas*) des Göttlichen, d.h. mögliche Wege, die das Göttliche einschlagen kann und die durch ihre Egos in Raum und Zeit begrenzt sind.

Ohne individuelle Wesen mit Egos, die sie im Raum-Zeit-Kontinuum begrenzen, kann sich das Göttliche nicht individualisieren. Das Ego ermöglicht es einem Wesen, etwas oder jemand mit bestimmten Eigenschaften im Gegensatz zu jemandem mit anderen Eigenschaften zu sein. Das Göttliche hat alle Eigenschaften gleichzeitig, solange sie mit dem göttlichen Gesetz, einem wesentlichen Aspekt des Göttlichen, übereinstimmen.

Warum hat sich das Göttliche in unendlich viele göttliche Funken aufgespalten, ohne dass seine Integrität und Einheit beeinträchtigt wurde? Ohne zu einer endlosen Vielfalt von Wesen zu werden, wäre das transzendente Göttliche, das unendliche Bewusstsein, sich nur seiner Selbst als der göttlichen Immanenz, der kosmischen Intelligenz und seiner Verkörperung, dem Universum und allen Wesen, in einer allgemeinen Form, aber nicht im Einzelnen, bewusst. Da das Göttliche zu einer Vielzahl von Wesen geworden ist, kann Es sich nun durch die Vielzahl der Wesen erfahren, die seine Agenda verfolgen. Diese Agenda könnte man als *lila*, als göttliches Spiel, bezeichnen. Eine andere Art, das zu verstehen, ist, dass das göttliche Immanente ein unendliches Potenzial und eine unendliche Kreativität ist, und dass es das Eine ohne ein Zweites ist, d.h. nichts hindert Es daran, sich zu manifestieren. Das bedeutet, dass alles, was sein kann, auch sein muss.

Aurobindo beschrieb die Agenda des Göttlichen als den Milliarden Jahre währenden Prozess der Anhebung aller Materie und des Lebens zum göttlichen Bewusstsein. Der britische Mathematiker und Philosoph Alfred North Whitehead beschrieb die Agenda des Göttlichen als einen Prozess der Neuheit und Intensität. Auf diese Aussage werde ich später noch näher eingehen. Krishna selbst sprach von ihr als Seiner *yoga-maya*, Seiner geheimnisvollen Kraft. Die Verwendung des Begriffs «geheimnisvolle Kraft» bedeutet, dass wir nicht wirklich verstehen, was Er vorhat. Dennoch müssen wir unser Bestes geben, wenn der Gipfel von *vijnana* unser Ziel ist.

Es ist wichtig, diese Erkundungen nicht einfach als eine zwar interessante, aber theoretische und letztlich nutzlose Erklärung für das Wirken des Göttlichen beiseite zu legen. Im Gegenteil, das Verstehen und Kennen des Göttlichen ist das Geheimnis eines erfolgreichen *bhaktas*. Wenn wir einen anderen Menschen lieben, wird unsere Beziehung wahrscheinlich umso länger halten, je mehr wir ihn verstehen und kennen. Und das gilt noch viel mehr für unsere Beziehung zum Göttlichen. Wir müssen erkennen, dass wir im Inneren des Göttlichen in Form des Universums als der kristallisierte Körper Gottes leben. Wir sind die Sinnesorgane, mit denen das Göttliche als das unendliche Bewusstsein (*nirguna*

Brahman) sich Selbst als die göttliche Schöpferkraft erfährt. Diese Shakti verkörpert sich Selbst als alle Wesen und die Intelligenz hinter allem, was sie antreibt. Wenn die *bhakta* all diese Aspekte bewusst wahrnimmt, lebt sie, bewegt sich und hat ihr Sein im Göttlichen. Und diese Erkenntnis ist das Fundament für ein göttliches Leben, ohne die es nicht einfach ist, es zu begreifen.

Krishna setzt seine Ausführungen zum umfassenden Wissen fort, indem er offenbart, dass Er der Ursprung und die Quelle des Universums und aller Wesen ist[46] und er verkündet auch, dass alle Universen an Ihm hängen wie Perlen an einem Faden.[47] Hier ist keine Rede von einem unwirklichen Universum, das uns wie ein Illusionist betrügt. Hier wird keine Fata Morgana, Fantasie oder Illusion heraufbeschworen, keine bloße Einbildung unseres Geistes. Stattdessen werden wir in ein reales Universum eingeführt, das der Körper Gottes ist und von realen Wesen bevölkert wird, die alle Aspekte und Permutationen desselben vereinten Göttlichen sind und die mit einem bestimmten Zweck hier sind, die eine Rolle in der Agenda des Göttlichen spielen, damit Es sich durch Seine unbegrenzte Kreativität auszudrücken kann.

Wir spielen diese Rollen bereits, aber auf unbewusste Weise. *Bhakti* ist eine Einladung, dies bewusst zu tun, am schöpferischen Spiel und Opus Magnum des Göttlichen teilzunehmen und es als solches zu sehen. *Vijnana* bedeutet, dass Gott zu den *jivas*, den einzelnen Seelen, dem Universum geworden ist, sich im göttlichen Spiel ausdrückt und dennoch der Ozean des unendlichen Bewusstseins ist, das unveränderliche, formlose Absolute, der transzendente Gott. Deshalb bezeichnet Shri Aurobindo in *Essays On The Gita*

---

46 Bhagavad Gita VII.6
47 Bhagavad Gita VII.7

vijnana als das direkte spirituelle Bewusstsein des Höchsten Wesens.[48]

TRANSZENDENT UND IMMANENT, VATER UND MUTTER, NIRGUNA UND SAGUNA

Auf unserer Suche nach dem was das Göttliche ist, gehen wir nun weiter als die bisherigen Vorstellungen von Gott als dem Selbst, einer anthropomorphen Gottheit und der Gesamtheit des Kosmos. Wir beginnen nun zu verstehen, dass die Gottesverwirklichung nicht eine einzelne Handlung oder Erfahrung ist, die wir ein für alle Mal hinter uns bringen, sondern ein vielschichtiger Prozess. Wir werden nun an Shri Ramakrishnas Aussage anknüpfen, dass *vijnana* (Gottesverwirklichung) aus der separaten Verwirklichung des Göttlichen sowohl als *saguna* (mit Form) als auch als *nirguna* (formlos) besteht. Es gibt keine sinnvolle Möglichkeit, sich beiden Erfahrungen gleichzeitig zu nähern. Sie sind so grundverschieden, dass es unmöglich ist, sie beide gleichzeitig zu machen. Ein Beispiel zur Verdeutlichung: Es ist unmöglich, gleichzeitig einen Berg zu besteigen und ein Boot auf dem Meer zu fahren. Aber wir können beides nacheinander tun und uns danach beider Dinge bewusst sein.

Ähnlich verhält es sich mit der Erfahrung von Gott als immanent und Gott als transzendent. So sagt Shri Aurobindo, dass wir die Erfahrung von Gottes Immanenz in uns von der Erfahrung von Gottes Transzendenz trennen müssen. Es ist klar, dass Aurobindo eine Vielzahl von spirituellen Erfahrungen zulässt,[49] und dabei warnt er auch davor, alle mystischen Erfahrungen auf nur einen Typ zu reduzieren,

---

48 Sri Aurobindo, Essays on the Gita, Sri Aurobindo Ashram Trust, Pondicherry, S. 266

49 Sri Aurobindo, Essays on the Gita, S. 315

was die größte Falle auf dem mystischen Weg ist. Doch wenn ein Mystiker nicht beides hat (das *saguna* und das *nirguna* und noch einige andere, wie wir später sehen werden), wird er zwangsläufig in bestimmte Fallen tappen.

In der *Bhagavad Gita* sagt Krishna, dass er der Vater und die Mutter aller Wesen ist.[50] Das ist eine grundlegende Aussage, die wir auf unserer Suche nach dem Göttlichen berücksichtigen müssen. Was hat Er damit gemeint? Die Begriffe Vater und Mutter werden in der gleichen Weise verwendet, wie der Tantrismus die Begriffe Shiva und Shakti verwendet. Der Vater wird im *Tantrismus* Shiva genannt und steht für reines Bewusstsein und Erkenntnis. In den *Upanishaden* wird der Vater *nirguna* Brahman (das formlose Absolute) genannt, und in der Philosophie verwenden wir den Begriff transzendenter Gott oder den transzendentalen Aspekt des Göttlichen. Transzendental bedeutet jenseits, d.h. der Teil des Göttlichen, der jenseits von Sinneswahrnehmung und direkter Erfahrung liegt. Transzendental bedeutet unendliches Bewusstsein, was in diesem Zusammenhang eher das bewusste Wesen meint als das, dessen wir uns bewusst sind. So wird der Begriff in der modernen Psychologie oft verwendet, wo er auf den Inhalt des Geistes angewendet wird. Die Bedeutung des Begriffs, wie er hier verwendet wird, ist jedoch anders. Im Alten Testament finden wir den schönen Satz: «Sei still und wisse, dass Ich Gott bin.»[51] Dieser Satz bezieht sich auf den transzendenten Aspekt des Göttlichen, d.h. das unendliche Bewusstsein. Es kann nicht gesehen werden, wenn der Geist aktiv ist. Die Gedanken verdecken das Bewusstsein wie die Wolken das Blau des Himmels an einem Regentag. Deshalb fordert der biblische Jahwe, der Vater, uns auf, «still zu sein», damit wir Ihn sehen können. Behalten wir das im Hinterkopf,

---

50 Bhagavad Gita XIV.4
51 Psalm 46:10

wenn wir den Begriff Bewusstsein im Zusammenhang mit Yoga verwenden.

Patanjali, der Autor des *Yoga Sutra*, sagt: «Yoga ist das Zur-Ruhe-Bringen des Geistes. Dann (wenn der Geist still ist) verweilt das Bewusstsein in sich selbst».[52] Beachte die Ähnlichkeiten der Beschreibungen. Es ist auch interessant, dass der biblische Satz lautet: «Wisse, dass Ich Gott bin». Das ist eine treffende Formulierung, denn streng genommen ist der transzendente Aspekt des Göttlichen jenseits von Wahrnehmung und Erfahrung. Deshalb sagt Jahwe auch nicht: «Erkenne und erfahre, dass Ich Gott bin». Dies hallt in den Schriften des indischen Philosophen Shankaracharya um die halbe Welt nach, der in seinem *Brahma Sutra Bhashya* (Kommentar zu den *Brahma Sutras*) sagt, dass das Bewusstsein (Brahman) nicht wahrgenommen und erfahren werden kann; man kann es nur wissen.

Einen ähnlichen Fokus auf den transzendenten Aspekt des Göttlichen finden wir im alten China. Im *Tao Te King* sagt der Weise Laotse: «Was über das *Dao* (Bewusstsein) gesagt werden kann, ist nicht das *Dao*.» Beachte auch hier, dass das Bewusstsein jenseits von Wahrnehmung und Beschreibung liegt. Laotse sagt auch, dass das Transzendente jenseits der Beschreibung durch Sprache liegt. Das indische Gebet zu Nagaraj, der Schlange der Unendlichkeit, veranschaulicht das gleiche Konzept des transzendenten Gottes. Hier wird das Bewusstsein mit einer eintausendköpfigen Schlange gleichgesetzt, wobei alle eintausend Köpfe aus demselben Rumpf entspringen. Der Rumpf selbst ist stumm; er hat keinen Mund, mit dem er sprechen könnte. Der Rumpf repräsentiert das Brahman, das unendliche Bewusstsein. Die eintausend Köpfe, die aus demselben Rumpf wachsen, sprechen alle verschiedene Sprachen und stehen für unterschiedliche

---

52 Yoga Sutra I.2- I.3

KAPITEL 1

Systeme der Philosophie, Wissenschaft und Religion. Aber die letztendliche Wahrheit liegt nur im Rumpf, der selbst keine Sprache hat, da die absolute Wahrheit jenseits von Worten liegt. Obwohl jeder Kopf ein in sich stimmiges System lehrt, das nicht widerlegt werden kann, wenn man von seinen eigenen Prämissen ausgeht, widersprechen sich die Köpfe alle gegenseitig. Jeder Kopf kann eine brauchbare Interpretation der Wahrheit anbieten, aber niemals die Wahrheit selbst, die unaussprechlich ist.

Weil alles, was wir bisher über das Transzendente gehört haben, eher unkonkret ist, neigen die meisten Traditionen dazu, es zu anthropomorphisieren (d.h. ihm menschliche Eigenschaften zu geben), was bis zu einem gewissen Grad hilfreich sein kann. Zum Beispiel wird der transzendente Gott im Alten Testament Jahwe genannt, im Neuen Testament der Vater und in Indien meistens entweder Shiva oder Vishnu. Sowohl von Jahwe als auch von Shiva wird angenommen, dass sie untätig auf Berggipfeln residieren und die Welt aus der Ferne betrachten. Diese Residenz ist natürlich nur metaphorisch zu verstehen. In Indien zum Beispiel wird der Berg, auf dem Shiva sitzt, *Meru* genannt, was sich auf den Berg Kailash im Himalaya bezieht. *Meru* wird aber auch für die menschliche Wirbelsäule und die Weltachse verwendet. Die mystische Bedeutung des Namens Shiva ist Bewusstsein. Laut Yoga wird das Bewusstsein erfahren, wenn die Lebenskraft die Wirbelsäule hinauf transportiert und im Kronen*chakra* an der Spitze der Wirbelsäule (*Meru*) gehalten wird. Aus dieser Perspektive sieht das Bewusstsein nicht aus wie ein blauhäutiger Mann mit Dreadlocks, der einen Dreizack schwingt und auf einem Tigerfell sitzt (wie Lord Shiva). Aber es kann eine hilfreiche Metapher sein, es sich im täglichen Leben und bei der Praxis der Hingabe, *bhakti*, so vorzustellen.

Aber was ist mit dem zweiten Aspekt des Göttlichen, der Mutter? Sie ist in den abrahamitischen Religionen auffallend abwesend, oder zumindest haben wir sie entmachtet. Diese Entmachtung ist das Ergebnis von Tausenden von Jahren des Patriarchats. Aurobindo sagt, dass die höhere Natur (*para prakriti*) des Höchsten Wesens seine Shakti darstellt, die schöpferische Kraft, die der Schoß des Universums und aller Wesen ist.[53] Aurobindo beklagte, dass unser Konzept von Spiritualität eine Trennung zwischen dem aktiven, dynamischen Aspekt des Göttlichen, der Mutter/ dem gottimmanenten Wesen/ der Shakti, und seiner passiven, statischen Seite, dem nirvanischen und transzendenten formlosen Absoluten, dem Vater, geschaffen hat.[54] Um diese Kluft zu überwinden, müssen wir das, was Aurobindo die freiwillige Integration des transzendenten Gottes/ Vaters/ Bewusstseins auf der einen Seite und des immanenten Gottes/ der Shakti/ der göttlichen Mutter auf der anderen Seite nennt, herbeiführen.[55] Im Gegensatz zum *Yoga Sutra* vertritt Aurobindo eine *tantrische* Sichtweise und nennt die *para prakriti*, die sich selbst bewusste Shakti des Höchsten Wesens, die Devi (Göttin), die Mutter.[56]

Anders als der transzendentale Aspekt des Göttlichen ist die Mutter immanent, das heißt, sie ist hier bei uns, etwas, das wir wahrnehmen, erfahren und berühren können. Leider war die Religion so sehr auf den transzendenten Aspekt des Göttlichen fixiert, dass wir das immanente und weibliche Element oft ignoriert und vergessen haben. In Shankaras *Brahma Sutra*-Kommentar gibt es eine spannende Passage, in der es heißt: «Das Bewusstsein [der transzendente Gott] hat, ähnlich wie ein Spiegel, die Eigenschaft der Reflektivität. Wenn es nichts gäbe, was reflektiert werden könnte, könnte das Bewusstsein

---

53 Sri Aurobindo, Essays on the Gita, S. 268
54 Debashish Banerji, Seven Quartets of Becoming, S. 282-3
55 Debashish Banerji, Seven Quartets of Becoming, S. 116-7
56 Debashish Banerji, Seven Quartets of Becoming, S. 294

seine Eigenschaft des Reflektierens nicht entfalten». Was soll das bedeuten? Stell dir einen riesigen Spiegel vor, der im leeren Raum schwebt. Nichts könnte sich im Spiegel spiegeln, da nichts anderes existiert. Das heißt, der Spiegel könnte nichts reflektieren. Aber da der Spiegel kein Spiegel ist, wenn er nicht reflektiert, wäre er auch kein Spiegel. Das ist wichtig zu verstehen, und dasselbe gilt auch für das Bewusstsein. Das Bewusstsein (der Sitz des Gewahrseins) ist nur dann Bewusstsein, wenn es eine Welt gibt, der man sich bewusst sein kann.

Praktisch bedeutet das für uns, dass der transzendente Aspekt des Göttlichen, das Bewusstsein, sich immer des immanenten Aspekts bewusst ist. Der immanente Aspekt ist der Kosmos, die Welt aus Materie und Energie, das gesamte Universum. Alles, was du siehst, fühlst und wahrnimmst, ist Gott. Der gesamte Kosmos ist nichts anderes als eine Kristallisation des Göttlichen. Es gibt keinen Ort, keine Zeit, kein Teilchen, keine Energie, keine Strahlung, kein Wellenmuster, das nicht Gott ist. Die gesamte materielle Welt ist der kristallisierte Körper des Göttlichen. Deshalb sagt die Bibel: «In ihm bewegen wir uns, leben wir und haben wir unser Sein».[57] Du kannst in nichts anderem leben, dich bewegen und dein Sein haben, weil es nichts anderes gibt.

Wir haben überall nach dem Göttlichen gesucht, ohne es zu finden; so verhalten wir uns wie Fische auf der Suche nach dem Ozean. Für einen Fisch gibt es nichts anderes als den Ozean; für uns gibt es nichts anderes als Gott. Wo auch immer du stehst, stehst du auf Gott. Was immer du ansiehst, ist Gott. Du atmest nichts anderes als Gott, und du denkst nichts anderes als Gott. Deshalb sagt Lord Krishna in der *Gita*: «Alle Handlungen werden von meiner *prakriti* ausgeführt, nur ein Narr glaubt, der Handelnde zu sein».[58] Mit diesem

---

57 Apostelgeschichte 17:28
58 Bhagavad Gita III.27

Satz aus der *Gita* deutet Krishna an: «Du atmest nicht selbst, sondern Ich atme dich durch die göttliche Schöpferkraft. Nicht du schlägst dein Herz, sondern der immanente Gott schlägt es durch dich. Kannst du deinem Arm befehlen, sich zu erheben? Nein, Ich bin es, der den Gedanken denkt, Impulse durch deine Neuronen schickt und deine Muskeln antreibt. Kannst du über deinen Stoffwechsel Nahrung in Energie umwandeln? Nein, Ich bin es, der immanente Gott, der dies tut. Kannst du deine DNA schreiben, Proteine herstellen, Zellen über Mitochondrien mit Energie versorgen, Sonnenlicht über die Photosynthese ernten und in Proteine umwandeln?» Nein, all diese wunderbaren Prozesse führt der immanente Gott durch uns aus, ohne dass wir etwas tun müssen. Deshalb sagt Krishna: «Nur ein Narr glaubt, dass er der Handelnde ist». Unsere Torheit besteht darin, dass wir uns selbst zu den Handelnden gemacht haben, während sich diese Handlungen ohne unser bewusstes Zutun durch uns ausdrücken.

Das führt mich zu dem wohl wichtigsten Konzept im Zusammenhang mit dem immanenten Gott, der kosmischen Intelligenz. Wenn man den obigen Absatz betrachtet, lässt sich nicht leugnen, dass der Kosmos selbst intelligent ist, da er etwas so Wunderbares wie Leben hervorbringen konnte, und zwar außergewöhnlich komplexes Leben. Wir haben die Materie oft als dumm, tot und träge angesehen, aber der gesamte materielle Kosmos ist ein intelligenter Brutkasten für intelligentes Leben, der dazu bestimmt ist, die kosmische Intelligenz zu verkörpern und mit ihr zu ko-kreieren. Dieselbe Intelligenz hat sich in Form von Materie, dem Kosmos und uns kristallisiert. Es gibt keinen Unterschied zwischen der Intelligenz, dem göttlichen Geist und dem immanenten Gott auf der einen Seite und der Materie auf der anderen. Die Materie ist kristallisierte Intelligenz und Geist. Die Materie ist der kristallisierte Körper Gottes. Die Materie ist ein Teil von Gott. Ob als Wellen, Teilchen oder Energie, Materie ist ein wesentlicher Aspekt des immanenten Gottes. Der niederländische Philosoph Spinoza hatte nicht unrecht, als er sagte, dass Gott eine Substanz ist, obwohl man argumentieren könnte, dass diese Aussage den transzendentalen Aspekt des Göttlichen außer Acht lässt.

Aurobindo bezeichnete den transzendenten und den immanenten Gott auch als Sein und Werden.[59] Herkömmliche Spiritualität und Religion konzentrieren sich zu sehr auf den Seinsaspekt Gottes (Bewusstsein), was zu einer statischen, festgefahrenen Spiritualität führt. So wird der ideale Yogi oft als einsamer Mann dargestellt, der unbeweglich auf einem Berggipfel sitzt und dabei seinen Geist und seinen Gedanken angehalten und die ganze Welt ausgeblendet hat. Er könnte genauso gut schon tot sein, und in der Tat zielen einige spirituelle Bewegungen nahezu auf eine spirituelle Selbstvernichtung ab.

Der Aspekt des Werdens des Göttlichen wird uns jedoch aus dieser Sackgasse retten. Der Aspekt des Werdens des Göttlichen ist der Aspekt Gottes, der sich ständig weiterentwickelt, wächst, sich entfaltet und sich vorwärtsbewegt. Es ist das, was der britische Mathematiker und Philosoph Alfred North Whitehead Prozess nannte. Niemand im Westen verstand den gottimmanenten Aspekt so tiefgründig wie Whitehead. Whitehead lehrte, dass weder Gott noch das Universum eine statische Vollendung erreichen, da beide den schöpferischen Vorstoß in die Neuheit darstellen.[60] Whitehead übernahm auch den Freud'schen Begriff «Eros» (der schöpferische Drang und der Drang, Schönheit zu schaffen) als Bezeichnung für die ursprüngliche Natur Gottes, die die Kraft im Universum ist, die zur Verwirklichung von

---

59 Debashish Banerji, Seven Quartets of Becoming, S. 172

60 Alfred North Whitehead, Process and Reality, Free Press, 1979, S. 349

Idealen drängt. Verstehe den Begriff Eros hier nicht als auf Erotik reduziert. Das ist nur ein winziger Aspekt davon. Einigen Gelehrten ist die Konvergenz von Aurobindos und Whiteheads Ideen aufgefallen (und übrigens auch von Ramanujas und Whiteheads Gedanken). Aurobindo glaubte, dass Gottes Ideal und Ziel die Vergöttlichung allen Lebens und aller Materie im Universum ist, und dass sich der *bhakta* für dieses Ziel einsetzen muss. Whitehead glaubte, dass die individuelle Seele mit dem Göttlichen eine besonders intensive Beziehung aufbauen kann.[61] Dies wird auch im *Bhagavata Purana* gesagt. So erklärt Krishna im *Bhagavata Purana*, dass der Gottergebene Sein Herz ist und dass Er zugleich das Herz des Gottergebenen ist.[62] Er geht sogar so weit, sich als Sklave des Gottesverehrer ohne jegliche Freiheit zu erklären. Dann erklärt Er, dass Sein Herz im Griff des *bhakta* ist, dessen Geliebter Er ist. Genau hier ist die «besonders intensive Beziehung», von der Whitehead sprach. Als *bhaktas* müssen wir uns nicht fragen, wie wir eine liebevolle Beziehung zu Gott aufbauen können. Wir müssen uns auf die Tatsache einstimmen, dass Gottes Herz bereits von uns ergriffen ist und wir die an uns gerichtete Liebe nur noch erwidern müssen. Diese Erwiderung der Liebe ist anfangs natürlich eine Herausforderung. Whitehead spricht auch von Gott als dem universellen Bewusstsein, das in uns individuell ist, und von Gott als der allumfassenden, universellen Liebe, die in uns partiell ist. Wir müssen die Liebe, die partiell in uns ist, allumfassend und universell machen, wie die Liebe, die Gott uns entgegenbringt. Das bedeutet, dass wir Gott in allem, was wir sehen, und in allen Ihren Kindern lieben müssen.

---

61 Alfred North Whitehead, Adventure of Ideas, Free Press, 1967, S.267

62 Swami Tapasyananda, Srimad Bhagavata, Bd. 4, S. 227

KAPITEL 1

DAS GEHEIMNIS DES HÖCHSTEN WESENS

Nachdem wir nun verstanden haben, dass wir uns in den Dienst des Göttlichen stellen müssen, das zwei bedeutende Aspekte hat, nämlich den statischen, festen, transzendenten, der unendliches Bewusstsein ist (Shiva, der Vater, *nirguna* Brahman und das Sein), und die dynamische, immanente und fließende kosmische Intelligenz und göttliche Schöpferkraft (Shakti, die Mutter, *saguna* Brahman und das Werden), sind wir nun bereit, das Geheimnis des Höchsten Wesens (*purusha* + *uttama* = Purushottama) zu betrachten. In der *Bhagavad Gita* bewertet Krishna die Lehren von *Samkhya* und Yoga über den *purusha* (Bewusstsein) neu. Beide Systeme besagen, dass jedes Individuum seinen eigenen *purusha* hat und dass Gott einen separaten *purusha* hat, das sich von allen anderen dadurch unterscheidet, dass es ewig frei ist.[63] Krishna lehrt einen einzigen *purusha*, wenn auch mit drei verschiedenen Schichten oder Stufen. Zunächst offenbart er nur, dass es zwei Stufen von *purusha* gibt, das Vergängliche (*kshara*) und das Unvergängliche (*akshara*). Der vergängliche *purusha* umfasst alle verkörperten *jivas* (individuelle Seelen), die sich mit ihrem Oberflächenselbst identifizieren und in einer sich ständig verändernden Welt leben. Der unvergängliche *purusha* besteht aus der Gemeinschaft der befreiten *jivas*, die von der sich ständig verändernden Welt unbehelligt bleiben (Patanjali würde sie *siddhas* nennen). Diese Aussage erkennt an, dass das Bewusstsein zwar immer bewusst ist, aber wenn es verkörpert und mit dem egoischen Körper-Geist identifiziert ist, wird es durch diese Identifikation gefärbt und verhält sich anders.

In den folgenden zwei Versen offenbart Krishna jedoch, dass es noch einen weiteren *purusha* gibt, das Höchste Wesen (Purushottama), die höchste aller Bewusstseinsformen,

---

63 Bhagavad Gita XV.16

die alle Welten und Wesen durchdringt und sie erhält.[64] Er erklärt, dass er in dieser Form des Purushottama sowohl dem Vergänglichen (*kshara*) als auch dem Unvergänglichen (*akshara*) überlegen ist. Diese Aussage ist eine klare Absage an Shankaras Ansicht, dass das individuelle Selbst und das Brahman (das kosmische Selbst) dasselbe sind. Die *Gita* unterstützt jedoch Ramanujas Doktrin der Identität-im-Unterschied (*beda-abeda*), die besagt, dass wir mit dem Göttlichen insofern identisch sind, da wir *purusha* (Bewusstsein) sind, uns aber insofern unterscheiden, da unsere Kräfte, unsere Intelligenz und unser Körper begrenzt sind, während die des Göttlichen dies nicht sind. Ein empfindungsfähiges Wesen kann sich von einem vergänglichen Wesen zu einem unvergänglichen Wesen entwickeln, indem es erkennt, dass es nicht der egoische Körper-Geist ist, sondern sich stattdessen mit dem ewigen, unendlichen und unveränderlichen Bewusstsein in seinem Inneren identifiziert. Aber über beidem ist und bleibt, wie Krishna sagte, das Höchste Wesen, der Purushottama, an dem alle Wesen und Welten wie Perlen an einem Faden aufgereiht sind.

Die richtige Haltung gegenüber dem Höchsten Wesen ist etwas anderes als eine Identifikation. Wir sollten nicht durch die Welt gehen und verkünden, dass wir eins sind oder mit Gott identifiziert sind (wie es z.B. Manjour al Hallaj tat). Aber, wie Krishna dann sagt,[65] wenn wir das Göttliche sowohl als immanent als auch als transzendent, als Vater und Mutter, als Sein und Werden, als die Gesamtheit des materiellen Universums, des Raums und der Zeit, die alle gebundenen und befreiten Wesen in sich einschließt, und darüber hinaus sogar als ein geheimnisvolles, superintelligentes und superbewusstes Wesen verstehen, das alles erhält, nährt und

---

64 Bhagavad Gita XV.17-18

65 Bhagavad Gita XV.19

unterstützt und in seiner Weite alles übertrifft, dann kann unsere Haltung zu diesem Wesen, dem Purushottama, nur eine der Liebe, der Verehrung und des Dienens mit unserem ganzen Wesen sein.

Im letzten Vers dieses Abschnitts wird uns gesagt, dass diese spirituelle Lehre die tiefgründigste aller heiligen Lehren ist.[66] Wenn wir sie umfassend verstehen, können wir nicht anders, als vollkommene Erfüllung erreichen. Das ist in der Tat so! An dieser Stelle ist es wieder verlockend, den Purushottama, das Höchste Wesen, auf das formlose Absolute, das *nirguna* Brahman, das *nirvana*, zu reduzieren. Im Gegenteil, das formlose Absolute und das *nirvana* sind nur einige der integralen Aspekte des Purushottama. Der Purushottama ist ein geheimnisvolles Wesen, das das formlose Absolute, die Leere, das Nichts, das Sein und das Werden, alle fühlenden Wesen, alle Materie und alle Universen umfasst, aber Es ist noch mehr als das. Der Purushottama ist in allen Wesen und macht sie lebendig und real, aber alle Dinge und Wesen sind auch in Ihm und in Ihm enthalten. Der Purushottama umfasst auch alle Gottheiten und göttlichen Formen. Aber der Purushottama ist noch mehr als das! Es ist eine lebendige, fühlende kosmische Intelligenz, die in der Lage ist, auf uns zu reagieren, uns zu leiten und eine innige persönliche Beziehung zu jedem einzelnen von uns zu haben.

Verwechseln wir diese Fähigkeit nicht damit, dass Gott ein Individuum ist, denn Gott ist keine Person, sondern persönlich für uns, kein Individuum, sondern alle persönlichen und individuellen Existenzen sind Teil von Ihr.[67] Diese besondere, intensive, intime und persönliche Beziehung, die wir mit dem Höchsten Wesen entwickeln können, ist das Ziel der *bhakta* und das Thema dieses Textes.

---

66 Bhagavad Gita XV.20
67 Sri Aurobindo, Essays on the Gita, S. 573

STUFEN DER GOTTVERWIRKLICHUNG

Inzwischen ist klar geworden, dass es keine mystische Erfahrung gibt, die uns, sobald wir sie gemacht haben, alles über das Göttliche lehrt, sondern dass es eine Vielzahl von mystischen Zuständen gibt. Je mehr dieser Zustände wir erlangen, desto authentischer und vollständiger wird unsere Ergebenheit an das Göttliche und damit unsere *bhakti*-Praxis. Schon Shri Ramakrishna lehrte, dass das Göttliche auf mehr als eine Weise erfahren werden muss, und zu Beginn des siebten Kapitels der *Gita* bezeichnet Krishna das Erlangen anderer Ansichten des Göttlichen als *vijnana*, umfassendes Wissen statt als *jnana*, essenzielles Wissen. Shri Aurobindo schrieb, dass die *Gita* vier verschiedene Arten von Gottesverwirklichungen skizziert:[68]

1. Der transzendente, suprakosmische Aspekt des Göttlichen, der Vater, das formlose Absolute, ist überall, aber jenseits von allem Manifesten. Die *Gita* betont, dass dies der Aspekt des Göttlichen ist, den wir immer im Blick behalten müssen, auch wenn wir die anderen Ansichten bereits erlangt haben.
2. Der immanente Gott, die Shakti und *prakriti*, das Göttliche als das Universum und aktive Akteurin in allem. Gott als der Raum/Zeit-Prozess, die intelligente, schöpferische Kraft, die das Universum und die Evolution ausrollt, um sich darin zu verkörpern. Sowohl Ramakrishna als auch Aurobindo lehrten, dass es dieser Aspekt des Göttlichen ist, dem wir uns in unserem täglichen Leben hingeben müssen.
3. Gott als die Bewohnerin in allen Körpern, das Selbst im Herzen aller Wesen, der bewusste *atman*. Wir müssen die göttliche Bedeutung aller Lebewesen erkennen;

---

[68] Sri Aurobindo, Essays on the Gita, S. 316-7

wir müssen sehen, dass all ihre Leben spirituelle Ausdrucksformen Gottes sind, d.h. dass alle einen Aspekt des Göttlichen ausdrücken und daher heilig sind.
4. Darüber hinaus müssen wir Gott auch in allen Dingen, Objekten, Manifestationen und Phänomenen erkennen. Diese Erkenntnis bezieht sich auf Krishnas viele *vibhutis* (Kräfte), wie zum Beispiel: «Unter den Bergen bin Ich der Himalaya, unter den Gewässern der Ozean, unter den Tieren bin Ich der Löwe und unter den Menschen der König.» Dieser Aspekt des Göttlichen wird im Animismus und Schamanismus als Geister und Elemente verehrt.

Aurobindo behauptet, dass wir nur durch das Erkennen all dieser Aspekte des Göttlichen völlige Hingabe erreichen können, um die Krishna immer wieder bittet.[69] All diese Aspekte Gottes müssen erkannt und gesehen werden. Andernfalls wird unsere *bhakti* begrenzt sein und das Geheimnis des Purushottama wird uns verschlossen bleiben. Letztlich sind wir aufgefordert, Gott in allem zu sehen, was uns begegnet, und nichts als Gott. Wir müssen uns jedoch vor Augen halten, dass es immer Aspekte des Göttlichen geben wird, die wir nicht sehen können, wie zum Beispiel den transzendentalen Aspekt des Göttlichen. Je mehr wir von Gott sehen können, desto mehr wird unser Handeln vom Göttlichen geprägt sein. Dadurch wird das Göttliche in unserer verkörperten Existenz greifbarer und konkreter und bringt die Agenda des Göttlichen voran, die alles Leben und die Materie auf eine höhere Ebene des göttlichen Bewusstseins hebt, als es derzeit möglich ist.

Naradas *Bhakti Sutra* zählt sieben Arten auf, wie das Göttliche verehrt werden kann.[70] Ich habe die Namen der

---

69 Sri Aurobindo, Essays on the Gita, S. 333
70 Swami Tyagisananda, Narada Bhakti Sutras, Sri Ramakrishna

Zwischentitel dieses Kapitels so gewählt, dass sie einer Linie folgen, die mit den vier Aspekten des Höchsten Wesens, wie sie von Krishna in der *Gita* gelehrt werden, beginnt und sich durch die von Narada beschriebenen Entwicklungsstufen fortsetzt. Naradas sieben Formen des Göttlichen, die für die Anbetung geeignet sind, sind:

1. Eine Gottheit und persönliche Form des Göttlichen wie Shiva, Vishnu, Shakti, etc. Die Lehrer, die mir als spirituelle Vorbilder dienten, T. Krishnamacharya, Ramakrishna und Aurobindo, erweiterten diese Liste um nicht-hinduistische Formen des Göttlichen und versuchten nie, jemanden zu ihrer Religion zu bekehren. Im Gegenteil, sie ermutigten die Menschen, göttliche Formen nach ihrem besten Verständnis zu wählen. Das ist auch meine Meinung, denn ich glaube nicht daran, anderen meine Religion aufzudrängen, und ich glaube auch nicht an die Überlegenheit des einen Systems über das andere.
2. Ein materielles Abbild des Göttlichen, wie oben beschrieben, für den Zweck der rituellen Anbetung. Für die meisten Menschen reicht eine bloße Vorstellung über das Göttliche oder ein Konzept des Göttlichen, selbst wenn es persönlich ist, nicht aus, um uns daran zu erinnern. Ein heiliges Bild oder eine Statue, die das Göttliche repräsentiert, ist oft viel mächtiger.
3. Ein *avatar*, eine physische Verkörperung des Göttlichen, wie Jesus, Krishna, Moses, der Prophet Muhammad oder Buddha. Für viele von uns ist selbst ein persönliches Gottesbild noch zu abstrakt und wir sehnen uns nach dem Gott, der Fleisch geworden ist. Das sollte eine historische Figur sein, die über jeden

---

Math, Chennai, 2001, S. 52

Zweifel erhaben ist, und nicht irgendein moderner Sektenführer.
4. Der eigene spirituelle Lehrer. Das ist im heutigen Umfeld riskant, denn viele Scharlatane laden uns ein, sie als göttlich anzusehen, um uns zu manipulieren. Ich betrachte Narada als eine historische Figur, die vor Tausenden von Jahren gelebt hat, und frage mich, ob er, wenn er heute gelebt und die aktuelle spirituelle Industrie miterlebt hätte, diesen Punkt immer noch auf die Liste gesetzt hätte. Wir befinden uns ja schließlich im *Kali Yuga*. Dazu später mehr.
5. Die gesamte Menschheit und das gesamte Leben. Letzteres ist umso wichtiger, da die speziesistische Tendenz der Menschheit, sich über andere Lebensformen zu erheben, zu schweren Schäden an der Biosphäre geführt hat. Dass Gott alles Leben ist, steht auch im *Bhagavata Purana*, einem erstaunlich kosmopolitischen Text.[71] Wir müssen das gesamte Kollektiv der Lebensformen auf dem Planeten Erde als den einzigen «Sohn Gottes» (oder möglicherweise Kind Gottes, um die geschlechtsspezifische Sprache zu überwinden) betrachten.
6. Das ganze Universum als der kristallisierte Körper Gottes; alle Materie als göttlich. Auch dies wird im *Bhagavata Purana* gelehrt, die sich wiederum durch ihre spirituelle Weitsichtigkeit auszeichnet.[72]
7. Das eigene beobachtende Bewusstsein (*purusha*), das tiefe Selbst oder der *atman*.

Zwar ist es zunächst egal, mit welchem dieser Aspekte und Formen des Göttlichen wir beginnen, doch letztlich

---

[71] Bhagavata Purana III.29.21-34 und VII.14.34 -38
[72] Bhagavata Purana XI.2.41

wollen wir uns im Geiste Ramakrishnas und Aurobindos schrittweise durch die Liste arbeiten und sie alle verstehen, um das vollständige *vijnana*, die Gottverwirklichung, zu erreichen und die Gesamtheit des Purushottama zu erfassen.

Kapitel 2
WER SIND WIR?

In diesem Kapitel werde ich versuchen, die verschiedenen Begriffe zu klären, die in den indischen *shastras* zur Bezeichnung des Selbst, des Bewusstseins und der Seele verwendet werden. Im vorigen Kapitel wurde ein Grundwissen darüber vermittelt, was das Göttliche ist. In diesem Kapitel werden wir herausarbeiten, was der einzelne *bhakta* ist. Auf dieser Grundlage können wir dann die Beziehung zwischen den beiden definieren, die Gegenstand des dritten Kapitels ist. Mit diesem Wissen können wir uns dann im vierten Kapitel mit den verschiedenen Methoden der *bhakti* befassen, die ohne das Verständnis der Inhalte der drei vorangegangenen Kapitel wenig Sinn ergeben würden.

Wir haben bereits festgestellt, dass ein Yogi durch Meditation verschiedene Schichten in der menschlichen Psyche erfährt, die tiefer liegen als der Körper und tiefgründiger sind als bioelektrische und biochemische Vorgänge im Gehirn. In dieser Hinsicht steht Yoga im Widerspruch zur westlichen Medizin und den Neurowissenschaften, die beide davon ausgehen, dass alles, was wir als Geist bezeichnen, lediglich das Ergebnis eben dieser bioelektrischen und biochemischen Vorgänge im Gehirn ist. Yoga geht jedoch nicht nur von einem Geist aus, der tiefer liegt als der Körper, sondern auch von verschiedenen Schichten, die noch tiefer liegen als der Geist (*manas*). Im Yoga nennen wir diese tieferen Schichten des Geistes Intelligenz oder Intellekt (*buddhi*), Ich-Bin-heit oder Ego (*ahamkara* oder *asmita*), Bewusstsein (*purusha*) oder das tiefe Selbst (*atman*). Der Begriff *jiva* (individuelle Seele) setzt sich aus mehreren der oben genannten Kategorien zusammen, ebenso wie das abrahamitische Konzept der Seele. Ich gehe davon aus, dass du, geschätzte Leserin, eine, wenn auch nur vorläufige, Bekanntschaft mit dem ewigen Aspekt deiner Seele gemacht hast oder eine Ahnung davon hast, dass sie existiert. Ich schließe daraus, dass du sonst wahrscheinlich nicht bis zu diesem Punkt gelesen hättest. Ich habe den Einblick in die tieferen Schichten der Psyche in mehreren meiner Bücher behandelt, darunter *Yoga Meditation*, *Samadhi – The Great Freedom* und *Chakras, Drugs und Evolution*. Daher werde ich hier nicht näher darauf eingehen. An dieser Stelle werde ich einige Zitate aus den Schriften ausführen, die allgemein belegen, dass es einen ewigen Aspekt in uns gibt, bevor ich auf die verschiedenen Kategorien eingehe.

Im zweiten Kapitel der *Bhagavad Gita* geht Shri Krishna auf Arjuna ein, der die Gegner, die er auf dem Schlachtfeld von *Kurukshetra* sieht, mit ihren Körpern identifiziert.[73] Krishna erklärt, dass es nie eine Zeit gab, in der diese Menschen nicht existierten, noch werden sie jemals aufhören zu existieren. Krishna erinnert Arjuna daran, die Menschen nicht als Körper zu betrachten, sondern als ewige, spirituelle Wesen, die gerade eine körperliche Erfahrung machen. Irrtümlicherweise betrachten wir das Leben von der anderen Seite und glauben, dass wir körperliche Wesen sind, die nach einer spirituellen Erfahrung suchen.

Wie viele von uns ist auch Arjuna von der Frage verblüfft: Wenn der Körper so vergänglich ist, wie kann das Selbst dann ewig sein? Krishna erklärt daraufhin, dass ähnlich wie ein Mensch abends seine getragene Kleidung in den Wäschekorb wirft und sich nach dem Aufwachen am Morgen für ein frisches Set entscheidet, das tiefe Selbst einen abgenutzten Körper, der sein aktuelles *karma* erschöpft hat, in der

---

73 Bhagavad Gita II.12

Abenddämmerung unseres Lebens ablegt, um bei Anbruch des nächsten Lebens einen neuen Körper zu wählen.[74]

Arjuna fragt sich nun, wie sich dieses so genannte Selbst vom Körper unterscheiden kann, der so wandelbar und zerbrechlich ist. Daraufhin erklärt der *avatar*, dass das Selbst ewig, unendlich, unveränderlich und unveränderbar ist, da es nicht vom Feuer verbrannt, vom Wasser ertränkt oder vom Wind weggeblasen werden kann.[75] Dieser Vers kommt fast identisch auch im *Yoga Sutra* vor, das hinzufügt, dass es nicht von Dornen durchstochen und von Klingen geschnitten werden kann. Das tiefe Selbst ist also unzerstörbar und ewig, und in diesem Wissen wollen wir als Ergebnis unseres Yogas verankert sein, sei es durch *bhakti* oder auf andere Weise.

Arjuna fragt sich nun, woher Krishna all dieses Detailwissen hat, während er von diesen Dingen keine Ahnung zu haben scheint. Krishna erklärt ihm, dass sie beide (und auch alle anderen) zahlreiche Verkörperungen durchlaufen haben, die viele Weltzeitalter umspannen.[76] Aber, so Krishna: «Ich erinnere mich an sie alle, aber du nicht.» Er ermahnt Arjuna, dass er zwar die Erinnerung an seine früheren Geburten verloren hat, sie aber trotzdem real sind. Ein Vergleich kann hier helfen. Unsere Situation ist vergleichbar mit der eines Täters, der durch Verdrängung des bewussten Gedächtnisses oder durch Trunkenheit behauptet, er sei unschuldig an einer Tat, an die er sich nicht erinnern kann. Ein Gericht wird ihn nicht aufgrund seiner Erinnerung, sondern aufgrund der festgestellten Tatsachen verurteilen. Bei Tod und Wiedergeburt verlieren wir die meisten Erinnerungen an frühere Geburten, um uns auf das *karma* zu konzentrieren, das mit unserem jetzigen Körper

---

74 Bhagavad Gita II.22
75 Bhagavad Gita II.24
76 Bhagavad Gita IV.4

verbunden ist. Einige Erinnerungen können in Träumen oder plötzlichen Einblicken zurückkehren, aber wir können sie auch durch Yogamethoden wiedererlangen (obwohl es sich lohnt zu hinterfragen, ob der Aufwand das Ergebnis angemessen belohnt). Für die Yogapraxis sind sie jedoch relativ irrelevant, denn es gibt keinen großen Unterschied zwischen dem Verweilen in der Vergangenheit des aktuellen Lebens und dem Verweilen in vergangenen Leben. Yoga zielt darauf ab, im gegenwärtigen Moment zu leben, damit wir unsere Energien auf das konzentrieren können, was jetzt getan werden muss, um eine göttliche Zukunft zu schaffen.

Arjuna fragt nach dem Sinn dieses seltsamen Systems, nach dem die Wesen immer wieder zurückkehren, um zahlreiche Leben zu leben. Krishna erklärt daraufhin, dass Er es ist, der durch seine göttliche Schöpferkraft (Shakti oder *prakriti*) alle Wesen immer wieder hervorbringt. Diese Wesen müssen diesen Prozess mechanisch durchlaufen, weil unterbewusste Kräfte sie kontrollieren.[77] Dieser Prozess hat eine gewisse Ähnlichkeit mit Sigmund Freuds Verständnis von Beziehungen, auch wenn er dies natürlich nur auf das gegenwärtige Leben anwendet. Freud sah, dass eine Person möglicherweise von einem Elternteil negativ geprägt wurde und dann wieder eine solche negative Beziehung zu ihrem Partner kreiert. Es kann sein, dass sie eine solche Beziehung als unbefriedigend verlassen, nur um das negative unbewusste Muster in einer zukünftigen Beziehung wieder zu manifestieren. Dieser Prozess kann sich so lange wiederholen, bis das Muster erkannt wird und wir uns von ihm befreien können. Diese Wiederholung und potenzielle Auflösung ist genau das, was Krishna lehrt, nur dass seine Lehre dieselben Freudschen Muster über viele Lebenszeiten hinweg und nicht nur auf das eine Leben anwendet. Wenn wir

---

[77] Bhagavad Gita IX.8

mit einem ungelösten unbewussten Muster sterben, taucht es im nächsten Leben oder in jedem zukünftigen Leben wieder auf, bis es geklärt ist.

Arjuna fragt sich nun, wie er dieser mechanischen Wiederholung von unbewussten Mustern entkommen kann. Krishna antwortet, dass ein weiser Mensch erkennt, dass das Selbst in allen Wesen präsent ist, aber gleichzeitig ist dieses Selbst auf geheimnisvolle Weise auch der Behälter, der die Welt und alle Wesen enthält.[78] Krishna wiederholt diese Aussage und hebt auch das Selbst immer wieder hervor. Daher geht es in diesem Kapitel darum, herauszufinden, was das Selbst wirklich ist.

Wenn Krishna vom Selbst des Einzelnen spricht, verwendet er verschiedene Begriffe, die deutlich machen, dass die Psyche des Einzelnen nicht nur ein homogener Kern ist; es sind verschiedene Kräfte im Spiel, die wir verstehen müssen. Krishna sagt: «Erkenne Mich als den ewigen Samen von allem, was existiert.»[79] Shri Aurobindo weist darauf hin, dass aus Samen sehr unterschiedliche Pflanzen werden können, je nach Qualität des Bodens, der Menge an Wasser, Dünger usw.[80] Aurobindo bestätigt, dass wir göttlichen Ursprungs sind, aber Krishnas Vergleich mit einem Samen unterstreicht, dass es darauf ankommt, was wir aus unserem Potenzial machen.

JIVA, DIE INDIVIDUELLE SEELE, DIE IN DIE WIEDERGEBURT VERSTRICKT IST

Swami Tapasyananda, der hochkarätige Übersetzungen sowohl der *Bhavagad Gita* als auch des *Bhagavata Purana* angefertigt hat, nennt die *jivas* spirituelle Zentren, Funken aus

---

78 Bhagavad Gita VI.29
79 Bhagavad Gita X.7
80 Sri Aurobindo, Essays on the Gita, S. 273

dem Feuer des Göttlichen.[81] Der Begriff *jiva* bedeutet Funke. Die Idee dahinter ist, dass ein Funke etwas von der Natur eines ganzen Feuers hat (zum Beispiel seinen Glanz oder seine Leuchtkraft), aber in einem viel geringeren Ausmaß. Um zu erklären, was die einzelnen spirituellen Zentren bedeuten, müssen wir uns das Göttliche als einen riesigen Ozean des Bewusstseins vorstellen. Ein Tropfen in diesem Ozean hat etwas von der Natur des Meeres, da er Wasser ist. Aber er ist nicht dasselbe wie der Ozean, da er keine ozeanischen Ausmaße hat. Der *jiva* kann vorübergehend eine ozeanische Erfahrung (*samadhi*) machen, wenn er seine Identifikation loslässt, indem er sein Ego und seinen Geist aussetzt. Solange der *jiva* als individuelle Seele mit einem Körper existiert, muss er zu seiner Identifikation als begrenzte individuelle Seele zurückkehren, um zu funktionieren. Die Erinnerung an die ozeanische Erfahrung kann jedoch unsere Sichtweise und Ethik verändern, und das ist es, wozu Krishna uns auffordert.

Später in seinem Kommentar zur *Gita* vertritt Swami Tapasyananda die Ansicht, dass der *jiva* eine Verbindung aus dem unsterblichen Selbst (je nach Denkschule *purusha* oder *atman* genannt) und dem feinstofflichen Körper (*sukshma sharira*) ist.[82] Die yogische Lehre spricht von drei Körpern: dem grobstofflichen Körper (*sthula sharira*) aus Fleisch und Blut, dem feinstofflichen Körper (*sukshma sharira*) aus *nadis*, *chakras* und *prana* und dem kausalen Körper (*karana sharira*) des Wissens um unsere individuelle göttliche Bestimmung. Auch wenn Tapasyananda es nicht ausdrücklich sagt, muss der *karana sharira* auch zum *jiva* gehören. Der Begriff *jiva* schließt also nur den grobstofflichen Körper aus, was den

---

81 Swami Tapasyananda, Srimad Bhagavad Gita, Sri Ramakrishna Math, Chennai, 1984, S. 6

82 Swami Tapasyananda, Srimad Bhagavad Gita, Sri Ramakrishna Math, Chennai, 1984, S. 74

jiva dem abrahamitischen Konzept der Seele, das das tiefe und das oberflächliche Selbst umfasst, sehr ähnlich macht. Daher ist der Begriff individuelle Seele sehr treffend. Wie wir später feststellen werden, enthält das tiefe Selbst (*atman, purusha*) an sich keine Individualität. Es besteht nur aus inhaltslosem Bewusstsein und Gewahrsein und nicht aus Informationen, die uns zu einem Individuum machen, wie z.B. der Persönlichkeit. Dass der *pranische*, feinstoffliche Körper (*sukshma sharira*) den Tod überlebt, wird bereits in der *Brhad Aranyaka Upanishad* bestätigt, in der es heißt, dass der feinstoffliche Körper am Ende des Lebens von einem grobstofflichen Körper zum nächsten wandert, ähnlich wie eine Raupe, die das Ende eines Grashalms erreicht und sich auf den nächsten Halm hinüberzieht.[83]

Gehen wir nun weiter zu den Versen der *Gita*, die den *jiva* definieren. In der Passage, die das *vijnana* oder die umfassende Erkenntnis des Göttlichen beschreibt, führt Krishna die Tatsache ein, dass Er nicht nur die niedere Natur (*apara prakriti*, die in der *Samkhya*-Philosophie und im *Yoga Sutra* von Patanjali eine entscheidende Rolle spielt), sondern auch die höhere Natur (*para prakriti*) ist, die der Ursprung aller *jivas* ist, die die Stütze des gesamten Universums bilden.[84] Das bestätigt erstens, dass der *jiva* nicht nur Bewusstsein (*atman, purusha*) ist, sondern auch *prakriti*, die wir in diesem Zusammenhang als materielle Kraft bezeichnen können. Zweitens wird der *jiva* oder das Kollektiv der *jivas* als ein Aspekt des Göttlichen bezeichnet, das sich teilweise durch die Vielzahl der einzelnen Wesen ausdrückt. Die Tatsache, dass das Kollektiv der *jivas* ein vitaler Aspekt des Göttlichen ist, zeigt wiederum, dass die Welt und alle Lebewesen als Illusion zu betrachten, völlig daneben ist. Das Bild, das hier

---

83 Brhad Aranyaka Upanishad IV.4.3
84 Bhagavad Gita VII.5

gezeichnet wird, ist, dass das Kollektiv der individuellen Bewusstseinszentren ein wesentlicher Teil des schöpferischen Selbstausdrucks des Göttlichen ist, ein Sich-Selbst-Werden des Göttlichen, ohne das das Göttliche nicht vollständig wäre. Wir können diese Vervollständigung des Göttlichen durch die *jivas* verstehen, wenn wir bedenken, dass die *jivas* zwar einen materiellen Aspekt haben (die höhere oder *para prakriti*), der aber dennoch von Natur aus göttlich ist und mit dem materiellen Kosmos, dem Universum, in Verbindung steht, das ebenfalls Teil des göttlichen Spiels ist.

Aber was haben wir von der Aussage zu halten, dass die *jivas* die Stütze des materiellen Universums sind? Wir können das verstehen, wenn wir auf die Quantenphysik zurückgreifen. Die Quantenphysik fand heraus, dass Licht, das in Abwesenheit eines Beobachters durch eine Doppelspaltöffnung geschickt wird, ein Wellenmuster abbildet. Wenn andererseits das Licht in Anwesenheit eines Beobachters auf eine Bromidplatte projiziert wurde, färbte das Licht einzelne Partikel auf der Platte, während es andere unverändert ließ. Damit wurde nachgewiesen, dass Licht in Abwesenheit eines Beobachters Welleneigenschaften hat, während es in Anwesenheit eines Beobachters Teilcheneigenschaften hat. Dieses Paradoxon bedeutet, dass eine bewusste Beobachterin (*jiva*) alles, was sie beobachtet, von einer bloßen Möglichkeit oder Wahrscheinlichkeit (Welle) in eine konkrete Wirklichkeit (Partikel) verwandelt. Das Göttliche wurde zu einer Vielzahl von *jivas*, damit Es als materieller Kosmos Wirklichkeit werden konnte und nicht nur ein Potenzial blieb.

Auf diese Weise kann das Göttliche diese Wirklichkeit als unendliches Bewusstsein erleben, das die Welt durch alle *jivas*, Permutationen des Göttlichen, erfährt. In seiner Gesamtheit wird dieser Prozess als göttliches Spiel (*lila*) bezeichnet, sein Verständnis wird als *vijnana* bezeichnet, und das Göttliche als alle drei, die *jivas*, das Universum und das unendliche Bewusstsein, umfasst das Geheimnis des Purushottama (Höchstes Wesen). Diejenigen, die dies verstehen, werden Glück und Freiheit erlangen, da dies die Bedeutung des einzelnen *jivas* für Gott unterstreicht. Dieses umfassende Verständnis bildet die Grundlage für unsere persönliche und ekstatische Beziehung zum Göttlichen.

Einer der kritischsten Verse der *Bhagavad Gita* insgesamt, aber speziell in Bezug auf den *jiva*, ist Vers VIII.3. Erinnern wir uns kurz daran, dass Krishna in Kapitel 15 von einem dreifachen oder dreistufigen Bewusstsein (*purusha*) spricht, bestehend aus den gebundenen Wesen (*kshara*), den ungebundenen Wesen (*akshara*) und dem Höchsten Wesen (Purushottama). In VIII.3 sagt Krishna nun, dass das Höchste Wesen als *akshara* sich selbst kontempliert (der Begriff Selbstkontemplation bedeutet *svabhava*, eines der wesentlichen Konzepte, die im Zusammenhang mit *bhakti* zu verstehen sind), um die transmigrierenden, verkörperten *jivas* (individuelle Seelen) hervorzubringen, die wiederum alle Objekte ins Leben rufen (indem sie sie vom Wellen- in den Teilchenzustand überführen). Dieser schöpferische Akt (der alle Dinge ins Leben ruft) wird *karma* (Handlung) genannt.

Ich weiß, das ist ein langer Satz, aber hier haben wir die gesamte Philosophie der *Gita* auf den Punkt gebracht. Auch wenn die obige Aussage komplex ist, bedeutet ihr Verständnis die Entschlüsselung des Geheimnisses des Lebens und unserer engen Beziehung zu Gott, was das Geheimnis von *bhakti* ist. Um es zu vereinfachen, Gott besteht aus drei Ebenen, von denen die mittlere als ungebundenes Bewusstsein - *akshara purusha* - bezeichnet wird. Dieser *akshara purusha* erschafft sich durch einen Prozess der Selbstkontemplation (*svabhava*) selbst als eine Vielzahl von Wesen (die *jivas* - individuelle Seelen - genannt werden), die dann das materielle Universum verwirklichen (konkretisieren), indem sie es vom Wellen- in den Teilchenzustand versetzen. Dieser schöpferische Akt (der sich sowohl auf den Akt des Bewusstseins - *purusha* - als auch auf den der individuellen Seelen - *jivas* - bezieht) wird als *karma* - Arbeit bezeichnet.

Karma bedeutet im Allgemeinen Arbeit (abgeleitet von der Sanskritwurzel *kr* - tun), aber hier wird es in doppelter Bedeutung verwendet. *Karma* als Arbeit impliziert, dass das, was die *jivas* in der Welt tun, Arbeit für das Göttliche ist, *Karma* Yoga. Es bezieht sich aber auch auf die Tatsache, dass ihre Handlungen durch das Gesetz von Ursache und Wirkung (auch *karma* oder das Gesetz des *karma* genannt) gelenkt werden, und wenn sie nicht erwachen, werden sie weniger als ideale Handlungen ausführen, die zu weniger als idealen Ergebnissen führen, was wiederum, gemäß dem Gesetz von Ursache und Wirkung, zu schlechten Ergebnissen in der Zukunft führt.

Das *Bhagavata Purana* drückt einen entsprechenden Gedanken aus. Hier erfahren wir, dass das Göttliche, um die materielle Form des kosmischen Wesens (das Universum als Körper Gottes) zu erschaffen, die karmischen Tendenzen der *jivas* erwecken musste (das ist eine andere Art zu sagen, dass das Göttliche Wesen erschaffen und sie auf ihren Weg schicken musste).[85] Durch diesen Prozess konnten sich die Bestandteile des Universums zu sinnvollen Kombinationen zusammenfügen und das Universum vom Wellen- und Wahrscheinlichkeitszustand in den verwirklichten Teilchenzustand bringen. Die karmischen Tendenzen, die in den *jivas* schlummern, sind ein weiterer Ausdruck des Ergebnisses der Selbstkontemplation des Göttlichen. Sie zeigen an, was das Göttliche durch jeden Einzelnen werden will, was davon abweicht, was Es durch alle anderen Individuen werden will. In ihrer Gesamtheit stehen sie jedoch

---

[85] Bhagavata Purana III.6.3

im Einklang mit dem Göttlichen als das göttliche Gesetz, die unendliche Kreativität und das Potenzial. Letztlich bedeutet dies, dass das Universum nur dadurch, dass das Göttliche zu den Wesen wurde, von einem bloßen Potenzial, einem Samen, zu einer konkreten, manifestierten Realität wurde.

Bevor ich zum Thema *jiva* zurückkehre, möchte ich kurz den Weg zur Freiheit für den *jiva* skizzieren, das *Karma* Yoga, das in Kapitel 5 dieses Buches genauer beschrieben wird. Der *jiva* muss denselben Prozess anwenden, durch den das Höchste Wesen ihn ins Dasein gerufen hat, nämlich die Selbstkontemplation (*svabhava*). Durch diesen Prozess erkennt jeder *jiva*, welchen Aspekt des Göttlichen er repräsentiert. Im Zusammenhang mit dieser Erkenntnis werden wir uns unserer eigenen Pflicht (*svadharma*) bewusst, d.h. der Arbeit, die Gott durch uns tun will und der Arbeit, die wir tun müssen, um Gott zu dienen. Shri Aurobindo bestätigt dies, wenn er sagt, dass der Weg zur Sicherheit darin besteht, dem Gesetz des eigenen Seins (*svadharma*) zu folgen, indem man die Idee des eigenen Seins (*svabhava*) entwickelt, die zusammen den Prozess unseres Werdens bilden.[86]

Ich werde diese Philosophie noch einmal zusammenfassen, da es anfangs etwas dauern kann, sie zu verstehen. Das Göttliche denkt uns ins Dasein, indem Es sich selbst kontempliert. Wir müssen dann uns selbst kontemplieren (*svabhava*), um unsere göttliche Essenz zu entdecken und sie dann zu verwirklichen (*svadharma*). Auf diese Weise werden wir real. Auch hier haben wir eine ganz andere Vorstellung von Spiritualität, als wenn wir uns einfach ins *nirvana* und ins Nichts meditieren und der Letzte, der die Welt verlässt, das Licht ausmacht. Ein Individuum erlangt Freiheit, indem es das wird, was das Göttliche durch dieses Individuum werden will, d.h. indem es dem göttlichen Schöpfungsdrang, dem

---

86 Sri Aurobindo, Essays on the Gita, S. 520

Eros, folgt und mit ihm zusammenarbeitet, um sich durch uns auszudrücken. Die Erfüllung des eigenen *svadharma* (der eigenen Pflicht) ist der Prozess des *Karma* Yoga. Ich habe dies in meinem früheren Text *How to Find Your Life's Divine Purpose* ausführlich beschrieben.

Im weiteren Verlauf der *Gita* über den *jiva* verkündet Krishna, dass ein unsterblicher Teil (*amsha*) von Ihm in der Welt der Lebewesen zum *jiva* geworden ist und einen Körper, einen Geist, Sinne usw. an sich zieht, mit denen er handelt.[87] Diese Aussage bestätigt, dass der Kern eines jeden Wesens göttlich ist, ein Teil Gottes, aber was wir daraus machen, bleibt uns überlassen. Der Schlüssel liegt darin, dieses göttliche Erbe, das jedem von uns innewohnt, zu verstehen, dieses Verständnis an die Oberfläche strahlen zu lassen und die Qualität unserer Entscheidungen, Äußerungen und Handlungen zu beeinflussen. In der gegenwärtigen Phase der Menschheitsgeschichte ist noch wenig von diesem Prozess verwirklicht oder in die Realität umgesetzt worden. Wir sind immer noch nur ein Potenzial. Deshalb ist die Geschichte unserer Spezies geprägt von Kriegen, Gräueltaten, Eroberungen und der Ausrottung von uns selbst und anderen Spezies, die auch unsere Brüder und Schwestern sind. Wenn wir dieses göttliche Erbe in jedem von uns erkennen, wird sich unsere Geschichte schließlich zum Besseren wenden.

PURUSHA, DAS VERKÖRPERTE BEWUSSTSEIN

Purusha ist ein Begriff, der in den *Veden* und dem *Yoga Sutra* verwendet wird. In der *Purusha Sukta* des *Rig Veda* wird jeder Aspekt der Welt mit dem Körper eines kosmischen Wesens in Verbindung gebracht; daher repräsentiert er das verkörperte Bewusstsein. Diese Tatsache wird in der *Samkhya*-Philosophie und im *Yoga Sutra*, das auf *Samkhya*

---

87 Bhagavad Gita XV.7

KAPITEL 2

basiert, deutlich. Beide Systeme ordnen jedem verkörperten Wesen ein eigenes Bewusstsein zu. Das wirkt zunächst etwas seltsam. In der Meditation entdeckt die Yogini, dass es tief in uns eine beobachtende, bewusste Entität gibt, die tiefer, uns näher ist und wesentlicher ist als der Körper, der sensorische Geist, das Ego und die Intelligenz. Im Yoga wird diese Entität Bewusstsein genannt, weil sie das ist, was bewusst ist, und eben nicht nur der Inhalt des Geistes, der hauptsächlich aus unbewussten Daten besteht. Nehmen wir die Metapher des Fernsehers, Computerbildschirms oder der Kinoleinwand, um das Bewusstsein zu erklären. Wir können die Nachrichten, einen Dokumentarfilm, Werbespots und einen Spielfilm auf demselben Bildschirm sehen, aber der Bildschirm nimmt die Eigenschaften von keinem von den gezeigten Inhalten an. Die Inhalte der Projektionen perlen von der Leinwand ab, wie Wasser, das von der Oberfläche einer antihaftbeschichteten Pfanne oder eines Lotusblatts abperlt. In ähnlicher Weise wird das Bewusstsein nicht von dem beeinflusst, geprägt oder befleckt, was du auf es projizierst. Der Geist und das Unterbewusstsein sind davon betroffen, aber das Bewusstsein bleibt immer unberührt und unbefleckt.

Diese Unfähigkeit, sich von Inhalten prägen zu lassen, bedeutet aber auch, dass das Bewusstsein eines Menschen nicht von dem Bewusstsein eines anderen unterschieden werden kann. Aus diesem Grund schlugen die *Upanishaden* und das *Vedanta*-System ein einziges Selbst vor, den *atman*, den alle Wesen teilen. Yoga hielt dennoch an dem Konzept der vielen *purushas* fest, denn Yoga ist eine angewandte *vedische* Psychologie. Es beginnt mit der Analyse der individuellen Psyche und schlägt dann Methoden vor, mit denen der Einzelne verschiedene psychische Probleme oder Störungen (sogenannte *kleshas*, Formen des Leidens) überwinden kann. Bei diesem Ansatz wäre es nicht hilfreich, die Therapie damit zu beginnen, dass man den unerfahrenen Klienten suggeriert, dass sie alle dasselbe Bewusstsein haben. Der *Vedanta* hingegen beginnt mit einem ganz anderen Gestaltungsauftrag. Eine Analyse des *Brahma Sutra*, dem wichtigsten Text des *Vedanta*, zeigt, dass es sich um eine mystische Philosophie und nicht um eine Psychologie handelt.

Die *Bhagavad Gita* wäre dann ziemlich radikal gewesen, wenn sie, anstatt sich an der Vielzahl der *purushas* im Sinne von *Samkhya* und Yoga zu orientieren, ein einziges, aber dreistufiges Bewusstsein (*purusha*) gelehrt hätte. Die erste Ebene besteht aus dem gebundenen (*kshara*) *purusha*, dem Bewusstsein aller individuellen Seelen (*jivas*) innerhalb der so genannten transmigrativen Existenz, d.h. sie wandern von Körper zu Körper, um ihr *karma* zu erfüllen. Diese *jivas* identifizieren sich mit ihrem Körper. Die zweite Ebene des *purusha* in der *Gita* ist der ungebundene (*askhara*) *purusha*. Auch hier haben wir es mit einem Kollektiv von Wesen zu tun, aber sie sind spirituell befreit.

Interessanterweise besteht die *Gita* darauf, dass die Wesen ein Kollektiv bleiben anstatt einer einzigen, undifferenzierten Masse, d.h. das Selbst-Bewusstsein wird durch die Befreiung nicht ausgelöscht. Die dritte und letzte Ebene ist das Höchste Wesen (Purushottama), dessen Körper das Universum und alle anderen Wesen ist. Die befreiten Wesen behalten also ihr Selbst-Bewusstsein, denn sie sind nicht das Höchste Wesen, sondern Bewunderer, Liebhaber und Diener von Ihm.

Im *Bhagavata Purana* heißt es auch, dass das individuelle verkörperte Bewusstsein (*purusha*) nicht mit dem Göttlichen identisch ist und dass das Universum als der Körper des Göttlichen angesehen wird.[88] Beide Konzepte werden auch im *Yoga Sutra* vertreten, das besagt, dass das Göttliche ein besonderer *purusha* ist, der sich von allen anderen

---

88 Bhagavata Purana XI.4.3-4

unterscheidet[89] und dass das Göttliche den Kosmos durch die Äußerung des *pranava* (der Klang OM - der Urknall) hervorbringt.[90]

Was ist nun die genaue Beziehung zwischen dem *purusha* und dem *jiva*? In der *Bhagavad Gita* heißt es, dass ein *purusha* (verkörpertes Bewusstsein) zum *jiva* (individuelle Seele) wird, indem er mit einem Aspekt der *prakriti* (Natur, göttliche Schöpferkraft) verbunden wird.[91] Wir haben bereits von der höheren *prakriti* des Göttlichen, der *para prakriti*, erfahren.[92] Diese *para prakriti* wird manchmal auch als *jiva prakriti* bezeichnet. Der Aspekt der *prakriti*, mit dem sich der *purusha* identifiziert, besteht aus den feinstofflichen und kausalen Körpern, die den Geist, das *karma*, das *prana* und schließlich den grobstofflichen Körper bilden. Diese Identifikation wird zum Beispiel im *Bhagavata Purana* bestätigt, in dem es heißt, dass der *jiva* (individuelle Seele) der *purusha* (verkörpertes Bewusstsein) ist, der mit dem feinstofflichen Körper verbunden ist.[93] Eine ähnliche Aussage im *Bhagavata Purana* bezeichnet den *jiva*, die individuelle Seele, als eine Emanation des *purusha* (verkörperten Bewusstseins).[94] Der Begriff Emanation bezieht sich auf das Hervorgehen oder Ausstrahlen aus einer Quelle, d.h. die Seele, die Aspekte wie Geist, *karma* usw. einschließt, geht aus dem Bewusstsein des Individuums hervor. Allgemeiner ausgedrückt: Jeder Mensch ist eine Emanation, eine Ausstrahlung aus unserer gemeinsamen Quelle, dem Purushottama, dem Höchsten Wesen.

---

89 Yoga Sutra I.24

90 Yoga Sutra I.27

91 Swami Tapasyananda, Srimad Bhagavad Gita, S. 353

92 Bhagavad Gita VII.5

93 Bhagavata Purana III.31.43

94 Bhagavata Purana III.26.4-7

ATMAN, DAS UNVERKÖRPERTE SELBST UND DAS REINE BEWUSSTSEIN

Der *atman* ist ein abstrakteres Konzept und eine abstraktere Erkenntnis als der *purusha* (das verkörperte Bewusstsein). Er wird nur in Momenten vollständig erreicht, in denen man sich völlig vom Körper löst. Viele indische Texte betonen, dass das Bewusstsein des *atman* nur dann erscheint, wenn das Bewusstsein des Körpers verschwindet, und das Bewusstsein des Körpers erscheint nur, wenn das Bewusstsein des *atman* verschwindet. Daher könnte man *atman* mit «körperloses Bewusstsein» übersetzen, aber diese Bezeichnung ist heikel, da sie Bilder von Poltergeistern heraufbeschwört. Aus diesem Grund sind die Begriffe «unverkörpertes Selbst» oder «reines Bewusstsein» hilfreich, um es klar von *purusha* (verkörpertem Bewusstsein) zu unterscheiden. Der Begriff *atman* kommt in den *Upanishaden* häufig vor. Ich habe den Begriff «unverkörpertes Selbst» zum Beispiel aus der *Chandogya Upanishad* entnommen, in der es heißt, dass der *atman*, das reine Bewusstsein und unverkörperte Selbst aller Wesen, allgegenwärtig ist wie der Raum und als Brahman (unendliches Bewusstsein und tiefe Wirklichkeit) erkannt werden muss.[95]

Entlang der Linie *jiva-purusha-atman*-Brahman gibt es unterschiedliche Stufen der Abstraktion. Alle vier repräsentieren bis zu einem gewissen Grad das Bewusstsein, aber der *jiva*, der vollständig mit dem Körper identifiziert ist, ist am stärksten dem Leiden und der Verblendung ausgesetzt. Die Begriffe *purusha* und *atman* stehen für die Stufen der abnehmenden Identifikation mit der aktuellen Individualität. Auf der Ebene des Brahman hört die Identität endgültig auf, und es bleibt nur noch das kosmische Bewusstsein.

---

95 Chandogya Upanishad 8.14.1

Der Begriff «*atman*» taucht häufig in der *Bhagavad Gita* und im *Bhagavata Purana* auf. In der *Gita* lehrt Krishna zum Beispiel, dass die größten Yogis diejenigen sind, die, weil sie den *atman* in allen anderen sehen, deren Freude und Leid wie ihr eigenes empfinden.[96] Wir verstehen jetzt, wie wichtig es ist, einen Begriff zu haben, der die Einheit eines kollektiven Bewusstseins in uns allen impliziert. Hätte die *Gita* an dieser Stelle den Begriff *purusha* statt *atman* verwendet, hätte er nicht die gleiche Aussagekraft wie *purusha*, der die Vorstellungen von vielen enthält. Nachdem wir festgestellt haben, dass es nur einen *atman* gibt, können wir verstehen, wie die Erkenntnis, dass wir ein gemeinsames, tiefes Selbst haben, uns dazu bringt, den Schmerz anderer wie unseren eigenen zu empfinden. Nebenbei bemerkt schließt dies laut *Bhagavata Purana* auch die Bäume mit ein, da es heißt, dass auch sie einen *atman* haben.[97] Das ist allerdings eine Ansicht, die nicht alle *shastras* teilen.

Ich möchte auch hervorheben, wie sehr sich Krishnas Vorstellung vom Yogi von dem manchmal verbreiteten und angepriesenen Konzept des «Ausschaltens der Welt durch einen Willensakt» unterscheidet, das den Yogi zu einem unnahbaren, gefühllosen, mitleidlosen Charakter machen würde, der sich über alles erhoben hat. Das Ideal von Krishnas Yogi ist genau das Gegenteil. Sein Yogi sitzt nicht isoliert auf einem Berggipfel des reinen Bewusstseins, während die Unwissenden unten im Sumpf der sinnlichen Erfahrung leiden. Im Gegenteil: Krishnas Yogis fühlen alle Freuden und Leiden, als wären sie ihre eigenen. Dazu in der Lage zu sein und Mitgefühl und Mitleid zu empfinden, sind einige der Schlüsselkonzepte von *bhakti*. Erstens ist am Erleben nichts Falschen dran, egal ob es Freude oder Leid ist.

---

96 Bhagavad Gita VI.32

97 Bhagavata Purana I.21.5

Zweitens macht die Passage auch deutlich, dass Intensität auf der Tagesordnung des Göttlichen steht. Krishna möchte, dass wir die Freude und das Leid aller Wesen erfahren. Richtiger wäre es zu sagen, dass wir durch unseren gemeinsamen und geteilten *atman* (tiefes Selbst) dazu verpflichtet sind, alles zu teilen, aber durch unsere roboterhafte Konditionierung haben wir uns so gefühllos gemacht, dass wir den Schmerz und das Leid der anderen nicht mehr spüren. Durch diese Gefühllosigkeit haben wir uns selbst und das Göttliche verarmt. Das Höchste Wesen verkörpert sich als den materiellen Kosmos und alle Wesen, ob gebunden oder befreit. Weil wir die Welt und das Leben nicht so intensiv wie möglich erleben, verarmen wir auch das Göttliche, das die Welt durch uns fühlt und erlebt. Deshalb greift Krishna ein.

Obwohl der *jiva* im Vergleich zum *atman* eine äußere Schicht der Psyche ist, wird dennoch häufig auf die Verbindung zwischen beiden hingewiesen. Im *Bhagavata Purana* heißt es, dass der *jiva* nichts anderes ist als der *atman*, der sich mit dem egoischen Körper-Geist-Komplex identifiziert.[98] Mit anderen Worten, der Unterschied zwischen beiden ist die Identifikation. Die Identifikation bindet das tiefe Selbst oder das reine Bewusstsein an das Oberflächenselbst, den egoischen Körper-Geist. Diese Aussage stimmt mit dem *Yoga Sutra* überein, in dem es heißt, dass eine vollständige Loslösung (*paravairagya*) erforderlich ist, um das Bewusstsein vom Inhalt des Geistes zu trennen.[99]

---

98 Bhagavata Purana XI.28.16
99 Yoga Sutra I.12

Kapitel 3
WAS IST UNSERE BEZIEHUNG ZUM GÖTTLICHEN?

Nachdem wir ein grundlegendes Verständnis davon gewonnen haben, was das Göttliche ist und wer wir sind, können wir uns nun unserer gegenseitigen Beziehung zuwenden. Erst wenn wir wissen, wie unsere Beziehung zum Göttlichen aussehen soll und worauf sie beruht, können wir uns *bhakti* zuwenden, dem Thema des nächsten Kapitels. Manche sind der Meinung, dass Glaube, Liebe und Hingabe ausreichen, aber ohne Verständnis und Wissen führen diese oft zu sektiererischem Kultismus. Die Bedeutung von Verstehen und Wissen wird in Kapitel 6 näher beleuchtet, in dem es um die Beziehung zwischen *bhakti* und *jnana* geht, die auch in der *Gita* eine wichtige Rolle spielt. Wenn wir zum Beispiel nicht wissen und verstehen, dass das Göttliche auch in denen steckt, die wir nicht verstehen, könnten wir schnell zu Gotteskriegern werden oder zumindest urteilend und mitleidslos gegenüber anderen sein.

Mit dem Verständnis, dass wir für das Göttliche wichtig sind, kann *bhakti* erfolgreich sein. Wenn wir verstehen könnten, wie wichtig wir für das Göttliche sind und dass wir einen Unterschied für das Göttliche machen, würden wir uns leicht dazu bewegen lassen, mehr in unsere *bhakti*-Praxis zu investieren. Was uns daran hindert, ist unser altes Missverständnis, dass das Göttliche wie ein Kaiser, Pharao oder König ist. Da Gott angeblich allmächtig ist, haben wir das naheliegendste Bild der Allmacht genommen, nämlich das eines menschlichen imperialen Herrschers, den so genannten unbewegten Beweger. Die Macht eines Herrschers besteht darin, dass er seine Macht auf alle anderen anwenden und sie in jede beliebige Richtung oder Art und Weise bewegen kann, aber er selbst kann nicht bewegt werden, weil niemand sonst die Macht dazu hat. Leider haben wir dieses Bild auf das Göttliche übertragen und Es uns als jemanden vorgestellt, der allmächtig und unbewegbar ist. Nach dieser Auffassung macht es für das Göttliche keinen Unterschied, was wir tun oder nicht tun. Warum sollten wir uns also die Mühe machen, besser zu handeln, außer wenn uns jemand dazu überredet, um einer Strafe oder der ewigen Verdammnis zu entgehen? Leider hat die Religion diese strafende Beziehung zum Göttlichen gefördert und nicht die ekstatische, auf die wir uns eigentlich konzentrieren sollten.

DIE EGOLOSIGKEIT DES GÖTTLICHEN

Der Fehler im obigen Konzept des Göttlichen ist, dass ein menschlicher Herrscher ein Ego hat, das Göttliche aber nicht. Das *Bhagavata Purana* bestätigt diese Tatsache, wenn sie sagt, dass das Höchste Wesen ohne Ego ist.[100] Diese Aussage impliziert, dass das Göttliche kein Ego hat, um uns zu richten (stattdessen richtet uns das mechanische Gesetz des *karma*, das, ähnlich wie das Gesetz der Schwerkraft, keinen menschenähnlichen Vollstrecker benötigt, um wirksam zu sein) und auch kein Ego hat, von dem aus es Gnade vorenthalten könnte. Wir sind es, die uns durch unsere fehlerhaften Entscheidungen und unser Verhalten die Gnade vorenthalten.

Das Fehlen des Egos wird deutlich, wenn wir einen Blick in das *Bhagavata Purana* werfen, wo das Göttliche, hier in Form

---

100 Bhagavata Purana III.12.37

des Lord Vishnu, erklärt, dass Er nicht frei ist, sondern Seinen Anhängern unterworfen ist.[101] Durch Seine Zuneigung zu Seinen Anhängern ist Sein Herz ständig unter deren Einfluss, heißt es in der Passage. Vishnu erklärt weiter, dass Er nicht einmal sich selbst oder Seine Gemahlin Lakshmi so sehr schätzt, wie die *bhaktas*, die das Göttliche als ihr höchstes Ziel verehren. Vishnu erklärt dann, dass vollendete *bhaktas* das Zentrum Seines Wesens bilden und Er nichts anderes wahrnimmt als sie (und sie Ihn).[102] Welch außergewöhnlichere Liebeserklärung könnte es geben als diese, die das Göttliche an uns richtet? Falle nicht auf die Idee herein, dass wir dem Göttlichen nichts bedeuten und nichts zu Gott beizutragen haben. Wir alle sind wichtig, und durch die Wesen, die *jivas*, wird Gott zu sich selbst. Die Religionen haben fast ausschließlich den Wesensaspekt Gottes beschrieben, das Transzendente, den Vater. Den Aspekt des Werdens, das Immanente, die Mutter, haben sie jedoch kaum beschrieben.

Die *Bhagavad Gita* bestätigt, dass Gott nicht urteilt und uns annimmt, wie wir auch kommen. Darin bekräftigt das Göttliche in der Gestalt von Krishna, dass Er jeden Menschen annimmt und segnet, egal wie unvollkommen er ist und auf welchem Weg er Ihn verehrt.[103] Er fügt hinzu, dass Er sich bewusst ist, dass die Menschen überall Seinem Weg folgen. Diese Aussage verdeutlicht, dass die wahre Verehrung des Göttlichen weder auf eine bestimmte Religion, eine bestimmte Gottheit oder einen Kult noch auf ein Land, eine Kultur oder eine ethnische Gruppe beschränkt ist, was auch Shri Ramakrishna und Shri Aurobindo betonten, die sich zu derselben Wahrheit in allen Religionen bekannten.

Wichtig ist jedoch unser Verständnis davon, was das Göttliche ist. Wir müssen erkennen, dass das Höchste

---

101 Bhagavata Purana IX.5.63ff

102 Bhagavata Purana IX.5.68

103 Bhagavad Gita IV.11

Wesen nicht nur eine anthropomorphe Darstellung unserer Lieblingsgottheit ist, sondern dass die Verehrung des Höchsten Wesens uns in Menschen verwandelt, die alle Wesen und Lebensformen unterstützen und respektieren. Unsere *bhakti* muss uns auch an den Punkt bringen, an dem wir nicht mehr unseren eigenen egoistischen Plänen folgen, sondern Gottes Werk tun, damit wir im Dienst der kosmischen Intelligenz stehen.

Dass das Göttliche für alle Wege und Formen der Verehrung offen ist, solange sie letztlich zu einem vollständigen Verständnis aller Aspekte des Höchsten Wesens führen, wird in einer wichtigen Passage im siebten Kapitel der *Gita* deutlich. Hier verkündet Krishna, dass Er uns, egal auf welchem Weg wir uns Ihm nähern wollen, in diesem Bestreben stärken und unterstützen wird.[104] Er heißt uns willkommen, egal auf welchem Weg, in welcher göttlichen Form, in welcher Gottheit oder Religion wir uns Ihm nähern, und begegnet uns auf eine Weise und in einer Form, in der wir Ihn verstehen können.

Im nächsten Vers bestätigt er, dass wir, egal welche Gottheit wir verehren, die Vorteile erhalten, die diese Gottheit uns gewähren kann. Aber diese Vorteile werden Ihm zufolge nicht von der Gottheit gewährt, die nur eine Darstellung des Göttlichen ist, sondern vom Höchsten Wesen selbst, das in allen Aspekten unendlich und ewig ist.[105] Nur die vollständige Verwirklichung des Höchsten Wesens in all seinen Aspekten, bestehend aus unendlichem Bewusstsein, kosmischer Intelligenz, dem Göttlichen als materiellem Kosmos und als allen Wesen und Objekten, führt zu vollständiger Freiheit. Mit anderen Worten sagt Er: «Ich spreche hier als Krishna zu dir, aber Ich bin nicht Krishna;

---

104 Bhagavad Gita VII.21
105 Bhagavad Gita VII.23

Ich bin alles und jedes, die universelle Form (*vishvarupa*)», die Er Arjuna im 11. Kapitel offenbart. Es ist wichtig, das zu verstehen. Es sind die Sektenanhänger, die von der äußeren Form besessen sind, durch die das Göttliche zu uns spricht. Aber der Purushottama ist eine namenlose, unendliche und ewige Wesenheit, die durch uns durch tausend Stimmen und auch durch die Stimmlosen spricht. Deshalb hatte Laotse Recht, als er sagte, dass alles, was über das Dao gesagt werden kann, nicht das Dao ist. Erst wenn wir alle Stimmen des Göttlichen zusammenzählen und auch das Unausgesprochene hinzufügen, können wir allmählich eine Vorstellung davon bekommen, was Es ist.

Das *Bhagavata Purana* bestätigt auch, dass das Göttliche auf uns so reagiert, wie wir Es verstehen können, und dass Es sich daher an unsere Bedürfnisse anpasst. Es verkündet, dass das Göttliche immer dann, wenn der Geist auf das Göttliche gerichtet ist, unabhängig von der Motivation, angemessen auf die jeweilige Situation antwortet.[106] Deshalb sehen wir alle das Göttliche auf so viele verschiedene Arten. Wir alle bekommen so viel zu sehen, wie wir verarbeiten und integrieren können, oder etwas mehr, damit wir allmählich unsere Grenzen überschreiten können. Es wäre unklug, wenn sich das Göttliche auf eine Art und Weise zeigen würde, die wir nicht verstehen können, denn das würde uns möglicherweise schockieren, und wir könnten mit Zurückhaltung reagieren. Mit anderen Worten: Was wir über das Göttliche glauben und wissen, sagt mehr über uns und unsere Grenzen aus als über das Göttliche selbst. Das ist fast wortwörtlich das, was der dänische Nobelpreisträger und Atomphysiker Niels Bohr 1908 über die Wissenschaft sagte. In der so genannten Kopenhagener Deutung erklärte er, dass unsere wissenschaftlichen Gesetze nicht die Welt als

---

106 Swami Tapasyananda, Srimad Bhagavata, Bd. 3, S. 13

solche beschreiben, sondern nur unser Wissen über die Welt. Das Gleiche muss über die Religion gesagt werden. Daher ist es nie eine gute Idee, wegen seiner Religion oder seiner Wissenschaft in den Krieg zu ziehen.

Schauen wir uns genauer an, wie das Göttliche seine Antwort auf uns anpasst. In der *Gita* sagt Krishna, dass die Gottergebenen aus vier Hauptgründen zu Ihm kommen: diejenigen, die Schutz vor Not suchen, diejenigen, die nach Segen und Gewinn streben, diejenigen, die um spirituelles Wissen bitten, und diejenigen, die um nichts bitten, sondern nur kommen, um zu lieben. Krishna sagt, dass Er auf alle von ihnen entsprechend ihrer Bedürfnisse antwortet, aber die letzte Kategorie umfasst Seine liebsten *bhaktas*, die nur aus Liebe kommen, die kommen, um zu geben, anstatt zu empfangen. Das macht deutlich, dass das Göttliche, obwohl Es allmächtig, unendlich, vollständig und ewig ist, sehr offen dafür ist, von uns zu empfangen. Dass das Göttliche empfänglich ist, wird auch im *Bhagavata Purana* deutlich, wo wir lesen, dass vollkommene, intensive *bhakti* (genannt *priti bhakti*) eine einzigartige Art von Ekstase in Gott hervorruft.[107] Das muss gehört und verstanden werden. Dass wir eine einzigartige Art von Ekstase in Gott hervorrufen können, ist weit entfernt vom Konzept des unbewegten Bewegers. Gott wird tatsächlich von allem, was wir tun, bewegt, und alle unsere Gedanken, Handlungen und Worte haben Auswirkungen auf Gott.

Wie tief wir Gott berühren, wird in der folgenden Passage des *Bhagavata Purana* deutlich. Während Krishnas Jugendzeit waren die Kuhhirtinnen (*gopis*) von Vrindavan so in den *avatar* verliebt, dass sie sich von ihren Männern und ihrer Familie wegstahlen, um nachts ekstatisch mit dem *avatar* zu schäkern. Diese Zuneigung wurde jedoch nie fleischlich vollzogen, denn nach der Lehre des *Bhagavata* wird jede Haltung oder

---

107 Swami Tapasyananda, Srimad Bhagavata, Bd. 3, S. 19

jedes Verlangen, das uns zum Göttlichen führt, von diesem immer in selbstlose Hingabe umgewandelt. Nachdem die örtliche Gemeinschaft von Vrindavan das Verhalten der *gopis* stark zensiert hatte, lautete Krishnas letzte Botschaft an sie, dass Er, selbst wenn Er ihnen ewig dienen würde, sie niemals angemessen für ihre glorreiche Tat der Selbsthingabe und der selbstlosen Liebe belohnen könnte, die sie veranlasst hatte, alle weltlichen Belange außer Acht zu lassen.[108] Da Er die Schuld, die Er durch ihre Hingabe auf sich geladen hatte, niemals zurückzahlen konnte, schlug Krishna vor, dass die großzügige Tat der *gopis* ihre eigene Belohnung sein sollte.

Das ist die Liebe des Göttlichen für alle Ihre Kinder. Das Göttliche ist sich Ihrer eigenen Kräfte vollkommen bewusst und weiß, dass es nichts Besonderes ist, wenn Es perfekt, liebevoll, wissend, hingebungsvoll und schön ist. Es ist zu erwarten. Wenn wir Menschen es aber trotz unserer Schwächen und Begrenztheit schaffen, perfekt, liebevoll, wissend, hingebungsvoll und schön zu sein, dann wird dies vom Göttlichen als ein Akt wahrgenommen, den Es im Verhältnis zu seinen Fähigkeiten niemals vollbringen könnte. So können wir in Gott eine einzigartige Art von Ekstase und Intensität erzeugen, die Gott selbst nicht zustande bringen kann.

Hier wird ein ganz anderes Bild von Gott gezeichnet als das des zornigen, wütenden, eifersüchtigen, bärtigen Mannes, der auf einer Wolke sitzt und Blitze, Fluten und Plagen auf uns schleudert. Hier ist ein Göttliches, das sich bewusst ist, dass es nicht einzigartig ist, wenn Es uns vollkommen und perfekt lieben kann, denn Gott ist Vollkommenheit, Liebe und Totalität. Bemerkenswert ist jedoch, wenn ein unvollkommener, fehlerhafter und widersprüchlicher Mensch Gott vollkommen lieben kann. Hier ist ein Gott, der versteht, dass es in dieser weiten Welt nichts Besondereres gibt als einen solchen Akt der

---

108 Bhagavata Purana X.32.22

Liebe und Ergebenheit, und wenn wir das schaffen, dann steht das Göttliche in unserer Schuld.

Dass Krishna sich nie über den Gottergebenen stellt, wird aus der folgenden Episode im *Bhagavata Purana* deutlich, die kurz vor dem großen *Mahabharata*-Krieg stattfindet, einem Schauplatz, an dem auch die Gespräche der *Bhagavad Gita* stattfinden.[109] Zu dieser Zeit residiert Krishna in der Stadt Dvaraka als König des *Vrishni*-Clans. Der Weise Narada, der Autor der *Bhakti Sutras*, besucht Ihn, um Ihm seinen Respekt zu erweisen. Lord Krishna springt sofort auf, verbeugt sich, berührt Naradas Füße und wäscht sie. Dann setzt er Narada auf seinen eigenen Thron und fragt ihn, welchen Dienst Er ihm erweisen kann. Krishna handelt so, weil Er weiß, dass es für einen Menschen viel schwieriger ist, weise zu sein, als für Gott.

Krishna macht immer wieder deutlich, dass es für Ihn nichts Höheres in der Welt gibt als den Gottliebenden, nicht einmal Ihn selbst. Im *Bhagavata Purana* erklärt Er dies ausdrücklich, indem Er sagt, dass nicht einmal Er sich selbst so sehr liebt wie Seine Anhänger.[110] Er zeigt uns auch, wie wir miteinander umgehen sollten. Unser Miteinander soll davon bestimmt sein, dass wir Gott in jedem anderen sehen können. Deshalb sollte unser Umgang miteinander immer von Liebe und Respekt füreinander geleitet sein. Diese Haltung entspricht dem, was Jesus Christus gelehrt hat, der sagte, dass wir seine Jünger an ihrer Liebe zueinander erkennen können.[111]

Wenn das immer noch nicht deutlich genug ist, finden wir im *Bhagavata Purana* Krishnas Erklärung, dass weder Sein Bruder Ananta (Krishnas Bruder Balarama wurde als Verkörperung der Schlange der Unendlichkeit angesehen,

---

109 Bhagavata Purana X.69.13-16
110 Bhagavata Purana XI.14.15
111 Johannes 13:35

Ananta genannt), noch Seine Ehefrau Lakshmi (sie ist die Gemahlin Vishnus, von dem Krishna ein *avatar* ist), noch Sein Sohn Brahma (Brahma, der Schöpfer, entspringt dem Nabel Vishnus), Ihm so lieb sind wie eine vollendete Gottesverehrerin und *bhakta*.[112] Wieder im *Bhagavata Purana* erklärt sich das Höchste Wesen selbst als Verehrerin ihrer eigenen Gottergebenen[113] und als Verehrerin derer, die sich ihrem Dienst widmen.[114] Nach den vielen ausdrücklichen Erklärungen der Liebe des Göttlichen zu uns, sollte die Aufnahme von *bhakti* für uns alle nur noch wenige oder gar keine Hindernisse mehr darstellen.

WARUM IST DIESE BEZIEHUNG SO WICHTIG FÜR DAS GÖTTLICHE?

Das *Bhagavata Purana* erklärt Gott als die Eine, die wünscht, Viele zu sein.[115] Diese Offenbarung ist für uns wichtig zu verstehen, denn in vielen Systemen der Spiritualität wird Gott nur als die Eine beschrieben, mit der wir alle verzweifelt eins werden wollen. Zugleich fragen wir uns, wie wir von Gott getrennt sein können. Die ganze Zeit über war uns nicht bewusst, dass Gott selbst wünscht die Vielen zu sein, wünscht uns zu sein.

Später im *Bhagavata Purana* erfahren wir, dass derjenige, der erkennt, dass sich das Göttliche durch ihre geheimnisvolle Kraft (*yogamaya*) als die Vielen manifestiert hat, den *Veda* verstanden hat.[116] Warum das so ist, ist eine berechtigte Frage, denn ohne, dass das Eine die Vielen wurde wäre ein

---

112 Bhagavata Purana X.86.32
113 Bhagavata Purana X.87.59
114 Bhagavata Purana V.5.22-24
115 Bhagavata Purana II.10.13
116 Bhagavata Purana XI.12.23

Großteil des Leids um uns herum nicht entstanden. Aber nur dadurch, dass Es zu uns wird, kann sich das Eine in all seinen Einzelheiten und Teilen selbst bewusst werden.[117] Ohne die Vielen zu werden, wäre sich das Eine nur in einem allgemeinen Sinn ihrer selbst als das Universum bewusst. Das wäre ein bisschen so, als würde ich die Erde aus dem Weltraum betrachten. Ja, ich kann verstehen, dass es einen Planeten gibt, aber nur in einem allgemeinen Sinne. Meine Erfahrung wäre vollständiger und totaler, wenn ich die Erde gleichzeitig durch alle Sinnesorgane aller Wesen erleben könnte, d.h. wenn ich an bestimmten Orten und zu bestimmten Zeiten sein könnte. Das ist es, was Gott tut, was verdeutlicht, dass eines von Gottes Zielen Intensität ist. Stell dir die Intensität vor, mit der du den Planeten Erde durch die Sinnesorgane von Billionen von Lebewesen sehen, hören, berühren, schmecken und riechen kannst (dazu gehören Tiere, Pflanzen, Pilze und Mikroben).

Gottes Wunsch, zu den Vielen zu werden, kann auch aus einem quantenphysikalischen Blickwinkel heraus verstanden werden. Wie bereits erwähnt, verwandelt sich eine Potenzialität (in der Physik Wellenfunktion genannt) erst durch die Anwesenheit eines bewussten Beobachters in einen Teilchenzustand und wird zu dem, was wir als konkrete Realität erleben. Die konkrete Realität (das, was ist), die sich aus der einfachen Potenzialität (das, was sein könnte) herauskristallisiert, ist die Voraussetzung für die *lila*, das Spiel der göttlichen Kreativität, den Prozessaspekt Gottes, die Shakti. Ohne dass Gott Viele wird, gibt es nur das Potenzial, dass das Universum oder zum Beispiel unser Planet zu einer konkreten Realität wird. Das, was wir Realität (*sat*) nennen, ist bis dahin nur eine Wahrscheinlichkeit. Quantenphysiker haben darauf hingewiesen, dass selbst komplexe Objekte wie

---

117 Debashish Banerji, Seven Quartets of Becoming, S. 297

die Erde nur deshalb im Teilchenzustand gehalten werden und daher nicht in eine Wellenfunktion der Wahrscheinlichkeit zurückfallen, weil sich zu jedem Zeitpunkt einige Beobachter immer bewusst sind und nicht schlafen. Als Kollektiv, zu dem auch nicht-menschliche Lebensformen gehören, sind wir ein wesentliches Glied in dem Prozess, in dem der immanente Gott zu sich selbst wird, indem Sie sich als materielles Universum kristallisiert und sich als Kollektiv von bewussten Beobachtern - uns - vervielfältigt.

In seinem monumentalen Werk *Process and Reality* führte Alfred North Whitehead den Begriff Prozess ein, um sich auf Gott zu beziehen. Abgesehen von dem Begriff kosmische Intelligenz oder Shakti kann ich mir keinen treffenderen Begriff vorstellen, um den immanenten Aspekt des Göttlichen zu beschreiben. Dieser Aspekt des Göttlichen ist in allen Religionen chronisch untererforscht und unzureichend beschrieben. Das liegt wahrscheinlich daran, dass die meisten religiösen Autoritäten männlich waren und die männliche Natur sich eher zur statischen Spiritualität hingezogen fühlt, einschließlich Konzepten wie Bewusstsein, *nirvana*, Leere und ihrer menschlichen Verkörperung, dem unbewegten Beweger (der immer männlich ist). Sie alle haben gemeinsam, dass sie unveränderlich und unveränderbar sind und in keiner Weise auf ihre Umgebung reagieren.

Der Begriff Prozess hingegen beschreibt den dynamischen Aspekt Gottes (Shakti), der sich ständig verändert, sich ständig weiterentwickelt und sich auf ein dynamisches Gleichgewicht zubewegt, das sich immer wieder neu erschafft, ohne jemals statisch zu werden. Für die meisten männlichen Mystiker sind diese Vorstellungen schwer zu ertragen, da sie sich nach etwas sehnen, das sich nie verändert, wie der transzendente Aspekt des Göttlichen, das reine Bewusstsein. Beide Aspekte des Göttlichen sind real und es ist wichtig sie zu erfahren, zu integrieren und zu verstehen. Unsere

Spiritualität und Religion hat in den letzten paar tausend Jahren jedoch darunter gelitten, dass die Prozessspiritualität, der Shaktismus oder die Erd-zentrierte Spiritualität immer verfolgt oder zumindest an den Rand gedrängt wurde.

Das anfängliche Ziel ist das Etikett, das Alfred North Whitehead dem Teil von uns gibt, den Gott in die Existenz kontempliert. Es heißt anfängliches Ziel, weil Gott zwar eine unendliche Anzahl von Permutationen und Berechnungen seiner selbst zum Ausdruck bringen will, indem Es uns alle ins Dasein denkt, aber was wir als Individuen daraus machen, kann weit von Gottes anfänglichem Ziel entfernt sein. Wir alle bestehen im Kern aus göttlichem Potenzial, aber es steht uns frei, es glorreich zu vermasseln, um es einmal profan auszudrücken. Aus diesem Grund ist es richtig zu sagen, dass wir unser Schicksal gemeinsam mit dem Göttlichen gestalten. Gott schickt uns auf den Weg, indem Sie uns Ihr anfängliches Ziel vorgibt, Ihre Vorstellung davon, welchen Aspekt von Ihr jeder Einzelne repräsentieren soll. Aber da wir nach dem Bild und Gleichnis des Göttlichen geschaffen sind, sind wir auch frei, und zur Freiheit gehört auch, dass wir vom anfänglichen Ziel extrem abweichen können. Wir können über das anfängliche Ziel hinausgehen, hinter ihm zurückbleiben oder das Ziel ganz verfehlen. Der hebräische Begriff für das Verfehlen des Ziels wurde später über das Griechische in den deutschen Begriff «Sünde» übersetzt. Sünde bedeutete ursprünglich, dass wir das Ziel verfehlt haben, das das Göttliche durch uns erreichen wollte. Doch statt zu sündigen, können wir Gottes Erwartungen auch weit übertreffen.

All diese Wege stehen uns offen, denn die beiden Ziele der göttlichen Kreativität sind laut Whitehead Intensität und Neuheit. Ich habe bereits anhand verschiedener Zitate gezeigt, dass das Göttliche die Welt durch das Kollektiv der Seelen (*jivas*) erlebt und dass sie die Intensität ermöglichen, mit der das Göttliche die Welt erlebt. Schauen wir uns nun die Neuartigkeit an. Das Studium der Astrophysik und der biologischen Evolution des Lebens zeigt, dass beide Prozesse Neuheit erzeugen. Jedes Mal, wenn zum Beispiel ein Stoffwechselnebenprodukt auftaucht, das keiner der bestehenden Organismen auf der Erde verstoffwechseln kann, entwickelt sich ein neuer Organismus, der das kann. Die biologische Evolution bringt also ständig neue Arten von Organismen hervor. Das Gleiche passiert in der Astrophysik, wo ständig neue Sterne, Planeten, Galaxien und wahrscheinlich auch Universen entstehen. Sogar neue chemische Elemente und Verbindungen werden ständig hinzugefügt.

Ein ähnlicher Prozess findet bei der Individuation statt. Da das Göttliche das Kosmische ist, d.h. die Summe von allem, einschließlich aller Individuen, kann Es selbst kein Individuum sein. Um auf der Ebene des Individuums zu handeln, muss das Göttliche durch uns individuieren. Der Individuationsprozess besteht darin, dass das Göttliche uns in die Existenz denkt, indem Es einen Aspekt seiner selbst, ein anfängliches Ziel, herausprojiziert. Jedes Mal, wenn Gott einen von uns durch die Projektion eines anfänglichen Ziels ins Dasein ruft, wird etwas oder jemand Neues geschaffen, d.h. die Neuartigkeit wird erhöht.

Das anfängliche Ziel ist jedoch kein Programm, dem wir gedankenlos folgen, denn dadurch würde nur wenig Intensität entstehen. Der Einzelne erzeugt die Intensität, er interpretiert das anfängliche Ziel, macht es sich zu eigen, setzt es in die Tat um und verwirklicht es auf seine eigene Weise. Die Intensität entsteht durch die Art und Weise, wie jeder von uns sein anfängliches Ziel verkörpert.

Natürlich könnten wir sagen, dass Gott eine prekäre Angelegenheit im Schilde führt. Um es mit den Worten des *Bhagavata Purana* zu sagen: Jedes Mal, wenn wir Gottes

Erwartungen übertreffen, löst das in Gott eine besondere Art von Ekstase und Nervenkitzel aus. Doch gleichzeitig geben uns die große Freiheit, die wir genießen, und unsere Fähigkeit, unser Schicksal mitzugestalten, auch die Möglichkeit, Gott gründlich zu enttäuschen.

Shri Whiteheads Begriff «anfängliches Ziel» ist verwandt mit dem yogischen Begriff *karana sharira*, dem Kausalkörper. Nach der yogischen Lehre ist der Kausalkörper der tiefste der drei Körper: der kausale, der feinstoffliche und der grobstoffliche. Er ist der einzige Körper, der die Summe aller Verkörperungen überdauert. Der Kausalkörper enthält Gottes Vorstellungen von uns als Individuen; man könnte ihn daher auch als anfängliches göttliches Potenzial oder anfängliches Ziel bezeichnen.

Es gibt noch einen weiteren yogischen Begriff, mit dem das anfängliche Ziel zusammenhängt, und zwar die *Vijnanamaya Kosha*. Die *Vijnanamaya Kosha* (Hülle des tiefen Wissens) ist Teil der fünf Hüllen der Panchakosha-Lehre der *Taittiriya Upanishad*. Die drei oberflächlichen Hüllen, Körper, *prana*-Hülle und Geist, enthalten das, was wir das oberflächliche Selbst nennen würden. Die beiden inneren Hüllen verbinden uns mit dem Göttlichen. Die vierte Hülle, *Vijnanamaya Kosha*, beinhaltet das anfängliche Ziel des immanenten Gottes. Die fünfte und innerste Hülle (*Anandamaya Kosha*, d.h. Ekstase-Hülle) ermöglicht uns die Teilhabe am göttlichen Transzendenten, d.h. am reinen Bewusstsein. Wie der Kausalkörper enthält auch die *Vijnanamaya Kosha* den Aspekt des immanenten Gottes, der kosmischen Intelligenz, den wir verkörpern sollen, d.h. das, was der immanente Gott als und durch uns werden will. Die *Vijnanamaya Kosha* ist nicht etwas, das gegeben und dann vergessen wird, sondern sie ist das göttliche Ziel, auf das wir hinarbeiten, wenn wir von Verkörperung zu Verkörperung gehen.

In den heiligen Schriften wird diese komplexe Beziehung zwischen dem Göttlichen und Ihren Kindern, den Lebewesen, oft erwähnt. In der *Aitareya Upanishad* wird zum Beispiel verkündet, dass der Kosmos für die Selbsterfahrung des *saguna* Brahman, des Göttlichen mit Form, exteriorisiert wird.[118] Das Göttliche mit Form wird oft als das persönliche Göttliche bezeichnet, ein Begriff, der typischerweise verwendet wird, um den immanenten Gott dem transzendenten Gott, dem formlosen Absoluten, gegenüberzustellen. Der Begriff des persönlichen Göttlichen impliziert keinen Anthropomorphismus, sondern er bedeutet, dass dieser Aspekt des Göttlichen für jeden einzelnen von uns persönlich ist. In der *Aitareya Upanishad* heißt es weiter, dass die Lebewesen nach dem Ebenbild des Göttlichen mit Form geschaffen wurden, damit ihre Instrumente der äußeren Erkenntnis, d.h. die Sinne, der Geist und der Intellekt, die Wirklichkeit des Göttlichen bezeugen können. Das bedeutet, dass Gott sich durch Ihre Wesen ausdrückt, und der Kreis schließt sich, wenn die Wesen Gott in allem erfahren, auch in sich selbst.

Aus der Sicht des Göttlichen sind wir also Teil des Göttlichen, und jetzt wird auch klarer, warum das Göttliche keine urteilende Macht oder Gewalt ausüben muss, um uns zu unterwerfen. Im Gegenteil, das Göttliche tut alles, um unsere Vergöttlichung zu fördern, d.h. unsere Fähigkeit, göttliche Begabungen wie ein vollständiges Verständnis der Welt und die Fähigkeit, für das Göttliche und alle Wesen zu handeln, zu erlangen. Im *Bhagavata Purana* erfahren wir zum Beispiel, dass das Göttliche sich Ihren *bhaktas* unterordnet, obwohl Es ewig frei ist und die Meisterin aller Welten ist.[119] Dies wird in einer späteren Passage des *Bhagavata Purana* weiter

---

118 Aitareya Upanishad I.I.1-4
119 Bhagavata Purana X.10.19

ausgeführt, in der wir feststellen, dass das Göttliche ab einem bestimmten Punkt der Entwicklung des Gottesverehrers zur Dienerin des Gottesverehrers wird.[120] Das ist so, weil die Gottergebenen sich an diesem Punkt dazu verpflichtet haben, Diener des Göttlichen zu sein und keine persönlichen Ziele mehr haben. Das Göttliche unterstützt diese Haltung, indem Es der Gottesverehrerin dient und sie befähigt.

An früherer Stelle im *Bhagavata* lernen wir, dass wir, um dem Göttlichen zu dienen, allen Wesen mit der Einstellung dienen müssen, dass das Göttliche in ihnen wohnt.[121] Es hat keinen Sinn, einem göttlichen Abbild im Privaten zu dienen und gleichzeitig die Wesen Gottes mit Verachtung und Feindseligkeit zu behandeln. Was auch immer wir allen Kindern des Göttlichen, menschlichen und anderen, antun, das Höchste Wesen wird immer die direkte Empfängerin sein. Indem wir diese Tatsache bewusst wahrnehmen und alle unsere Beziehungen zu anderen Wesen dem Göttlichen widmen, stellen wir sicher, dass das, was das Göttliche durch unsere Interaktionen mit anderen erhält, dem Göttlichen würdig ist.

Das ist ein wichtiger Punkt! Jedes Mal, wenn wir giftige Beziehungen eingehen und giftigen Emotionen folgen, würden wir in der Tat das Göttliche vergiften, wäre da nicht die Tatsache, dass das Göttliche unveränderlich und unbefleckt ist. Wir vergiften jedoch die Welt, indem wir giftige Emotionen fühlen und ausleben. In diesem Zusammenhang weist Shri Aurobindo darauf hin, dass, wenn wir uns nicht mehr von persönlichen Emotionen und Wünschen leiten lassen und wenn unser oberflächliches Selbst nicht mehr unsere Handlungen bestimmt, das Göttliche durch uns seinen

---

120 Bhagavata Purana X.14.35
121 Bhagavata Purana VII.7.32

Zweck in der Welt manifestieren kann, der laut Aurobindo in der Vergöttlichung allen Lebens und aller Materie besteht.[122]

WIE MAN DAS GÖTTLICHE SIEHT UND ANBETET

Wir sind jetzt bereit, Richtlinien dafür aufzustellen, wie das Göttliche gesehen und verehrt werden sollte. Wir glauben, dass das Göttliche weit weg und schwer zugänglich ist, aber wir sind es, die weit weg und schwer zugänglich sind. So sagt das *Bhagavata Purana*, dass es nicht schwierig ist, Gott zu gefallen.[123] Denn Sie ist das innerste Selbst in allen Wesen und Dingen und daher kann man mit Ihr überall und durch jeden in Verbindung treten.

Die *Bhagavad Gita* verkündet, dass wir alle Wesen vollständig im Selbst und auch im Göttlichen sehen werden, und erklärt damit die Einheit des tiefen Selbst und des Göttlichen.[124] Im sechsten Kapitel der *Gita* lehrt Krishna, dass die Verwirklichung dem Handeln vorausgehen muss, wenn Er sagt, dass diejenigen Yogis Ihm, der in allen Wesen gegenwärtig ist, dienen, die die Einheit der gesamten Existenz verwirklicht haben.[125] Im alles entscheidenden 12. Kapitel der *Gita*, dem Kapitel über *bhakti*, erklärt Krishna, dass derjenige, der freundlich und mitfühlend zu allen, frei von Gegnerschaft, Eifersucht und Arroganz, gefestigt in Meditation und Zufriedenheit, gleich in Ruhm und Schande, mit Geist und Intellekt in Ihm verankert ist, Ihm lieb ist.[126] Auch hier wird deutlich, dass das Göttliche nicht an jemandem interessiert ist, der Bilder in Tempeln anbetet, aber

---

122 Sri Aurobindo, Essays on the Gita, S. 250
123 Bhagavata Purana VII.6.19
124 Bhagavad Gita IV.35
125 Bhagavad Gita VI.31
126 Bhagavad Gita XII.13

anderen Wesen gegenüber hochmütig und zu stolz ist. Nein, sagt Krishna, so wie du andere behandelst, behandelst du Mich. Deshalb sagte Jesus Christus: «Wahrlich, ich sage euch: Was ihr für einen meiner geringsten Brüder und Schwestern getan habt, das habt ihr auch mir getan»[127], und «Was ihr für einen dieser Geringsten nicht getan habt, das habt ihr mir nicht getan».[128]

Diese enge Beziehung zum Göttlichen besteht unabhängig von unserer Lebensweise, d.h. sie ist nicht auf die Mächtigen oder Erhabenen beschränkt, sondern gilt auch in der bescheidensten Position des Lebens. Und sie ist auch nicht auf dieses Leben beschränkt. Im siebten Kapitel der *Gita* verspricht Krishna, dass alle, die in der Tatsache verankert sind, dass das Höchste Wesen die Kraft ist, die alle Materie, spirituellen Fähigkeiten und willentlichen Handlungen aufrechterhält, selbst im Prozess des Sterbens hindurch im Göttlichen zentriert bleiben.[129]

Nicht der Glaube, sondern das Verstehen und Wissen ist der Kern des Strebens der *bhaktas* nach Nähe und Intimität mit dem Göttlichen. Shri Aurobindo verstand dies, als er uns aufforderte, uns passiv in Gottes Hände zu begeben.[130] Uns passiv in Gottes Hände zu begeben, wird nicht dadurch erreicht, dass wir etwas tun, sondern indem wir erkennen, dass das Höchste Wesen nicht von uns getrennt ist, sondern unser innerstes Selbst und das aller Wesen ist. Gleichzeitig ist Es das Bewusstsein der Welt und die fühlende Intelligenz, die sich als materieller Kosmos herauskristallisiert hat.

Tiefes Nachdenken, Verstehen und Erkennen ermöglicht es uns, diese Erkenntnis schließlich in unser Handeln einfließen

---

127 Matthäus 25:40

128 Matthäus 25:45

129 Bhagavad Gita VII.30

130 Sri Aurobindo, Essays on the Gita, S. 559

zu lassen. Wenn wir das nicht erreichen, hat die Erkenntnis keinen Wert. Der Wert einer mystischen Erkenntnis liegt nicht in ihr selbst, sondern in dem Ausmaß, in dem sie uns zu einem veränderten Menschen macht. Ein veränderter Mensch ist freundlicher, bescheidener, hilfsbereiter und mitfühlender gegenüber anderen.

Schauen wir uns nun an, wie sich das entwickeln könnte. Im *Bhagavata Purana* lehrt das Göttliche, dass wir, wenn wir empört sind, uns an das Göttliche im Herzen derer erinnern sollten, die uns empören.[131] Anstatt mit Schmähungen zurückzuschlagen, sollten wir ihnen Worte der Liebe entgegenbringen. Wenn wir das tun, wird das Göttliche zu uns gezogen, sagt das *Purana*. Die Anweisung des *Bhagavata* entspricht fast wortwörtlich dem Ansatz von Jesus Christus zur Konfliktlösung. Obwohl es das Vernünftigste ist, fällt es uns dennoch schwer, weil wir in einer jahrtausendealten Kampagne der Gegnerschaft versunken sind. Diese Gegnerschaft hat unseren Geist befleckt und besudelt, der kaum noch funktionieren kann, ohne von Wettbewerb, Ehrgeiz und dem Streben nach Vorteilen gegenüber anderen aufgeputscht zu werden. Deshalb heißt es im *Bhagavata Purana*, dass wir spirituelle Freiheit erlangen werden, wenn wir dank eines gereinigten Geistes das Göttliche in unserem Herzen sehen.[132]

Die geistige Sklaverei ist die Ausgeburt des darwinistischen Geistes, der in jedem Wesen, das uns begegnet, einen Konkurrenten sieht und deshalb endlose Pläne ersinnt, um sie auszustechen. Das einzige langfristige Ergebnis dieser Einstellung ist, dass wir alle gemeinsam sterben werden. Besser als die Darwinisten hat das *Bhagavata* die Evolution verstanden, als es sagte, dass es ein göttliches Gesetz ist,

---

131 Bhagavata Purana III.16.11
132 Bhagavata Purana III.25.39

dass alle Lebensformen durch gegenseitige Zusammenarbeit gedeihen und durch gegenseitige Feindschaft untergehen.

Anstatt Feindseligkeit, Verwandtschaft mit allem zu sehen, was uns umgibt, ob beweglich oder unbeweglich, bedeutet das Göttliche zu erkennen und zu verehren. So sagt das *Bhagavata Purana*, dass authentische Verehrung des Göttlichen darin besteht, alles, einschließlich der Bäume, Berge, Wälder, Flüsse, des Ozeans und der Atmosphäre, als vom Höchsten Wesen beseelt zu sehen.[133] Deshalb erfährt die wahre *bhakta* zu jeder Zeit mit Aufrichtigkeit Ehrfurcht vor der gesamten Natur und allen Wesen. Stell dir einen Moment lang vor, wie unsere Friedensverhandlungen und Versuche, das Massensterben von Arten, den Umwelt-Holocaust und den Ökozid zu verhindern, voranschreiten würden, wenn wir diesen Aufruf in die Tat umsetzen würden. Als globale Zivilisation befinden wir uns immer noch auf dem zerstörerischen Weg, weil wir uns weigern, diesem Aufruf zu folgen, obwohl spirituelle Visionäre vieler Kulturen uns im Laufe der Jahrhunderte dazu geraten haben, aber ohne Erfolg.

Respekt und Liebe zu Gott sind keine abstrakten Konzepte, die man in einer Kirche, Moschee, Synagoge oder einem Tempel verkündet und dann draußen nicht anwendet. Nein, wir müssen sie im täglichen Leben praktizieren. So sagt das Höchste Wesen im *Bhagavata Purana*: Wenn du Mich für dich gewinnen willst wie eine treue Ehefrau einen engagierten Ehemann [oder umgekehrt], dann zeige deine echte Liebe zu Mir, indem du Meine Gegenwart in allen Wesen und in der Natur gleichermaßen respektierst.[134] Wir neigen dazu, diese Liebe für enge Freunde und Familienmitglieder zu zeigen, aber nicht für den Rest der Menschheit. Wir zeigen sie

---

133 Bhagavata Purana III.12.41

134 Bhagavata Purana IX.5.66

vielleicht unserer Katze oder unserem Hund, aber nicht dem Rest des Tierreichs. Wir zeigen sie vielleicht auch unserem Vorgarten oder ein paar Zierbäumen und -sträuchern in unserem Garten, aber nicht dem Rest der Natur. Das liegt daran, dass wir eine imaginäre Linie zwischen «uns» und «anderen» gezogen haben. Im *Bhakti* Yoga geht es darum, diese imaginären Grenzen zu überwinden und Gott in allem zu dienen, besonders an den unerwartetsten Orten, wie zum Beispiel unseren angeblichen Feinden. Wir glauben an Feindschaft, Gegnerschaft und Antagonismus, weil unsere vergangenen Konflikte und unser Groll tief in unserem Unterbewusstsein verankert sind. Mit Training ist es möglich, diese Programme aus unserem bewussten Geist zu löschen, aber das Unterbewusstsein erfordert viel mehr Aufmerksamkeit. Deshalb heißt es im *Bhagavata Purana*, dass wir uns immer an das Göttliche erinnern müssen, sowohl unser Bewusstsein als auch unser Unterbewusstsein dem Göttlichen hingeben sollen und alle unsere Handlungen bewusst als Opfergaben an das Höchste Wesen ausführen sollen.[135] Wir können unsere Handlungen nur dann als Opfergaben ausführen, wenn wir das Göttliche als das Selbst erkennen, das alle Wesen und Objekte durchdringt und sie gleichzeitig wie ein Gefäß umschließt.

WIE MAN DAS GÖTTLICHE NICHT ANBETET

Die Diskussion im vorigen Kapitel darüber, wie man das Göttliche erkennt und verehrt, wäre nur dann vollständig, wenn man auch auf mögliche Fallstricke eingeht, d.h. wie man es nicht verehrt. In diesem Sinne sagte Shri Aurobindo, dass diejenigen, die sich weigern, das persönliche Göttliche anzuerkennen, etwas Tiefgreifendes und Wesentliches

---

135 Bhagavata Purana XI.29.9

übersehen.[136] Wenn Aurobindo über das persönliche Göttliche spricht, beruft er sich nicht auf Anthropomorphismus, d.h. er erschafft nicht ein Göttliches nach dem Vorbild des Menschen. Er erkennt jedoch an, dass das Göttliche empfindungsfähig ist, dass Es uns persönlich fühlen und auf uns reagieren kann, indem Es auf eine Gottergebene anders reagiert als auf eine andere (je nachdem, wie unterschiedlich das anfängliche Ziel ist, das die Person hervorgebracht hat, und je nachdem, was sie daraus macht). In diesem Sinne wird der Begriff «persönliches Göttliches» verwendet, anstatt das Göttliche als Individuum zu bezeichnen. Der andere Grund, warum viele indische Mystiker den Begriff «persönlich» verwenden, ist die Gegenüberstellung mit dem unpersönlichen Absoluten, dem transzendenten Gott. Das Göttliche ist also ein Wesen, kein menschliches Wesen, sondern ein kosmisches Wesen. Wir können es auch Wesenheit (engl. Beingness) nennen, denn es gibt nichts außerhalb dieses unendlichen, fühlenden Wesens.

Zu Beginn des 12. Kapitels der *Gita*, dem Kapitel über *Bhakti* Yoga, fragt Arjuna Krishna, ob das Göttliche besser als persönliches oder als unpersönliches Absolutes verehrt werden soll. Krishnas Antwort ist eindeutig: Die Verehrung des persönlichen Göttlichen im Geiste der Liebe und Hingabe ist vorzuziehen[137] , weil die Hindernisse für diejenigen, die das formlose Absolute verehren, viel größer sind.[138] Das liegt daran, dass es für verkörperte Wesen schwierig ist, einem unklaren Ideal zu folgen.

Das kannst du deutlich erleben, wenn du dich in einer komplexen Konfliktsituation befindest und nun überlegst, welchen Rat das formlose Absolute dir für dein Handeln

---

136 Sri Aurobindo, The Integral Yoga, S.159
137 Bhagavad Gita XII.2
138 Bhagavad Gita XII.5

geben wird. Die Antwort wird wenig bis gar keine sein. Bestenfalls bekommst du den Ratschlag, im gegenwärtigen Moment zu sein. Aber im gegenwärtigen Moment zu sein, wird dich nicht weit bringen, wenn es um Kriege, Völkermord, Vergewaltigungsopfer usw. geht. In der Gegenwart zu sein, ist zu oft das Privileg der gut ausgestatteten, gut vernetzten und gut ausgebildeten bürgerlichen Mittelschicht der weißen Industriegesellschaften. Das formlose Absolute wird uns nicht dabei helfen, zu entscheiden, wann wir von den edlen Höhen unseres Meditationskissens herunterklettern sollen, um mit unserem Verstand zu entscheiden, was richtig oder falsch ist und ob die Täter gestoppt und die Opfer geschützt werden müssen. Es ist das formgewordene Göttliche, das persönliche Göttliche, der immanente Gott, die diese Anweisungen gibt.

Ich will dir ein Beispiel geben, das das Problem verdeutlicht. Ich erinnere mich, dass ich verblüfft war, als einer meiner Schüler mir sagte, er sehe keinen Grund, Adolf Hitler abzulehnen, da Gott auch in Hitler sei. Die Aussage, dass Gott auch in Hitler ist, ist auf den ersten Blick richtig. Der transzendente Gott, der Ozean des unendlichen Bewusstseins, das formlose Absolute, ist in Hitler und Hitler in ihm, und in dieser Hinsicht unterscheidet sich Hitler nicht von irgendeinem anderen Wesen oder Objekt im Universum. Aber die Aussage, dass Gott in Hitler ist, ist wertfrei, wenn es um ethische Überlegungen geht. Der Begriff «wertfrei» ist eine andere Art, «wertlos» zu sagen. Die Tatsache, dass Gott in allen Lebewesen ist, entbindet diese nicht davon, sich nach den Regeln des *dharma* (rechtes Handeln, Rechtschaffenheit, Pflicht) zu verhalten. Sie entbindet auch niemanden davon, den *dharma* wiederherzustellen, wenn er ihn missachtet. Abstrakte metaphysische Konzepte (wie das formlose Absolute) werden jedoch manchmal benutzt, um sich von der

Pflicht zu befreien, ein Vorgang, der als spirituelle Umgehung bezeichnet wird.

Deshalb sagt Krishna, dass es für ein verkörpertes Wesen schwierig ist, ein unklares Ideal zu verstehen.[139] Reines, inhaltsloses Bewusstsein, *nirvana* und Leere sind unklare Ideale. Der Vorteil des persönlichen Göttlichen ist, dass es mit offensichtlichen Idealen und ethischen Regeln einhergeht, wie dem Schutz der Opfer, der Gerechtigkeit für alle, der Bestrafung von Tätern und der Aufrechterhaltung der öffentlichen Ordnung. So sagt z.B. Arjuna zu Krishna in der *Gita*: «Ich sehe, dass du Gott bist und alle Macht hast. Was ich nicht verstehe, ist, dass du so sehr darauf bedacht bist, dich an eine scheinbar unzählige Anzahl von Regeln zu halten und dich richtig zu verhalten?» Zu dieser Zeit war Krishna der König einer Nebendynastie, während Arjuna der Dritte in der Thronfolge des indischen Reiches war. Krishna erinnert Arjuna daran, dass gewöhnliche Menschen auf herausragende Persönlichkeiten wie die beiden schauen, um sich von ihnen zu richtigem Verhalten inspirieren zu lassen. Krishna und Arjuna könnten zwar die Regeln beugen und eine Zeit lang damit durchkommen, aber wenn sie das täten, würde die allgemeine Bevölkerung dies als Einladung auffassen, es auch zu tun. Deshalb werden die Weisen, so Krishna, immer ein tadelloses Beispiel geben und sich nach den höchsten Maßstäben verhalten.

In einem späteren Kapitel über Ethik (Kapitel 8) werde ich ihre Bedeutung für *bhakti* im Detail erklären. Hier werde ich nur eine kurze Einführung in das Thema geben. Im *Bhagavata Purana* sagt das Göttliche, dass Weise und Heilige, Kühe, Arme und Opfer Gott lieber sind als alle anderen und dass diejenigen, die sie verfolgen, ihrem Schöpfer unter

---

139 Bhagavad Gita XII.5

unglücklichen Umständen begegnen werden.¹⁴⁰ Diese Aussage ist im Geiste identisch mit der von Jesus: «Selig sind die Sanftmütigen, denn sie werden die Erde als Erbe erhalten».¹⁴¹ Die Botschaft hier ist klar: Das Göttliche hat ein besonderes Faible für die Schwachen, und wenn wir das Göttliche beeindrucken wollen, sollten wir sie mit demselben Respekt und derselben Unterstützung behandeln, wie wir es bei einem König tun würden.

Aber warum gibt es überhaupt so viele Konflikte zwischen den Menschen, und warum müssen wir uns an ein komplexes Regelwerk und ethische Grundsätze halten? Das *Bhagavata Purana* erklärt, dass es eine Zeit gab (das *Satya Yuga* oder Goldene Zeitalter genannt), in der die Menschen kooperativ und friedlich waren, weil sie das Göttliche in den Herzen aller Wesen erkannten und in der Lage waren, es dort zu verehren.¹⁴² Doch die Zeiten änderten sich, und die Menschen wurden einander gegenüber respektlos und feindselig, weil sie sich nur auf die Fehler der anderen konzentrierten. Hmm, «einander gegenüber respektlos und feindselig, weil sie sich nur auf die Fehler der anderen konzentrierten». Erinnert dich das an etwas? Hast du in letzter Zeit die Nachrichten gesehen oder einer Sitzung des Parlaments deines Landes zugehört, vorausgesetzt, du lebst nicht in einer Diktatur, in der es noch schlimmer wäre?

Diese Haltung der gegenseitigen Missachtung und Feindschaft machte die Menschen auch unfähig, das Göttliche im Herzen des anderen zu sehen. Damit das Göttliche nicht gänzlich verloren ging, wurde laut dem *Bhagavata* im *Treta Yuga* (dem Weltzeitalter nach dem Goldenen Zeitalter) die Verehrung des Göttlichen in Bildern, Schreinen, Statuen

---

140 Bhagavata Purana III.16. 10

141 Matthäus 5.5

142 Bhagavata Purana VII.14.38-39

usw. eingeführt. Wir müssen verstehen, dass diese Form der Verehrung eingeführt wurde, weil wir das Göttliche nicht mehr überall, in allem und jedem erkennen konnten. Das *Bhagavata* befürwortet die Verehrung von Bildern, da sie eine hilfreiche Abkürzung darstellt, aber es sagt auch, dass die Verehrung von Bildern keinen Nutzen bringt, solange man sich weigert, das Göttliche in anderen zu erkennen und ihnen gegenüber feindselig und ablehnend bleibt.

In einer frühen Passage des *Bhagavata Purana* beklagt sich das Höchste Wesen darüber, dass die Menschen seine Gegenwart als das innerste Selbst in allem missachten und dann eine große öffentliche Show daraus machen, es durch Bilder zu verehren.[143] Das klingt sehr nach der heute praktizierten Religion. Das *Bhagavata* fährt damit fort, dass das Göttliche uns warnt, dass Es sehr unzufrieden sein wird, wenn wir Seine Gegenwart in allem als das Selbst ignorieren und stattdessen törichterweise Bilder verehren. Deshalb schikaniert jeder Mensch, der andere schikaniert, das Göttliche, das in ihm wohnt. Sie und alle, die zu stolz und hochmütig sind, trennen sich von Gott und werden niemals Frieden erlangen, so das *Bhagavata*. Laut dem Höchsten Wesen ist der richtige Weg die Verehrung von Bildern [als Abkürzung] zusammen mit dem liebevollen Dienst am Göttlichen durch alle seine Wesen.

Beides zu vereinen ist nicht möglich, ohne alle Wesen authentisch zu lieben. Tatsächlich ruft das Höchste Wesen in dieser Passage dazu auf, die «Andersmachung» (engl. «Othering») zu beenden, d.h. mit der Selbstbezogenheit und der Unterscheidung zwischen sich selbst und den anderen aufzuhören. Indem wir die Einheit aller Wesen und von allem im Göttlichen anerkennen, müssen wir die Trennung und Entfremdung der Selbstbezogenheit überwinden, und in

---

143 Bhagavata Purana III.29.21ff

diesem Sinne können wir allen Wesen durch Ehre und Liebe dienen, ein Dienst, der dann vom Göttlichen als Dienst an Ihm anerkannt und akzeptiert wird. Ein solcher Dienst ist der Weg zur spirituellen Freiheit.

Beachte, dass diese Philosophie der göttlichen Liebe und des Dienens das komplette Gegenteil der Lehre unserer modernen Gesellschaft ist, die sich auf das Empfangen, Nehmen und Bekommen konzentriert. In allen Quellen, die wir hier besprechen, erklärt das Göttliche, dass die Freiheit des Einzelnen und eine ideale und göttliche Gesellschaft dadurch geschaffen werden, dass man sich darauf konzentriert, allen zu geben und alle zu lieben, indem man das Göttliche in ihnen sieht. Weil unsere Zivilisation das Empfangen, Nehmen und Bekommen verehrt, befinden wir uns in einem ständigen antagonistischen und feindseligen Kampf mit allen «Anderen», egal ob es sich um andere Individuen, Interessengruppen, Ideologien, Religionen, Nationen oder Arten handelt. Im tiefsten Inneren ist es unsere Philosophie der «Andersmachung», die der Ausbeutung der Umwelt und der Zerstörung von Kulturen zugrunde liegt. Auf dem Weg der *bhakti* hat die Andersmachung keinen Platz, denn wir müssen aufrichtig versuchen, Gott in all jenen zu sehen, die wir zuvor ausgegrenzt haben.

Kapitel 4
BHAKTI, WAS ES IST

B*hakti* ist keine Emotion, die wir spontan heraufbeschwören können, sondern eine Praxis, die wir über einen langen Zeitraum hinweg allmählich verfeinern. Zu Beginn dieses Buches habe ich mich auf den großen Sufi-Mystiker Hafiz berufen, der im Alter von 20 Jahren hilflos war, weil er die schöne Frau, die er begehrte, nicht bekommen konnte. Zu diesem Zeitpunkt traf Hafiz einen Sufi-Meister, der ihm sagte, er solle seine menschliche Liebe in göttliche Liebe verwandeln, in Liebe zu Allah. Es dauerte weitere 40 Jahre, bis Hafiz diesen Zustand erreichte, und seine Anstrengungen sind in vielen seiner wunderschönen Gedichte festgehalten.

Der Grund, warum Hafiz eine Lösung für seine unerfüllte Liebe brauchte, ist, dass sie ihn unglücklich machte. Weil er seine Geliebte nicht bekommen konnte, verlor er an Gewicht, konnte nicht schlafen und litt, bis seine geistige Gesundheit abnahm. Dieses Leiden verdeutlicht, dass die Art und Weise wie wir normalerweise lieben, darin besteht, etwas zu bekommen. Gewöhnliche menschliche Liebe ist darauf ausgerichtet, etwas zu bekommen, sei es Nervenkitzel, Aufregung, Glück, Erfüllung, Besitz, Erregung, Vergnügen, Sicherheit, Flucht aus der Einsamkeit, Status, Bestätigung, Kameradschaft, usw. Eine solche Liebe könnte man tatsächlich als Emotion bezeichnen, denn sie basiert auf vergangenem Mangel, wahrgenommenen Bedürfnissen und Bedürftigkeit. Wir lieben, weil uns etwas fehlt und wir hoffen, es durch den geliebten Menschen zu bekommen.

Was immer wir uns von der Liebe erhoffen, projizieren wir auf die geliebte Person, und solange sie dieses Bedürfnis befriedigt, funktioniert die Beziehung. Diesen Prozess nennen wir Verlieben. Wenn die geliebte Person dieses Bedürfnis nicht mehr stillt, entlieben wir uns. Unsere Partner hören oft auf, unsere Bedürfnisse zu befriedigen, weil sie unbewusst erkennen, dass wir eine Beziehung zu ihnen haben aufgrund eines projizierten Bedürfnisses oder eines Mangels in uns, und nicht aufgrund dessen, wer sie wirklich sind. Das ist letztlich nur dann befriedigend, wenn unser Partner die Beziehung mit ähnlichen Motiven eingegangen ist. In vielen Fällen lässt der Hormonrausch schließlich nach, und der Partner wendet sich von uns ab oder wir von ihm.

Im Gegensatz zu dieser menschlichen Art von Liebe ist *bhakti* eine geistig-spirituelle Disziplin, die sich auf uns selbst konzentriert. Wir verändern unsere Liebe allmählich von dem Wunsch, zu empfangen, zu einer Haltung des Gebens. Wir flehen das Göttliche nicht ständig an, unsere Bedürfnisse zu erfüllen, sondern wir fragen uns, wie wir das Göttliche mehr lieben und ihm mehr dienen können. Dieses Wachstum steht uns allen zur Verfügung, weil die Liebe selbst eine Eigenschaft des Göttlichen ist. Weil wir unser innerstes Wesen mit dem Göttlichen teilen, ist eine solche göttliche Liebe auch für uns möglich. Damit dies möglich wird, müssen wir jedoch einen Prozess durchlaufen, um unsere Art zu lieben von der menschlichen auf die göttliche umzustellen. Diese Wege werden in diesem Kapitel erkundet.

Im Folgenden werde ich *bhakti* definieren, ihre Voraussetzungen und erforderlichen Qualitäten betrachten, verschiedene Arten von *bhakti* auflisten, ihren Prozess analysieren, die Auswirkungen darlegen und mit ihren Ergebnissen und ihrer Essenz abschließen. Doch zunächst müssen wir feststellen, dass *bhakti* idealerweise nicht isoliert praktiziert wird, sondern in den größeren Komplex eines vollständigen Yoga integriert ist, der aus *Bhakti, Jnana* und *Karma* Yoga besteht. So sagt Krishna im *Bhagavata Purana*, dass

KAPITEL 4

Er drei Wege der Vereinigung mit Gott verkündet hat, und es keine anderen gibt: Sie sind *jnana*, *bhakti* und *karma*.[144] Obwohl Krishna die Anzahl der Yogas hier auf drei begrenzt, sagt Er auch an anderer Stelle, dass wir, wenn wir nicht in der Lage sind, den Geist in Ihn zu konzentrieren, versuchen sollten, Ihn durch die systematische Praxis der Konzentration, d.h. *Raja* Yoga, zu erreichen.[145] Eine Beschreibung des *Raja* Yoga nimmt den größten Teil des sechsten Kapitels der *Gita* ein.

In Naradas *Bhakti Sutra* lesen wir, dass *Karma*, *Bhakti* und *Jnana* Yoga bei Erreichen der Reife zu einem einheitlichen Weg verschmelzen.[146] Auf diesem dreifaltigen Weg reinigt *jnana* den Intellekt, *bhakti* die Emotionen und *Karma* Yoga den Willen. Der Begriff dreifaltiger Weg, was so viel wie drei in einem bedeutet, wurde von Shri Aurobindo in seinen *Essays On The Gita* geprägt und später in einem seiner Hauptwerke, *The Synthesis of Yoga*, weiter ausgeführt. In beiden Texten wird betont, wie wichtig es ist, *Karma*, *Jnana* und *Bhakti* Yoga Seite an Seite zu praktizieren, auch wenn wir uns zunächst für denjenigen der drei entscheiden, der unserer noch rohen und ungeschliffenen Natur am meisten entspricht.

Aurobindo schreibt, dass die *Gita* drei Schritte lehrt, von denen *Karma* Yoga als der erste angesehen werden kann.[147] Hier führen wir Handlungen nicht für uns selbst aus, sondern im Dienst des Göttlichen. Wir schauen nicht auf das Ergebnis, sondern auf den Prozess der Arbeit für das Göttliche, unabhängig davon, ob wir mit unseren Bemühungen Erfolg haben. Erfolg und Misserfolg werden mit vollkommenem Gleichmut betrachtet und dem Göttlichen angeboten. Ich muss diese Haltung des Gleichmuts und des

---

144 Bhagavata Purana XI.20.6
145 Bhagavad Gita XII.9
146 Swami Tyagisananda, Narada Bhakti Sutras, S. 35
147 Sri Aurobindo, Essays on the Gita, S. 38

Dienens oft erläutern, wenn ich mit der Verzweiflung meiner Schüler:innen angesichts der wachsenden ökologischen, sozialen und politischen Probleme konfrontiert werde. Ich werde gefragt: «Wie bleibst du hoffnungsvoll? Wie motivierst du dich, weiter für eine bessere Zukunft zu arbeiten, wenn alles so hoffnungslos erscheint?» Der Punkt ist, dass wir, wenn wir nach Hoffnung und Motivation fragen, letztlich ergebnisorientiert sind. Wenn es eine Chance gibt, dass wir Erfolg haben, werden wir losziehen und den Planeten retten. Aber wenn die Chancen gegen uns stehen, sollten wir es lieber vermeiden, uns zu engagieren. Das Problem bei dieser Einstellung ist, dass sie wieder auf dem Empfangen und Bekommen basiert. Wir sind dabei, weil wir einen Kick davon bekommen, die Umwelt zu retten. Wenn es machbar erscheint, sind wir gerne bereit, unseren Beitrag zu leisten. Mit anderen Worten: Es geht hier um eine Risiko-Belohnungs-Gleichung. Wie wahrscheinlich ist es, dass wir Erfolg haben werden? Wie viel Mühe müssen wir uns geben? Und wie viel Belohnung in Form von Selbstzufriedenheit erhalten wir? Wenn es darum geht, den Zusammenbruch der Umwelt zu verhindern, ist der Erfolg sehr ungewiss, und es scheint, dass wir uns sehr anstrengen müssen, um die Natur zu retten. Obwohl wir eine Menge Selbstzufriedenheit daraus ziehen könnten, scheint die Belohnung in weiter Ferne zu liegen; daher scheint die Haltung der Niedergeschlagenheit wirtschaftlicher zu sein. Wir sollten besser darauf verzichten, unsere Energie in eine verlorene Sache zu investieren.

Die Haltung des *Karma* Yogis ist anders. Der *Karma* Yogi wird nicht nach einer Belohnung fragen, sondern tut etwas einfach, weil es das Richtige ist zu tun, um Gott zu dienen. Dies ist Gottes Planet. Wir haben kein Recht, ihn zu zerstören. Die Natur ist atemberaubend schön. Wir können Gottes Schönheit darin sehen, wohin wir auch schauen. Daher kommt es nicht darauf an, ob wir Erfolg haben oder nicht. Es ist einfach das Richtige zu tun. Selbst wenn *Karma* Yogis bei dem, was sie versuchen zu erreichen, sterben und somit scheitern, spielt das keine Rolle. Was zählt, ist, dass sie für das Richtige gestorben sind.

Mit dieser Einstellung und diesem Prozess praktizieren wir schließlich *jnana*, das Yoga der Erkenntnis des Selbst, des Bewusstseins. Sein Ziel ist es nicht, untätig zu werden, sondern zu erkennen, dass nicht wir der Handelnde sind, sondern die *prakriti*, die göttliche Schöpferkraft, d.h. zu erkennen, dass das Göttliche uns bewegt. Diese Art von Yoga zielt darauf ab, mehr und mehr Aspekte des Göttlichen zu kennen, zu erfahren und zu sehen. Je mehr wir das Göttliche in seiner Gesamtheit wahrnehmen und schätzen, desto mehr kann echte Liebe zu Ihr wachsen. Ohne unser *Karma* und *Jnana* Yoga zu unterbrechen, sehen, lieben und verehren wir schließlich das Höchste Wesen in allem, was uns begegnet, was wir sehen und was wir tun, in einem Akt der völligen Hingabe an das Göttliche - das ist *Bhakti* Yoga.

In diesem Band habe ich *bhakti* an die erste Stelle gesetzt, aber ich unterstütze Shri Naradas und Shri Aurobindos Ansicht, dass *bhakti* am besten nicht isoliert praktiziert wird. Deshalb habe ich im Anschluss an das Kapitel über *bhakti* ausführliche Kapitel über *Karma*, *Jnana* und *Raja* Yoga eingefügt, in denen ich erkläre, wie die Praxis von *Karma*, *Jnana* und *Raja* Yoga *bhakti* unterstützt und bereichert.

DEFINITION VON BHAKTI

Bhakti bedeutet Anbetung, Liebe und Hingabe an das Göttliche. Der Begriff kommt von der Sanskrit-Wortwurzel *bhaj* - teilen. Er wird auch in dem Begriff *baksheesh* verwendet, der verwendet wird, wenn man um Almosen bittet; in diesem Zusammenhang bedeutet er «teile auf, was du hast, und teile es mit mir». In *bhakti* ist es nicht unser Ziel, uns mit dem Göttlichen zu vereinen, sondern mit Ihr in Verbindung zu treten. Wir erkennen, dass wir einen göttlichen Kern haben, der bereits eins mit Gott ist, das Selbst oder das Bewusstsein. Aber wir sehen auch, dass unser oberflächliches Selbst, d.h. unser egoischer Körper-Geist, dem oberflächlichen Selbst Gottes weit unterlegen ist. Das materielle Universum ist der kristallisierte Körper Gottes, der eine Unendlichkeit von Wesen in sich trägt, die alle Berechnungen und Emanationen Gottes sind.

Deshalb sollten wir uns nicht der Illusion hingeben, dass eine wahre Vereinigung mit dem Göttlichen unmöglich ist. Was möglich ist, ist, unser oberflächliches Selbst und unser tiefes Selbst einem ewigen, liebevollen Dienst am Göttlichen und der Verehrung des Göttlichen zu widmen. Shri Ramakrishna drückte den Unterschied aus, indem er sagte: «Ich will nicht Zucker sein, aber ich will Zucker schmecken.» Hundertvierzig Jahre sind seit diesem Ausspruch vergangen, und heute hat unsere Begeisterung für Zucker aus gesundheitlichen Gründen nachgelassen. Nichtsdestotrotz meinte er damit, dass man Zucker nicht mehr schmecken kann, wenn man zu Zucker wird. Das Gleiche gilt für das Göttliche. Wenn du das Göttliche werden könntest, könntest du Es nicht mehr erblicken und anbeten. Dieses Betrachten und Anbeten des Göttlichen ist der Weg der *bhakti*.

Der hinduistische Theologe Shri Ramanujacharya (kurz Ramanuja) aus dem 11. Jahrhundert lehrte auf eloquente Weise in seiner Identitäts-im-Unterschied-Lehre (*beda-abeda*), dass die Identität mit dem Göttlichen (weil unser tiefes Selbst mit dem transzendentalen Aspekt des Göttlichen identisch ist) und der Unterschied zum Göttlichen (bestehend aus dem Unterschied zwischen unserem oberflächlichen Selbst und dem immanenten Aspekt des Göttlichen) gleichzeitig nebeneinander gesehen werden müssen. Im *Bhagavata Purana* wird *bhakti* auch als ständiger Dienst am Göttlichen definiert, anstatt als das Streben nach *moksha* (Erlösung), der Befreiung aus dem Kreislauf der Wiedergeburt.[148] Das *Bhagavata Purana*

---

148 Swami Tapasyananda, Srimad Bhagavata, Bd. 1, xxxiv

KAPITEL 4

bezeichnet *bhakti* als das fünfte *purushartha* (menschliches Ziel). Die orthodoxen vier menschlichen Ziele sind:

- *Artha*, Erwerb von Reichtum
- *Kama*, sexuelle Lust und Befriedigung
- *Dharma*, rechtes Handeln/ Rechtschaffenheit, das immer gilt, besonders wenn es um den Erwerb von *artha* und *kama* geht
- *Moksha*, spirituelle Befreiung und Freiheit vom Kreislauf der Wiedergeburt

Das *Bhagavata Purana* fügt *bhakti* als fünftes menschliches Ziel hinzu und sagt, dass der liebevolle und hingebungsvolle Dienst am Höchsten das wichtigste der fünf Ziele und die höchste Bestimmung der individuelle Seele (*jiva*) ist.

Das *Bhagavata Purana* erklärt weiter, dass *bhakti* die Konzentration der gesamten Psyche, die normalerweise mit dem Erkennen von Sinnesobjekten beschäftigt ist, auf das Höchste Wesen bedeutet, ohne nach einer Belohnung zu fragen.[149] Das Thema, nicht nach Belohnungen zu fragen, wird später noch ausführlicher behandelt. In der *Bhagavad Gita* heißt es, dass man die Früchte (d.h. die Belohnung) seiner Handlungen dem Göttlichen überlässt. Die Konzentration der gesamten Psyche auf das Höchste Wesen ist etwas, das nur die fortgeschrittensten *bhaktas* ohne weiteres Training erreichen können. Aurobindo bestätigt die Bedeutung dieser Fähigkeit, wenn er sagt, dass *manana* und *darshana*, das ständige Denken an das Göttliche in allen Dingen und das Sehen des Göttlichen immer und überall, für den Weg der Hingabe unerlässlich ist.[150] Die meisten von uns haben einen solchen Zustand der Verzückung noch nicht erreicht. In Kapitel 6 der *Bhagavad Gita*, dem Kapitel über *Raja* Yoga, geht es um die Anwendung von Yogamethoden zur Konzentration

---

149 Bhagavata Purana III.25.32-33
150 Sri Aurobindo, The Synthesis of Yoga, S. 601

des Geistes. Naradas *Bhakti Sutra* definiert *bhakti* als die Hingabe aller Aktivitäten an das Göttliche.[151] Damit steht es im Einklang mit den anderen beiden Texten, der *Bhagavad Gita* und dem *Bhagavata Purana*.

EIGENSCHAFTEN UND HALTUNGEN, DIE BHAKTI UNTERSTÜTZEN

Offiziell gibt es keine Voraussetzungen für *bhakti*. In der *Bhagavad Gita* heißt es, dass selbst ein hartgesottener Sünder *bhakti* erlangt, wenn er unerschütterliche Liebe zum Göttlichen empfindet.[152] Im nächsten Vers erklärt Krishna weiter, dass diese unerschütterliche Liebe zu Ihm (durch göttlichen Kontakt) jeden Schuft in einen rechtschaffenen Menschen verwandeln wird.[153] Das ist die Theorie. In der Praxis bringen uns viele Qualitäten und Haltungen in *bhakti* weiter; ohne sie kommen wir nirgendwo schnell voran, schon gar nicht auf dem Weg der *bhakti*. Diese Eigenschaften sind im zwölften Kapitel der *Gita*, dem Kapitel über *Bhakti* Yoga, aufgelistet. Schauen wir sie uns jetzt an.

Krishna erklärt, dass diejenigen, die im Yoga überlegen sind und mit einem stetigen Strom der Liebe ihren Geist intensiv auf Ihn konzentrieren, Ihn mit vollständigem *shraddha* verehren.[154] Der Begriff *shraddha* ist komplex und wird oft als deutscher Begriff für Glauben (engl. faith) verkürzt. Aber Glaube vermittelt nicht die Erhabenheit des Sanskrit-Begriffs. Ich würde sogar so weit gehen zu sagen, dass uns die transformative Kraft von *shraddha* nicht mehr zugänglich ist, sobald man die Übersetzung von *shraddha* in Glauben akzeptiert hat. Ich

---

151 Swami Tyagisananda, Narada Bhakti Sutras, S. 19
152 Bhagavad Gita IX.30
153 Bhagavad Gita IX.31
154 Bhagavad Gita XII.2

werde *shraddha* hier behandeln, habe aber in Kapitel 10 einen zusätzlichen Abschnitt darüber geschrieben. Aurobindo hat darauf hingewiesen, dass *shraddha* einen vergangenen Aspekt hat, den er die Erinnerung daran nennt, aus dem Göttlichen hervorgegangen zu sein, und eine zukünftige Komponente, die Intuition, dass wir zum Göttlichen zurückkehren werden, wenn unsere Aufgabe hier erledigt ist. Die beste Übersetzung für *shraddha* ist daher Intuition-Erinnerung. Ich ziehe es vor, das Original *shraddha* zu verwenden, aber es besteht immer die Gefahr, diesen Text mit Sanskrit zu überfrachten und dich, geschätzter Leser, damit zu verunsichern.

Ein paar Verse später ermahnt Krishna uns, unseren Geist auf Ihn allein zu konzentrieren und unseren Intellekt in Ihn eindringen zu lassen, was zusammen zu dauerhaftem Verweilen in Ihm führen wird.[155] Ich habe hier den deutschen Begriff Intellekt verwendet, um das Sanskritwort *buddhi* zu übersetzen. Andere Möglichkeiten wären Intelligenz oder Vernunft. Krishna ermutigt hier sicherlich zum kritischen Denken, denn wir sollten unsere kritische Intelligenz nutzen, um das Höchste Wesen so gut wie möglich zu verstehen. Dass es sich hierbei nicht um ein Missverständnis handelt, wird am Ende der *Gita*, in einem der letzten Verse, deutlich. Krishna schließt damit, dass Er uns nun diese geheimste aller Geheimlehren (d.h. die Lehre der *Gita*) vermittelt hat. Er schlägt vor, dass wir kritisch darüber nachdenken und dann tun, was wir für richtig halten.[156] Für richtig halten bedeutet: Nimm es an oder lass es bleiben, aber handle nach deinem eigenen Verständnis und nicht nur, weil ich es sage.

Weil Krishna unsere kritische Intelligenz so sehr betont, ergibt das Lesen von *shraddha* als Glauben keinen Sinn. Der Begriff Glaube wird zum Beispiel im Zusammenhang mit

---

155 Bhagavad Gita XII.8

156 Bhagavad Gita XVIII.63

blindem Glauben verwendet. Hier bedeutet er das blinde Festhalten an einem Dogma, obwohl wir es besser wissen sollten. Einen anderen Kontext stellt der Begriff guter Glaube dar. Normalerweise sagen wir, dass wir in gutem Glauben gehandelt haben, wenn unsere Handlungen fehlerhaft waren, aber der Grund dafür, dass sie fehlerhaft waren, uns zu dem Zeitpunkt nicht bekannt war. Das bedeutet, dass wir einen unzumutbaren Aufwand hätten betreiben müssen, um herauszufinden, was passiert ist. Das Handeln in gutem Glauben soll uns also von dem Fehler freisprechen, dass wir diesen unzumutbaren Aufwand nicht betrieben haben.

Aber genau diese unzumutbare Anstrengung will Krishna von uns, wenn er sagt: «Lasst euren Geist in Mich eindringen» und «denkt über diese ganze Geheimlehre nach und tut dann, was ihr für richtig haltet». Aber warum sollten wir uns die Mühe machen, mit unserem Geist eine unzumutbare Anstrengung zu unternehmen, um Ihn zu verstehen? Swami Tapasyananda, der sowohl die *Bhagavad Gita* als auch das *Bhagavata Purana* übersetzt hat, antwortet auf diese Frage, dass die Liebe zum Höchsten Wesen erst dann fest und beständig werden kann, wenn wir wissen, was unsere Verbindung zu Ihr ist.[157] Besser hätte man es nicht sagen können. Unsere Liebe zum Höchsten Wesen schwankt, und wir kämpfen mit *bhakti*, weil wir unsere Verbindung zum Höchsten Wesen nicht kennen und verstehen. Und wenn wir es doch wissen, dann neigen wir zumindest dazu, es häufig zu vergessen.

Setzen wir unsere Untersuchung der Eigenschaften und Haltungen des *bhakta* fort, die in Kapitel 12 der *Gita* aufgeführt sind. Krishna sagt, dass diejenigen, die Ihn lieben, niemandem Angst machen und niemand sie einschüchtern kann. Sie sind frei von intensiven Emotionen wie Euphorie, Wut und Aufregung.[158] Unser Bedürfnis, andere zu beherrschen und

---

157 Swami Tapasyananda, Srimad Bhagavad Gita, S. 256
158 Bhagavad Gita XII.15

sie dadurch einzuschüchtern und zu ängstigen, entspringt einer tiefsitzenden Angst vor anderen. Wir kommen ihren Angriffen zuvor, indem wir sie zuerst angreifen. Derjenige, der andere einschüchtert, ist also derjenige, der selbst Angst hat. Der zweite Teil des Verses zeigt, dass Krishna ein Verständnis für das hat, was wir heute Borderline-Persönlichkeitsstörung oder emotionale Regulationsstörung nennen würden. Bei dieser Störung sind wir süchtig danach, intensive Emotionen zu erzeugen, weil wir uns sonst selbst nicht spüren können. Wir können nicht spüren, dass wir wichtig sind und denken, dass in unserem Leben nicht genug passiert, damit wir uns wirklich lebendig fühlen. Weil Krishna diesen Zustand versteht, möchte Er, dass wir Abstand von unserem oberflächlichen Selbst haben, was bedeutet, dass wir unsere Gedanken und Gefühle beobachten können, als wären sie Tiere, die in einem Gehege auf und ab laufen.

Krishna fügt die folgenden Eigenschaften hinzu:[159]

- Wunschlosigkeit (die Dinge nehmen, wie sie kommen und sich nicht um Dinge sorgen, die wir gerade nicht haben),
- Reinheit (Verzicht auf giftige Gedanken und Emotionen),
- Einfallsreichtum (Vertrauen darauf, dass Er uns, wann immer es nötig ist, die benötigten Fähigkeiten schickt),
- Losgelöstheit (die Fähigkeit, loszulassen, was wir zu verlieren drohen),
- Freiheit von Sorgen (das Schlimmste, was passieren kann, ist, dass wir sterben, aber wenn wir das tun, kehren wir in Seine Umarmung zurück)
- Loslassen der Selbstbezogenheit (obwohl wir denken, dass wir wegen uns selbst hier sind, sind wir nur eine der unendlichen Permutationen von Ihm, durch die Er

---

[159] Bhagavad Gita XII.16

den Kosmos erlebt. Daher ist es die beste Strategie, uns selbst wenig Bedeutung beizumessen).

Im Vers XII.17 fordert Krishna uns auf, unsere Neigung loszulassen, dem Angenehmen nachzujagen und das Unangenehme zu vermeiden. Dieses Loslassen ist etwas, das wir leicht tun können. Jede Mutter wird immer den Hintern ihres Babys sauber machen, das weinende Kind füttern, den Abwasch machen, einkaufen gehen usw., obwohl nichts von diesen Dingen an sich angenehm ist. In ihrer Gesamtheit könnten wir sie sogar als gedankenlose Strapazen bezeichnen. Stattdessen ziehen wir es vielleicht vor, in den Bermudas zu sitzen, den Sonnenuntergang zu beobachten und Martinis zu schlürfen. Aber das ist nicht das, was eine Mutter denkt. Ohne Groll wird sie alles tun, was nötig ist, einfach weil die Aufgabe vor ihr liegt, sie anwesend ist und die Aufgabe erledigt werden muss. Das ist die Haltung, die Krishna von uns erwartet. Interessanterweise ist eine der Haltungen von *bhakti*, die Shri Narada in seinem *Bhakti Sutra* aufzählt, die eines Elternteils gegenüber dem Göttlichen. Das mag zwar zunächst unerreichbar sein, aber die Selbstlosigkeit einer Mutter spiegelt am besten die Haltung wider, die ein *bhakta* gegenüber der ganzen Welt haben sollte.

Krishna erweitert diese Haltung dann auf das Konzept des *samah*, der Gleichmäßigkeit, Gleichheit oder des Gleichmuts.[160] Er möchte, dass wir Freunden und Feinden mit Gleichmut begegnen, gleichmäßig in Ehre und Beleidigung, gleichmäßig in Hitze und Kälte, gleichmäßig in Lob und Tadel sind. Normalerweise teilen wir diese Paare in zwei Kategorien ein: eine, die wir als angenehm empfinden, und eine, die uns zuwider ist. Krishna sagt hier, dass beide Kategorien in ständigem

---

160 Bhagavad Gita XII.18-19

Wandel begriffen sind und die Mischung, die wir erhalten, außerhalb unserer Kontrolle liegt. Wir können unser Bestes geben, aber danach müssen wir den Siegen und Niederlagen, die uns das Leben beschert, mit Gleichmut begegnen und sie letztlich als Ursache für unsere früheren Handlungen und das Spiel des Göttlichen sehen und akzeptieren. In jedem Fall müssen wir sie, nachdem wir unser Bestes gegeben haben, als vorbestimmt akzeptieren, aufhören, uns darüber aufzuregen, und unser Leben und unsere Pflichten weiterführen.

Krishna bittet uns, unsere Arbeit als Dienst an Ihm zu verrichten, Ihn als unser Ziel zu betrachten und Anhaftung und Feindseligkeit gegenüber einem Seiner Geschöpfe aufzugeben.[161] Wir können uns aus verschiedenen Gründen mit anderen Wesen verbunden fühlen oder ihnen feindlich gegenüberstehen. Krishna bittet uns, sie alle nur als Abwandlungen von Ihm selbst zu sehen. Wenn sie zu uns kommen, behandeln wir sie freundlich; wenn sie uns meiden, akzeptieren wir das; wenn sie den Konflikt mit uns suchen, erwidern wir das nicht. Stattdessen versuchen wir, die Konfrontation zu entschärfen, indem wir herausfinden, warum sie sich von uns bedroht fühlen, und vor allem: Wir fangen niemals einen Konflikt von unserer Seite aus an.

Ein wesentlicher Aspekt von *bhakti* ist unsere Fähigkeit zur Hingabe. So heißt es in Naradas *Bhakti Sutra*, dass wahre *bhaktas* weder die Ausführenden ihrer eigenen Handlungen sind noch für irgendeinen Gewinn handeln.[162] Sie würden sich stattdessen hingeben wie Blätter, die vom Wind des Göttlichen bewegt werden. Shri Aurobindo bestätigt dies, indem er sagt, dass die Yogini zur Seite treten und das Göttliche das Yoga durch uns aufnehmen lassen muss.[163] Während wir diese

---

161 Bhagavad Gita XI.55
162 Swami Tyagisananda, Narada Bhakti Sutras, S. 81
163 Sri Aurobindo, The Synthesis of Yoga, S. 629

Haltung Hingabe nennen, lehrt Aurobindo, dass es sich nicht um ein passives Loslassen handelt, sondern dass wir unser Wesen und unseren Willen in Einklang bringen müssen. Wenn Aurobindo den Begriff «Wille» verwendet, spricht er nicht von etwas, das wir für unseren Egoismus benutzen, was wir vielleicht als Wahl bezeichnen, sondern von einer höheren Kraft, die von Natur aus mit Gott in Einklang ist. Aurobindo glaubt, dass es nur einen Willen gibt: Gottes Wille. Wenn wir also diesen Willen aktivieren, der uns auf das Göttliche ausrichtet, öffnen wir uns für die Gnade.

Naradas *Bhakti Sutra* bestätigt, dass Gottes Gnade immer gegenwärtig ist; nur das Ego hindert uns daran, sie zu empfangen.[164] Dies ist eine grundlegende Erkenntnis. Weil unsere Vorstellungen vom Göttlichen immer noch vom Anthropomorphismus getrübt sind, stellen wir uns Gott als einen riesigen Menschen mit einem Ego vor, der jemandem, dessen Gesicht ihm nicht gefällt, launisch die Gnade verweigert. Aber Gott ist weder ein Mensch noch hat er ein Ego, dem er Gnade vorenthalten könnte. Gott ist reine Liebe, Akzeptanz und Lebensbejahung; daher strahlt sie Gnade für alle Wesen an allen Orten und zu allen Zeiten aus. Es ist unser eigenes, individuelles Ego, das den Empfang der Gnade behindert. In der *bhakti* geht es darum, unser Ego aus dem Weg zu nehmen, damit wir die Gnade empfangen können, die das Göttliche ständig ausstrahlt. Das Ziel dabei ist, dass das Göttliche das Yoga durch uns ausführt, anstatt dass unser Ego das Yoga ausführt. Das Ego erschwert das Yoga, weil es versucht, uns Vorteile und Nutzen zu verschaffen, und so den Sinn des Yoga besudelt.

Ich möchte diesen Abschnitt mit einer Auflistung der Qualitäten abschließen, die für *bhakti* notwendig sind und die

---

164 Swami Tyagisananda, Narada Bhakti Sutras, Sri Ramakrishna Math, Chennai, 2001, S. 124

KAPITEL 4

Shri Ramanujacharya, der hinduistische Theologe aus dem 11. Jahrhundert, aufzählt. Ramanuja listet sie wie folgt auf:

- Unterscheidungsvermögen (die Fähigkeit, das Wirkliche vom Unwirklichen und das Wesentliche vom Unwesentlichen zu unterscheiden)
- Wunschlosigkeit (Wünsche stehen der Hingabe im Weg, denn sie zu haben bedeutet, dass wir weiterhin unserer eigenen Agenda folgen)
- Praxis (*bhakti* hat eine aktive Komponente und besteht nicht nur aus Loslassen und Hingabe)
- Dienst an anderen (ein Diener des Göttlichen zu sein, bedeutet, ein Diener aller Wesen zu sein; es hilft uns, unsere Selbstbezogenheit zu überwinden)
- Reinheit (das Nicht-Einlassen auf mentale, emotionale, spirituelle und körperliche Gifte)
- kein Bedürfnis nach Unterhaltung (wenn du mit dem Göttlichen in Verbindung trittst, ist keine Unterhaltung erforderlich; wenn du darauf bestehst, unterhalten zu werden, widersetzt du dich der Kommunion mit dem Göttlichen)

Natürlich legt Ramanuja die Messlatte hier sehr hoch, und diese Liste spiegelt die hohen Standards der alten *bhakti*-Autoritäten wider. Eine solche Liste könnte moderne Leser:innen abschrecken, weil sie einen solchen Standard als unerreichbar empfinden könnten. Ich habe die Liste dennoch aus zwei Gründen vorgelegt. Den einen kann man als archäologisch bezeichnen, d.h. ich möchte die historischen Wurzeln von *bhakti* genau darstellen und zeigen, wie es damals war. Den zweiten Grund kann man einen abgestuften Ansatz nennen. Man könnte sich angesichts dieser Anforderungen unzulänglich fühlen und davor zurückschrecken, aber wenn man sie im Geiste der Selbstakzeptanz und Selbstanalyse betrachtet, ist die Liste dennoch hilfreich. Ich lese sie von

Zeit zu Zeit durch und finde immer wieder den einen oder anderen Bereich, in dem ich mich verbessern könnte, ohne mich selbst schlechtzumachen. Ich betrachte Ramanujas Liste nicht als Vorbedingung, die erfüllt sein muss, bevor ich mit *bhakti* beginne, sondern als eine dynamische Liste, anhand derer ich meine Fortschritte beurteilen kann, während ich allmählich reifer werde.

ARTEN UND FORMEN VON BHAKTI

In diesem Abschnitt geht es um die traditionellen Formen des *Bhakti* Yoga, also darum, wie *bhakti* in der Vergangenheit gelehrt wurde. Es gibt erhebliche Unterschiede in den Ansätzen, und laut dem *Bhagavata Purana* liegt das daran, dass sich die Einstellungen und Neigungen der einzelnen *bhaktas* je nach Dominanz bestimmter *gunas* (Eigenschaften, d.h. die Mischung aus Intelligenz, Energie und Masse in einer Person oder einem Objekt) in ihnen unterscheiden.[165] Um diese Aussage zu vereinfachen: Unterschiedliche Persönlichkeiten benötigen unterschiedliche Arten der *bhakti*-Praxis. Die definierende Liste der Formen von *bhakti* sind die sogenannten neun Glieder der *bhakti* aus dem *Bhagavata Purana.*[166] Sie bestehen aus:

- *Shravana:* Das Hören von den Taten des Göttlichen, meist in Form von *avataren*. Dieses Glied wird als Hören bezeichnet, weil die Geschichten früher mündlich überliefert wurden. In der heutigen Welt würden wir das Lesen von heiligen Texten diesem Glied zuordnen. Durch das Lesen bin ich zum ersten Mal mit *bhakti* in Berührung gekommen. Es ist von entscheidender Bedeutung, wenn wir unser *ishtadevata* wählen wollen,

---

165 Bhagavata Purana III.29.7
166 Bhagavata Purana III.25.25

die für uns angemessene Form des Göttlichen für den Zweck der Verehrung. Patanjali sagt im *Yoga Sutra*, dass wir herausfinden, welche göttliche Form für uns geeignet ist, indem wir heilige Texte (der verschiedenen *ishtadevatas*) lesen.

- *Kirtana*: Dies beinhaltet das Singen und Chanten von *mantras* usw., die mit einer für uns geeigneten Form des Göttlichen verbunden sind. Es wird oft in Gruppen durchgeführt und ist dann besonders hilfreich für extrovertierte Menschen, denen die einsame Meditation über das Göttliche schwerfällt.
- *Smarana*: Die Erinnerung an das Göttliche. Dieser wichtige Aspekt sollte den ganzen Tag über und wann immer möglich praktiziert werden. Es ist die ideale Intervention in einer Krise. Wann immer du dich in einer kritischen Situation befindest, erinnere dich daran, dass du alles, was du tust, für Gott tust und nicht für dich selbst. Ich habe mir angewöhnt, vor dem Einschlafen, beim Aufwachen und wann immer ich nachts aufwachen sollte, an das Göttliche zu denken. Ich habe diese Praxis als sehr hilfreich empfunden. Während das Erinnern normalerweise mit einem Symbol, d.h. einem vereinfachten Bild, geschieht, ist es eine gute Übung, sich mindestens einmal am Tag an das Höchste Wesen in seiner Gesamtheit zu erinnern, d.h. an die verschiedenen Aspekte des Göttlichen, wie den transzendenten Gott als unendliches Bewusstsein, den immanenten Gott als kosmische Intelligenz, das Universum als kristallisierter Körper des Göttlichen, alle Wesen und alle Objekte als Ausdruck des grenzenlosen kreativen Potenzials des Göttlichen. Eine traditionelle Form der Praxis besteht darin, sich durch das Rezitieren der Namen des Göttlichen mittels *mantra japa* zu erinnern.

- *Padasevana:* Dienst zu Füßen des Göttlichen, aber auch, die ganze Welt als Teil (*pada*) des Göttlichen zu sehen und dem Göttlichen durch alle Wesen zu dienen. Da wir alle weltweit unterschiedliche Rollen spielen, kann unser *padasevana* sehr unterschiedlich sein. Es geht darum, unser *svabhava* (Gesetz des eigenen Seins) und *svadharma* (Gesetz des eigenen Werdens) in der Meditation zu erfahren und alle unsere Handlungen dem Göttlichen zu widmen. Im nächsten Kapitel, dem über *Karma* Yoga, werden wir diese Konzepte ausführlich behandeln. Unsere berufliche Tätigkeit üben wir idealerweise im Sinne einer Opfergabe an das Göttliche aus.
- *Archana:* Rituelle Anbetung. Bei *archana* handelt es sich um eine rituelle Opfergabe an das Göttliche, in der Regel vor einem visuellen Abbild des Göttlichen. Ich praktiziere dies, indem ich meine Yogapraxis, einschließlich *asana, pranayama,* Meditation usw., immer vor einer visuellen Darstellung des Göttlichen im Sinne einer Opfergabe ausführe. So entsteht das Gefühl, Yoga nicht für sich selbst, sondern als Geschenk an das Göttliche zu praktizieren. Für diejenigen, die das Göttliche nicht visuell darstellen können, kann ein Symbol angemessen sein. Das Wichtigste ist, dass du jede Version von *archana* mit einem authentischen Gefühl der Liebe zum Göttlichen ausführst. Wenn sie zu einem leeren Ritual wird, ist sie tot. Der Unterschied wird deutlich, wenn wir Gott nicht mehr in den Menschen sehen können, zu denen wir komplizierte Beziehungen haben, vor allem in Feinden oder Menschen, denen wir uns feindlich gesinnt fühlen. Gerade in diesen Menschen müssen wir Gott am dringendsten sehen.
- *Vandana:* Begrüßung. Wann immer wir ein anderes Wesen mit gefalteten Händen grüßen, müssen wir bewusst das Göttliche in ihm grüßen. Das ist die Kraft des *namaste*. Es bedeutet, dass ich Gott in dir

grüße, weil ich Gott in dir sehen kann. Und wenn ich Gott nicht in dir sehen kann, werde ich mich immer wieder daran erinnern, bis ich es kann. Es bedeutet auch, dass wir Gott in der Sonne, dem Mond, dem Sternenhimmel, den Wolken, dem Ozean, den Flüssen und Seen, den Gebirgen, Wäldern, Bäumen und Tieren sehen sollten. Im Idealfall stehen wir täglich in Ehrfurcht und Verzückung vor der gesamten Natur als dem kristallisierten Körper Gottes mit all seinen Wesen darin. Das ist der beste Ansatz für *vandana*.

- *Dasyam:* Dienst, Sklaverei. Hier beginnen die fortgeschritteneren Schichten von *bhakti*. Wir kultivieren die Haltung, ein Diener oder, radikaler ausgedrückt, ein Sklave des Göttlichen zu sein. Das ist eine wichtige Übung, um den Einfluss des Egos auf uns zu verringern. Die *bhakta* nimmt jede Form der Demütigung oder Beschämung dankbar an. In solchen Situationen ist es gesund, zu sehen, wie unser Ego zusammenzuckt und sich wie ein Wurm im Schlamm windet. Damit können wir Distanz und Disidentifikation vom Ego üben. Krishna sagt, dass derjenige, der in Ruhm und Schande gleich ist, ein Yogi ist. Wir sind nicht hier, um zu herrschen und zu dominieren, sondern um zu dienen.
- *Sakhyam:* Kameradschaft mit dem Göttlichen, aber auch alle anderen Formen von Beziehungen, die wir mit dem Göttlichen haben können, wie z.B. der Spielkamerad, der Liebhaber oder sogar die Eltern des Göttlichen zu sein. Das erfordert vom Gottergebenen ein hohes Maß an Begeisterung und sollte besser auf später verschoben werden.
- *Atmanivedana:* Die völlige Hingabe an das Göttliche. Der Höhepunkt von *bhakti*, beschrieben in den abschließenden Versen des 18. Kapitels der *Bhagavad Gita*. Ich werde sie weiter unten unter dem Ziel von *bhakti* behandeln.

Die obige Liste aus dem *Bhagavata Purana* wird normalerweise als die neun Glieder der *bhakti* bezeichnet. Es gibt auch noch einen zweiten Namen, *saguna bhakti*, das heißt *bhakti* mit Form.[167] Mit Form deshalb, weil die neun Glieder implizieren, dass wir eine formale Yoga-Praxis ausüben. *Saguna bhakti* wird dann der *nirguna* (formlosen) *bhakti* gegenübergestellt, die auch unter einem zweiten Namen bekannt ist: *prema bhakti*, d.h. liebende Hingabe. *Prema bhakti* wird als angemessen für fortgeschrittene Seelen angesehen. Es ist die Praxis der spontanen, liebevollen Hingabe an das Göttliche, die nicht die Unterstützung der oben genannten Glieder benötigt. Dass dies so ist, wird auch in Naradas *Bhakti Sutra* anerkannt, in dem es heißt, dass *bhakti*, d.h. Hingabe, nur ein Mittel ist, das von der höchsten Liebe (*prema*) zu unterscheiden ist.[168] Das bedeutet, dass Narada *bhakti* als die Praxis und *prema*, die Liebe, als das Ziel betrachtet.

Die obige Liste der neun Glieder der *bhakti* kommt mehrmals im *Bhagavata Purana* vor. Sie wird auch erwähnt, als der Dämonenkaiser Hiranyakashipu seinen Sohn fragt, was die besten Lektionen waren, die er während seiner Ausbildung gelernt hat.[169] Das *Bhagavata Purana* bietet aber auch eine verkürzte sechsgliedrige hingebungsvolle Praxis an, die die Begrüssung, das Lob, die Hingabe aller Handlungen, den Dienst und das Hören umfasst.[170] Diese einleitende Liste lässt vor allem die letzten drei fortgeschritteneren Aspekte der neungliedrigen Liste aus.

Naradas *Bhakti Sutra* wählt eine andere Klassifizierungsmethode und kommt zu 11 Arten von *bhakti*.[171] Sie sind:

---

167 Bhagavata Purana III.32.37
168 Swami Tyagisananda, Narada Bhakti Sutras, S. 132
169 Bhagavata Purana VII.5.23-24
170 Bhagavata Purana VII.9.50
171 Naradas Bhakti Sutra, Strophe 82

- die Verherrlichung des Göttlichen
- die Schönheit des Göttlichen erkennen
- Anbetung
- Erinnerung
- Dienst
- ein Freund des Göttlichen sein
- in die Rolle eines Kindes des Göttlichen schlüpfen
- die Rolle des Ehepartners oder Liebhabers des Göttlichen übernehmen
- vollständige Hingabe
- vollständige Absorption
- den Schmerz der Trennung vom Göttlichen spüren

Im *Bhagavata Purana* werden die Verherrlichung des Göttlichen, die Anbetung, das Erinnern, der Dienst und die völlige Hingabe aufgezählt. Die Rolle eines Freundes, eines Kindes oder eines Liebhabers des Göttlichen, kann von einem bestimmten Gottergebenen übernommen werden, weil es seiner Natur entspricht. Arjuna im *Mahabharata* war Krishnas Freund. Die *gopis* von Vrindavan unterhielten eine erotische Beziehung zu Krishna, die jedoch nie fleischlich vollzogen wurde. Shri Ramakrishna verkündete, dass die Annahme der Rolle des Kindes des Göttlichen für alle geeignet sei, obwohl er auch Phasen hatte, in denen er andere Rollen einnahm. Es gibt keine Einschränkung, in einer der oben genannten Haltungen zu bleiben. Entscheidend ist, dass man die Nähe zum Göttlichen erlangt.

Einige Kommentatoren beschränken die Formulierung «die Schönheit des Göttlichen erkennen» im *Bhagavata Purana* auf das Erkennen der betörenden Schönheit Krishnas. Gleichzeitig heißt es aber an jeder Ecke, dass das ganze Universum als der Körper des Göttlichen zu sehen ist. Mit anderen Worten: Wir müssen die Schönheit des Göttlichen in der gesamten Natur erkennen. Viele von uns haben heute einen Sinn für die Schönheit der Natur, aber oft erkennen wir nicht, dass diese Schönheit in der Natur ein Abbild der inneren Schönheit der göttlichen Schöpferin und der kreativen Kraft (Shakti) ist. Wir Menschen wären nicht in der Lage, diese Schönheit und Vollkommenheit zu erkennen, wenn das Göttliche uns nicht mit seinem Sinn für Schönheit ausgestattet hätte. Es reicht also nicht aus, etwas als schön zu empfinden, sondern wir müssen auch erkennen, dass es die essentielle Schönheit Gottes darstellt.

Vollständige Absorption in das Göttliche kann derjenige erreichen, der formalen *samadhi* auf das Göttliche praktiziert. Ramanuja empfiehlt diesen Weg, und auch Patanjali sagt im *Yoga Sutra*, dass die Kraft der Absorption (*samadhi*) aus der Ergebenheit an das Göttliche kommt.[172] Es ist eine fortgeschrittene Methode für diejenigen, die formelles Yoga der Konzentration (*Raja* Yoga) praktizieren. Während Patanjali bei den möglichen Objekten für die Meditation oder Konzentration großzügiger ist, akzeptiert Ramanuja nur das Göttliche als Meditationsobjekt.

Eine solche Absorption ist eine Technik, die für diejenigen geeignet ist, die formale Konzentrations- und Meditationsübungen beherrschen, d.h. für diejenigen, die zum *Raja* Yoga neigen. Den Schmerz des Getrenntseins vom Göttlichen zu spüren, ist etwas für diejenigen, die ein überwiegend emotionales Temperament haben, also für *bhaktas*. Wir sollten jedoch bedenken, dass all diese Techniken für einen schnellen Erfolg auch mit *Jnana* und *Karma* Yoga kombiniert und integriert werden müssen. Wir sollten uns von solchen Bezeichnungen nicht davon abhalten lassen, ein ganzheitliches und integriertes *Maha* Yoga zu praktizieren (das große, universelle Yoga, das alle yogischen Disziplinen umfasst).

Im *Bhagavata Purana* begegnen wir Figuren wie Vidhura oder Udhava, deren Gesichter jedes Mal in Tränen aufgelöst sind, wenn sie Krishna treffen oder sich von ihm verabschieden.

---

172 Yoga Sutra II.43

Ebenso können uns extreme Ekstase oder extreme Konzentration in einen Zustand des Hochgefühls versetzen, wie auch extremer Kummer und Trennungsschmerz. Ein weiterer Vertreter der emotionalen Schule der *bhakti* war der bengalische Mystiker Chaitanya Mahaprabhu aus dem 15. Jahrhundert, der *prema priti bhakti*, selbstverleugnende Liebe und freudiges Dienen, lehrte.[173] Er lehrte auch, dass die höchste Form von *priti bhakti* den Charakter unerlaubter Liebe hat, weil du wie die *gopis* wegen deines göttlichen Wahnsinns alles riskierst, auch die Zensur der Gesellschaft. Auch bei *priti bhakti* gibt es acht Stufen.[174]

Auf der anderen Seite lehrt Shri Aurobindo, dass *bhakti* in Verbindung mit *jnana*, d.h. der wissenden Erkenntnis des Göttlichen, die höchste *bhakti* ist.[175] Diese Ansicht wird von vielen indischen Theologen unterstützt, darunter Madhusudana Sarasvati, der lehrte, dass *bhakti* durch Wissen über das Göttliche und seine Eigenschaften unterstützt werden muss.[176] Alle Schulen der *bhakti* haben jedoch eines gemeinsam: In ihrer höchsten Ausprägung, ob in Verbindung mit *jnana* oder extremer Emotionalität, verlangt der *bhakta* nicht nach einer Belohnung, wie z.B. Befreiung, sondern will nur dem Göttlichen dienen.

WEIHUNG

Die Einweihung in das innere Heiligtum von *bhakti* beginnt, wenn wir unser Leben dem Göttlichen weihen. Weihen bedeutet hier, dass wir unsere Handlungen mit Gott im Sinn und als Geschenk für Gott ausführen. Es bedeutet nicht unbedingt, dass wir andere Dinge tun, aber allmählich werden wir uns

---

173 Swami Tapasyananda, Srimad Bhagavata, Bd. 3, S. 16
174 Swami Tapasyananda, Srimad Bhagavata, Bd. 3, S. 20
175 Sri Aurobindo, Essays on the Gita, S. 284
176 Swami Tapasyananda, Srimad Bhagavata, Bd. 3, S. 16

bei allem, was wir tun, mehr und mehr fragen: Gefällt das, was ich hier tue, tatsächlich Gott? Krishna sagt, dass Er alles, was wir Ihm aufrichtig darbringen, gerne annimmt, selbst wenn es nur Wasser oder ein Blatt ist. Es geht nicht darum, dass eine Handlung ausgefallen, extrem oder sonderbar sein muss; es kommt auf die Aufrichtigkeit und die Haltung an, mit der wir sie ausführen. So heißt es in Naradas *Bhakti Sutra*, dass die Aufgabe der bisherigen Lebensweise die Hingabe aller Aktivitäten, auch der weltlichen, an Gott bedeutet.[177]

Das *Bhagavata Purana* stimmt dem zu, wenn es sagt, dass alle Handlungen Gott geweiht werden, indem man sie als Gabe darbringt.[178] Wichtig ist, dass wir alle Wesen als Kinder des Göttlichen sehen und anerkennen, wenn wir unsere Handlungen zu einer Gabe machen. Jesus Christus sagt dazu: «Wenn du eine Gabe auf den Altar legst und in deinem Herzen einen Groll gegen deinen Bruder hegst, ist deine Gabe nicht willkommen, denn sie würde den Altar verunreinigen. Geh hin und versöhne dich zuerst mit deinem Bruder, dann ist deine Gabe willkommen».[179] Erinnere dich daran, dass Krishna im zwölften Kapitel der *Bhagavad Gita* gesagt hat, dass diejenigen, die Ihm lieb sind, Freunde und Feinde gleichermaßen behandeln und niemanden fürchten, aber auch niemanden einschüchtern. Die Grundlage für die Weihe ist, dass wir alles und jeden als Gott sehen. Dann ist die Weihe leicht.

Im *Bhagavata Purana* lehrt das Göttliche, dass wir all unsere weltlichen Bemühungen auf Gottes Zufriedenheit ausrichten sollten, anstatt unsere eigenen Ziele zu verfolgen.[180] Das wird als die Hingabe der Früchte der eigenen Handlungen, *tyaga-karma-phalah*, bezeichnet. In dem Moment, in dem

---

177 Narada Bhakti Sutras, Strophe 8
178 Bhagavata Purana III.25.25
179 Matthäus 5:23-25
180 Swami Tapasyananda, Srimad Bhagavad Gita, Bd. IV, S. 66

wir uns darauf konzentrieren, sind wir von der Angst vor dem Versagen befreit. Das Ergebnis der Handlung wird an das Göttliche übergeben. Wir tun unser Bestes und nehmen Misserfolge, Triumphe, Ruhm oder Demütigungen hin, wie auch immer sie kommen.

Aber es gibt noch eine höhere Ebene der Weihe. Das *Bhagavata Purana* geht auf diese nächste Ebene ein, wenn es verkündet, dass wir alles, was wir mit unserem Körper, unserer Sprache und unseren Gedanken tun, dem Göttlichen darbringen sollten, sowohl in Bezug auf das Ergebnis (die Frucht) als auch auf das Handlungsgefühl.[181] Das bedeutet, zu erkennen, dass es in Wahrheit die göttliche Schöpferkraft (Shakti oder *prakriti*) ist, die alles durch uns tut und nicht wir selbst. Krishna drückt dies in der *Bhagavad Gita* aus, wenn Er sagt: «Alle Handlungen werden von Meiner *prakriti* ausgeführt, nur ein Narr glaubt, der Handelnde zu sein».[182] Dieser Vers und viele andere erklären, dass das Handeln beim Göttlichen liegt und nicht bei uns. Denk mal kurz darüber nach: Wenn du isst, verstoffwechselst du dann die gegessene Nahrung? Nein, das macht der Körper, auch wenn du schläfst. Atmest du deine Lunge? Nein, das macht wieder der Körper, auch wenn wir unbewusst sind. Schlägst du dein Herz? Es scheint von selbst zu schlagen, die meiste Zeit ohne dass wir es bemerken. Denkst du deine Gedanken? Bis vor kurzem hätten die meisten von uns das bejaht, aber jetzt sagen uns Neurologen, dass sie, wenn sie uns Fragen stellen, während unser Gehirn verdrahtet ist, sehen können, wie Neuronen feuern, Sekunden bevor wir uns eines Gedankens oder einer Entscheidung bewusst werden, d.h. dass Gedanken erzeugt werden, ohne dass wir uns dessen bewusst sind. Alles in allem bedeutet das, dass wir nicht die Handelnden sind, und dass es eine gesunde Einstellung ist,

---

181 Bhagavata Purana XI.2.36
182 Bhagavad Gita III.27

das Gefühl, das wir der Handelnde sind, aufzugeben. Die Aufgabe des Handlungsgefühls ist die letzte Stufe der Weihe, der Moment, in dem wir akzeptieren, dass wir von Gott gelenkt werden, die durch uns handelt. Wenn dies vollständig und bewusst akzeptiert wird, können wir zu bewussten Gefäßen und Kanälen für das Göttliche werden.

GOTTVERWIRKLICHUNGEN UND DIE INTELLEKTUELLE LIEBE ZU GOTT

Shri Aurobindo sagt in *Essays On The Gita*, dass jeder, der Gott in allem liebt, in Gott lebt und handelt.[183] Aber wie können wir Gott in allem lieben? Das können wir nur, wenn wir das Göttliche in allem und jedem kennen und erkennen. Andernfalls wird die Liebe zu Gott in allem zu einem sektiererischen Dogmatismus, der unsere oberflächliche Persönlichkeit und unser Verhalten nicht verändern wird. Krishna beantwortet die Frage, wie wir Gott in allem lieben können, mit einer Antwort, die den Höhepunkt des sechsten Kapitels der *Bhagavad Gita* bildet. Dies ist das Kapitel über *Raja* Yoga und die Meditation über das Göttliche, aber es bildet auch den Abschluss der gesamten ersten sechs Kapitel der *Gita*. Krishna erklärt, dass diejenigen Yogis am stärksten in der Gemeinschaft mit Ihm verankert sind, die mit ihrem Selbst in Sein Wesen eintreten, angetrieben von Liebe und *shraddha* (Intuition-Erinnerung).[184] Er ermahnt uns, unseren eigenen *atman* (das Selbst) durch Liebe und *shraddha* in Verbindung mit dem göttlichen Wesen zu bringen. Der Begriff *shraddha* wird oft unpassend mit «Glaube» übersetzt, aber wie Aurobindo dargelegt hat, bedeutet er, sich daran zu erinnern, dass wir mit dem Göttlichen eins waren, bevor wir unsere fast unendliche Abfolge von Verkörperungen begonnen haben, die sich über mehrere Weltzeitalter erstreckt. Am anderen

---

183 Sri Aurobindo, Essays on the Gita, S. 246
184 Bhagavad Gita VI.47

Ende der Zeitachse können wir eine Intuition haben, dass wir nach Milliarden von Verkörperungen in die Umarmung des Göttlichen zurückkehren werden. Die Kombination aus Erinnerung und Intuition wird als *shraddha* (Intuition - Erinnerung) bezeichnet. Sie dient als innerer Kompass, um den Ozean der konditionierten Verkörperung zu durchqueren.

Dieses *shraddha*, kombiniert mit Liebe, bringt unseren *atman*, unser inneres Selbst, in Gemeinschaft (und nicht in Vereinigung) mit dem göttlichen Wesen. Es ist wichtig, hier zwischen Vereinigung und Gemeinschaft zu unterscheiden. Die Vereinigung mit dem Göttlichen ist unser Zustand vor und nach dem Eintritt in die Weltzeitalter-übergreifende Abfolge von Verkörperungen. Dazwischen können wir mehr oder weniger kurze Einblicke in die Vereinigung haben, aber nur während mystischer Zustände, wenn das Ego und der Geist vorübergehend außer Kraft gesetzt sind. Da wir Ego und Geist brauchen, um zu überleben und den göttlichen Zweck unserer Verkörperungen zu erfüllen, ist das Höchste, was wir anstreben können (während wir unseren Verkörperungszyklus durchlaufen), die Gemeinschaft. Gemeinschaft bedeutet, dass sich unser tiefstes Selbst in einem dauerhaften Zustand der glückseligen Anbetung des Göttlichen befindet, während unser oberflächliches Selbst weiterhin funktioniert und dem Göttlichen in der Welt dient.

Diese Verbundenheit mit dem göttlichen Wesen ist weit entfernt von Glauben und Überzeugungen. Weil Glaube und Überzeugung statische Zustände sind, die nicht falsifizierbar sind (d.h. wir können nicht wissen, wann wir uns irren), führen sie oft zu falschen Konzepten (z.B. dass wir glauben, dass wir Ungläubige töten sollten, um Gott zu gefallen). Dadurch können sie dann für die vielen Gräueltaten verantwortlich sein, die im Namen der Religion im Laufe der Geschichte begangen worden sind. Wenn wir uns auf Glauben und Überzeugungen verlassen, wie erfahren wir dann, wenn diese fehlgeleitet sind? Die vielen heiligen Kriege, Kreuzzüge, Hexenverbrennungen, heiligen Inquisitionen und die Ermordung und Folterung von Ketzern und Ungläubigen sollten uns zeigen, dass bloßer Glaube und Überzeugung nicht genug sind. Diese historischen Irrtümer können auch nicht allein durch *bhakti* verhindert werden, denn unsere eigenen Emotionen können uns signalisieren, dass wir, wenn wir Gott lieben, unsere Liebe durch das Töten von Ungläubigen zeigen sollten. Aber diese Fehlentwicklungen können verhindert werden, indem *bhakti* in *jnana* (Wissen) und *buddhi* (Intelligenz) eingebettet wird.

Die *Bhagavad Gita* listet drei Arten von zusammengesetzten Anwendungen von *bhakti* und *jnana* auf. Wir könnten sie Gottverwirklichungen oder Offenbarungen des Göttlichen nennen.[185] Sie heißen *ekatva* - Einheit, *prthaktva* - Verschiedenheit und *bahudha* - Vielheit. Sie müssen anfangs nacheinander verwirklicht, später aber gleichzeitig angewandt werden, damit unsere *bhakti* frei von egoistischen Makeln bleibt. Egoistischer Makel bedeutet hier, dass wir unsere vermeintliche Ergebenheit an das Göttliche nutzen, um Macht, Ruhm und Reichtum zu erlangen, indem wir Menschen unter Berufung auf religiöse und spirituelle Motive in einen Konflikt mit anderen verwickeln.

Ekatva bedeutet, die Einheit des tiefen, unverkörperten Selbst, des *atman*, mit dem transzendenten Aspekt des Göttlichen zu erkennen. *Prthaktva* bedeutet, zu wissen, dass wir uns von der göttlichen Schöpferkraft, der Shakti oder kosmischen Intelligenz, unterscheiden. Der Unterschied in der Feuerkraft zwischen der Shakti und unserer eigenen Intelligenz, die auf den Chip zwischen unseren Ohren beschränkt ist, ist enorm. Ebenso ist der Größenunterschied zwischen unserem Körper und dem Kosmos als dem kristallisierten Körper Gottes offensichtlich. Es gibt eine deutliche Trennung zwischen dem, was unser materielles und intelligentes Wesen tun kann, und dem, was Gottes materielles und intelligentes Wesen, die Shakti, zu tun imstande ist. Die dritte Gotteserkenntnis ist *bahudha* -

---

185 Bhagavad Gita IX.15

Vielfältigkeit. Es bedeutet zu sehen, wie der immanente Gott zur Vielheit aller Wesen und Objekte geworden ist, in ihnen allen wohnt, sie belebt und ihnen ihre Eigenschaften verleiht. Unsere *bhakti* kann nur dann vollständig werden, wenn wir all diese drei Verwirklichungen ständig sehen können oder uns zumindest an ihre Gültigkeit erinnern, bevor wir wichtige Entscheidungen treffen.

Am Ende des 18. Kapitels der *Gita* stellt Krishna dieselben Tatsachen noch einmal in anderen Worten dar.[186] Hier sagt uns Krishna, dass wir die Ergebnisse aller Handlungen und den Sinn für das Handeln geistig an Ihn übergeben, intensive Hingabe und Kommunion der intellektuellen Liebe zu Ihm praktizieren und unseren Geist immer auf Ihn fokussieren sollen. Ich habe Swami Tapasyanandas Übersetzung von *buddhi yoga* als «intellektuelle Liebe zu Gott» dankbar angenommen. Diesen schönen Begriff hat der Swami von dem niederländischen Philosophen Spinoza aus dem 17. Jahrhundert übernommen. Der Begriff impliziert, dass wir über die emotionale Ohnmacht der Liebe hinausgehen und den Wunsch haben, Gott so gut wie möglich zu kennen, zu verstehen und zu begreifen (unabhängig vom Ergebnis). Deshalb sagt Krishna an anderer Stelle: «Lass deinen Geist auf Mir ruhen und lass deinen Intellekt (*buddhi*) in Mich eindringen».

Das *Bhagavata Purana* unterstützt diesen Ansatz und veranschaulicht die bereits erwähnte *bahudha* (Vielheit) Version von *bhakti*, indem sie vorschlägt, dass wir die gesamte Natur, einschließlich Himmel, Luft, Feuer, Wasser, Erde, Sterne, Lebewesen, Bäume, Flüsse und Ozeane, als den Körper Gottes anerkennen und sie vor ihnen kniend mit intensiver Liebe und Ergebenheit als Emanationen des Göttlichen begrüßen sollten.[187] Es ist diese Haltung, die die indigenen Völker lange Zeit

---

186 Bhagavad Gita XVIII.57

187 Bhagavata Purana XI.2.41

praktizierten und für die sie von der modernen industriellen Menschheit als Wilde verspottet wurden. Selbst als ich in den 1980er Jahren Vergleichende Religionswissenschaft studierte, galt der Animismus noch als die Religion der Primitiven. Primitiv, weil wir unser überkosmisches und anthropomorphes Gottesbild, das nach unserem eigenen Bild geschaffen wurde, für so überlegen halten. Erst jetzt beginnen wir allmählich zu verstehen, dass es genau die Ehrfurcht und der Respekt sind, mit denen die einstigen Primitiven die Natur betrachten, uns davon abhalten, sie zu missbrauchen, zu nötigen und zu kontrollieren. Und es ist dieser Missbrauch, diese Nötigung und Kontrolle der Natur, die uns letztendlich immer näher an den gähnenden Abgrund des ökologischen Holocausts und des Ökozids bringt.

Natürlich ist es möglich, in Harmonie mit der Natur und der gesamten Schöpfung zu leben, und zwar durch liebevolle Ergebenheit an den Geist, der alles erschafft, unterstützt und in allem existiert. Diese liebende Hingabe, *bhakti*, ist möglich, wenn man sich diesem Geist hingibt. Shri Aurobindo sagt also, dass wir, weil wir in unserer geheimen Essenz eins mit dem Göttlichen sind, zu Seinem Ebenbild heranwachsen und uns nach Seinem Ebenbild entwickeln können, d.h. Ihn nachahmen.[188] In einem solchen Prozess der Evolution wird unser oberflächliches Selbst durch die verschiedenen Gottesverwirklichungen, die wir erfahren, geprägt, strahlt nach außen und formt unser oberflächliches Selbst, sodass es liebevoll, unterstützend, vergebend und mitfühlend gegenüber allen wird. Am Anfang, wenn wir *bhakti* praktizieren, denken wir vielleicht hauptsächlich daran, Erfahrungen zu sammeln und zu empfangen.

Die meiste Zeit meines Lebens hätte man mich ganz profan als einen Junkie für mystische Erfahrungen bezeichnen

---

188 Sri Aurobindo, Essays on the Gita, S. 424

können. Allmählich entwickelt sich daraus ein Interesse daran, unsere niedere Natur, die auf Überleben, Erfolg, Erwerb, Ehrgeiz, Wettbewerb, Feindschaft und Gegnerschaft ausgerichtet ist, in den Wunsch zu verwandeln, einen Beitrag zum Göttlichen zu leisten. Aurobindo sagt dazu, dass unsere Erlösung (von unserem roboterhaften, konditionierten Oberflächenselbst) nicht ohne unsere Entwicklung in die göttliche Natur erfolgen kann.[189] Die Liebe zum Göttlichen ist wirksam, weil sie es uns ermöglicht, uns in die Ähnlichkeit mit dem Objekt unserer Anbetung zu entwickeln und die göttliche Liebe herabzurufen.

Die Herabrufung der göttlichen Liebe wird gewöhnlich als Gnade bezeichnet. Erinnern wir uns an die Aussage in Naradas *Bhakti Sutra*, die besagt, dass spirituelle Verwirklichung hauptsächlich auf die Gnade des Göttlichen zurückzuführen ist, die uns durch unsere eigene Anstrengung, unsere *sadhana* (Praxis), zur Verfügung steht.[190] Auch wenn dies zunächst wie ein Gegensatz erscheint, erkennen wir, dass spontane Verwirklichung und Gnade sowie die vorausgehende Arbeit, die sie ermöglicht, letztlich immer Hand in Hand gehen. Ich möchte diese Aussage betonen, da sie zu leicht übersehen werden kann. Gnade ist für unsere Entwicklung unerlässlich, aber sie wird durch unsere Praxis spiritueller Techniken, unsere *sadhana*, herabgerufen. Es ist *sadhana*, die uns verwandelt, nicht viel anderes.

REINE LIEBE UND EKSTASE

Wenn es uns gelingt, Gott in jedem Lebewesen zu sehen, dem wir begegnen, wird dies unsere sozialen Interaktionen tiefgreifend beeinflussen. Es wird unsere sozialen Interaktionen in Geschenke der reinen Liebe an Gott verwandeln, ohne eine

---

189 Sri Aurobindo, Essays on the Gita, S. 423
190 Swami Tyagisananda, Narada Bhakti Sutras, S. 170

Gegenleistung zu erwarten, wie es in Naradas *Bhakti Sutra* heißt.[191] Bemerkenswert ist, dass dieses Sehen Gottes überall nicht durch eine Belohnung motiviert ist, sondern dass wir lieben, weil wir nicht anders können, als Gott zu lieben. Diese Liebe erfüllt uns so sehr, dass sie überläuft und ein Ventil finden muss. Eine solche Liebe kann nicht durch bloße Entscheidung herbeigezaubert werden. Sie entsteht durch das Studieren, Verstehen und Akzeptieren der *bhakti*-Philosophie und durch die Verwirklichung, die durch *sadhana* (die Summe deiner Yogapraktiken) entsteht - mehr dazu in den folgenden Kapiteln.

Shri Aurobindo definiert *prema*, göttliche Liebe, als das Festhalten oder Aufrechterhalten der Ekstase, das Göttliche zu sehen. Dieses Festhalten setzt einen Akt des ständigen oder wiederholten Erinnerns über den ganzen Tag hinweg voraus. Dazu müssen wir uns auf den transzendentalen Aspekt des Göttlichen konzentrieren, das unendliche Bewusstsein, das sich in einer unendlichen Anzahl von Wesen durch den immanenten Gott als Prozess manifestiert. Dieser Prozess entwickelt sich ständig weiter, ohne jemals derselbe zu bleiben. Obwohl sie in eine Vielzahl von Formen aufgesplittert erscheint, bleibt der transzendente Gott immer unverändert. Das sagt Krishna. Wir müssen eine Haltung der Liebe gegenüber diesen Myriaden von Formen einnehmen, hinter denen wir immer das eine Göttliche erkennen. Diese Erkenntnis ist die Ekstase der Liebe.[192] Shri Aurobindo gibt diese umfangreiche Formel ebenfalls in verkürzter Form wieder. In *Records of Yoga* erklärt er, dass wir uns immer und überall der universellen Liebe zu dem Einen bewusst sein müssen.[193] Es ist hilfreich, die Kurzformel den ganzen Tag über zu verwenden, aber mindestens ein- oder zweimal am

---

191 Swami Tyagisananda, Narada Bhakti Sutras, S. 216
192 Debashish Banerji, Seven Quartets of Becoming, S. 334
193 Sri Aurobindo, Aufzeichnungen des Yoga, Bd. 2, Sri Aurobindo Ashram, Pondicherry, 2001, S. 1470

Tag müssen wir uns an das Göttliche in seiner Gesamtheit und in all seinen Aspekten erinnern.

Aurobindo vertritt die Ansicht, dass unsere Konzentration auf das Göttliche und die Erinnerung an das Göttliche aus einer komplexen Beziehung zwischen der Liebe zum Göttlichen, *prema*, und der Ekstase der Verwirklichung des Göttlichen, *ananda*, besteht. *Prema* ist die aktive Komponente dieser Beziehung, *ananda* ist die passive. Um *prema*, unsere Liebe zum Göttlichen, aufrechtzuerhalten, müssen wir uns um eine gleichmäßige Freude an allen Dingen bemühen. Diese Gleichheit oder Ebenmäßigkeit wird in der *Gita samata* genannt. Krishna fordert uns immer wieder auf, der Dualität von Freund und Feind, Ruhm und Schande, Sieg und Niederlage, Hitze und Kälte gegenüber gleich zu sein, indem wir erkennen, dass dies alles Gesichter sind, durch die Er zu uns spricht und die uns einladen, Ihn, die Einheit hinter allen Erscheinungen, zu sehen. Dies aufrechtzuerhalten ist der Zustand der Ekstase (*ananda*), und das ist die Quelle der Liebe (*prema*).

AUSWIRKUNGEN VON BHAKTI

Wir sollten keine Angst davor haben, dass *bhakti* streng und anstrengend sein könnte. Sie kann auch prächtig und freudig sein. In Naradas *Bhakti Sutra* heißt es, dass *bhakti* eine höchst ekstatische Erfahrung ist, ein unbestechlicher und ungetrübter Zustand absoluter Verzückung, Glückseligkeit und Seligkeit.[194] Das *Bhagavata Purana* unterstützt dies, indem es sagt, dass wir höchste Glückseligkeit durch einen ununterbrochenen Fluss der Liebe zu Gott erlangen.[195] Aurobindo erklärt, dass die Versenkung in das Göttliche nicht nur Frieden, sondern auch Glückseligkeit und Verzückung bringt.[196]

---

194 Swami Tyagisananda, Narada Bhakti Sutras, S. 56
195 Bhagavata Purana III.33.24
196 Sri Aurobindo, The Integral Yoga, S. 214

Die Intensität der Ekstase und Verzückung wird durch die Anziehungskraft unserer *bhakti* zum Göttlichen verursacht. So sagt Krishna, dass Ihn nichts so sehr anzieht wie intensive *bhakti*.[197] Er führt weiter aus, dass Er außerordentlich angetan ist von Gottesverehrern mit begeistertem Geist, sodass Sein Herz unter ihrer Kontrolle ist.[198] Das bedeutet, dass Er von der Liebe und Verzückung des in Ihm versunkenen Gottergebenen angezogen wird. Das wiederum löst in Ihm Verzückung aus, die wiederum die Ekstase der Gottesverehrerin verstärkt. Jetzt können wir verstehen, warum der bengalische Mystiker Chaitanya Mahaprabhu aus dem 14. Jahrhundert sagte, dass die höchste *bhakti* den Charakter einer unerlaubten Liebe hat, die die Zensur der Gesellschaft hervorrufen kann. Das liegt daran, dass es sich so gut anfühlt, das Göttliche mit solcher Intensität zu lieben, dass man irgendwie erwartet, dass es verboten oder illegal ist. Außerdem kann sie dazu führen, dass man sich vor Ekstase fast wie betrunken fühlt, was wiederum zu unberechenbarem Verhalten führen kann. Chaitanya Mahaprabhu sagt uns, dass dies der richtige Weg ist, den wir einschlagen sollten, und dass wir uns nicht davor fürchten sollten, was die Leute sagen. In der mystischen Poesie des zuvor erwähnten Sufi-Sehers Hafiz bezieht sich der Begriff «Wein» auf das Elixier der göttlichen Liebe. Der Begriff «Trunkenheit», wie er von Hafis verwendet wird, bezieht sich auf den Zustand, wenn dieses Elixier getrunken wird, und die «Taverne» ist der Code für die Gemeinschaft der ekstatischen Anhänger.

Wenn wir uns dieser Art der Versenkung in das Göttliche nähern, dürfen wir nicht durch irgendeine Form von Gewinn motiviert sein, wie z.B. spirituelle Befreiung, Erleuchtung usw. Wir sollen das Göttliche um seiner selbst willen lieben und nicht wegen der Ergebnisse, denn die motivlose Liebe

---

197 Bhagavata Purana XI.14.20
198 Bhagavata Purana IX.4.63

zum Höchsten Wesen ist der Befreiung überlegen, sagt das *Bhagavata Purana*.[199] Wenn überhaupt, dann sollte der Fokus auf der Verzückung liegen, die wir im Göttlichen auslösen, wenn wir unsere Liebe zu Ihr betrachten.

Das ultimative Ziel und Ergebnis von *bhakti* ist die Erkenntnis des Höchsten Wesens. Dass dies tatsächlich möglich ist, wird an verschiedenen Stellen gesagt. So sagt die *Bhagavad Gita*, dass das Höchste Wesen durch beständige und ausschließliche *bhakti* erlangt wird.[200] Für eine solche Ergebenheit ist ein Verständnis dafür erforderlich, wer und was das Höchste Wesen in seiner Gesamtheit ist. Andernfalls hätte Krishna den Begriff des Höchsten Wesens, Purushottama, hier nicht verwendet. Er hätte uns einfach raten können, Ihn, den *avatar* Krishna, zu visualisieren. Aber das hat Er nicht gesagt. Er benutzte den Begriff «Höchstes Wesen». Dieser Begriff umfasst das formlose Absolute, ein lebendiges und empfindungsfähiges kosmisches Wesen, das als kosmische Intelligenz und das gesamte materielle Universum verkörpert ist, das allen Wesen und Objekten Eigenschaften verleiht, Aspekte, die alle gleichzeitig in dem Begriff des Höchsten Wesens enthalten sind und darüber hinausgehen.

Zu Beginn des siebten Kapitels der *Bhagavad Gita* kündigt Krishna an, dass Er erklären wird, wie ein Mensch, der sich Ihm hingibt und in Liebe zu Ihm versunken ist, mit Hilfe von Yoga die volle Erkenntnis über Ihn erlangt.[201] Nach dieser Ankündigung stellt Krishna das essentielle Wissen, d.h. *jnana* (Selbstverwirklichung), das für Krishnas Zwecke unzureichend ist, dem umfassenden Wissen, *vijnana* (Gottesverwirklichung), gegenüber. Dieses *vijnana*, so Krishna, besteht darin, zu erkennen, dass Er eine niedere und

---

199 Bhagavata Purana III.25.33
200 Bhagavad Gita VIII.22
201 Bhagavad Gita VII.1

eine höhere schöpferische Kraft (*prakriti*) hat, von denen die niedere diejenige ist, die *Samkhya* und Patanjalis Yoga lehren. Die höhere *prakriti* ist diejenige, durch die das Höchste Wesen sich als eine Unendlichkeit von Wesen ausdrückt, die alle Bruchteile, Emanationen und Permutationen dieses einen Höchsten Wesens sind.

Krishna fährt dann fort, dass wir das Göttliche als Geschmack im Wasser[202], als Glanz im Feuer, als Leben in den verkörperten Wesen[203], als Intelligenz in den Klugen und als Heldentum in den Tapferen erfahren und begreifen müssen.[204] Außerdem sagt Er, dass Er die Kraft ist, die nicht durch Verlangen bestechlich ist und der Impuls, der im Einklang mit dem rechten Handeln steht.[205] Er sagt dann weiter, dass das Göttliche alle Qualitäten in der Natur ermächtigt und manifestiert (solange sie mit den göttlichen Idealen und Gesetzen übereinstimmen).[206] Wir können das Göttliche überall sehen und Ihm dienen, wenn wir diese Eigenschaften studieren und verstehen. Dazu müssen wir begreifen, dass alle oben genannten Eigenschaften (und viele weitere, die die *Gita* an mehreren Stellen aufzählt) im Höchsten Wesen enthalten sind. Das heißt, es sind Eigenschaften, die das Göttliche den Objekten und Wesen verleiht, um sie zu dem zu machen, was sie sind. Krishna präzisiert dies jedoch, indem Er sagt, dass zwar alle Objekte und Wesen in Ihm sind, Er [in Seiner Gesamtheit] aber nicht in ihnen ist.[207] Das bedeutet, dass wir erkennen müssen, dass alles, was existiert, seine Stütze und seinen Ursprung im Höchsten Wesen hat, aber an sich nur

---

202 Bhagavad Gita VII.8
203 Bhagavad Gita VII.9
204 Bhagavad Gita VII.10
205 Bhagavad Gita VII.11
206 Bhagavad Gita VII.12
207 Bhagavad Gita VII.12

einen winzigen Aspekt des Höchsten Wesens darstellt. Das Göttliche ist also nicht auf diese Eigenschaften beschränkt.

Erinnern wir uns daran, dass das Kapitel mit Krishnas Ankündigung begann, dass Er zeigen würde, wie jemand, der sich Ihm hingibt und in Liebe zu Ihm aufgeht, volle Erkenntnis über Ihn erlangt. Der Schlüssel dazu ist, Gott nicht nur als *avatar*, als Prophet, als überkosmischen anthropomorphen Herrscher zu sehen, der auf einer Wolke thront und uns den Rücken zuwendet, sondern zu erkennen, dass wir in Gott leben. Alles, was wir hören, sehen, riechen, berühren und fühlen, ist Gott (solange es mit dem göttlichen Gesetz und der göttlichen Ethik übereinstimmt) und muss als solches anerkannt werden. Wenn wir dies mit einer Haltung der Hingabe und Liebe gegenüber dem Göttlichen tun, können wir mit Ihr in Verbindung treten. Diese Haltung der Hingabe und Liebe ist zweifelsohne eine Herausforderung. In der Tat ist es ein sehr anspruchsvolles und forderndes Yoga. Aber wenn wir es erreichen, verspricht Krishna, dass Er uns als sein eigenes Selbst sehen wird.[208]

In den oben genannten Passagen fordert Krishna, dass alle Sinneserfahrungen so umgewandelt werden, dass der gesamte Kosmos und alle Objekte als Gott erlebt werden. Diese Umwandlung muss jedoch erfolgen, ohne das Göttliche auf den Kosmos zu reduzieren, denn einige Aspekte des Göttlichen, wie der transzendente Gott, sind nicht im Kosmos enthalten. In einer verwandten Passage fordert das *Bhagavata Purana*, dass dasselbe mit der Götterverehrung geschehen soll. Das *Bhagavata Purana* fordert uns auf, durch alle Gottheiten hindurch das Höchste Wesen allein zu verehren und nicht in die Falle zu tappen, irgendeine der Gottheiten mit dem Höchsten Wesen zu verwechseln.[209] Das Höchste

---

208 Bhagavad Gita VII.18

209 Bhagavata Purana II.4.10

Wesen muss als Ziel aller spirituellen Bestrebungen und Praktiken anerkannt werden. Interessanterweise spricht das *Bhagavata Purana* nicht über eine bestimmte Gottheit oder unser bestimmtes *ishtadevata* (die Form des Göttlichen, die für eine bestimmte Person für die Verehrung geeignet ist). Stattdessen spricht es über alle Gottheiten, d.h. über die Verehrung mehrerer Gottheiten und den Polytheismus. Das *Bhagavata Purana* fordert uns hier auf, von Gottheit zu Gottheit zu gehen und zu erkennen, dass sich das Höchste Wesen, das Göttliche, das Eine, hinter allen göttlichen Bildern verbirgt.

Interessanterweise ist es genau das, was Shri Ramakrishna praktizierte und Shri Aurobindo riet. Wenn wir uns das zu Herzen nehmen, wird Gott uns durch tausend Gesichter und Bilder betrachten, die durch Jahrtausende menschlicher Kulturen und Zivilisationen auf allen Kontinenten geschaffen wurden. Ähnlich wie die frühere *Gita*-Passage, die dazu auffordert, das Eine in allen Objekten und Sinneswahrnehmungen zu erkennen, fordert uns das *Bhagavata Purana* auch hier auf, Gott in den göttlichen Bildern aller Kulturen und Religionen zu sehen. Aurobindo brachte dies auf den Punkt, indem er sagte, dass der Yogi letztlich Gott in allen geschaffenen Bildern und Darstellungen erkennen muss. Es wäre nicht unfair zu sagen, dass ein Yogi, der Gott nicht in einem bestimmten (*sattvischen*) Bild erkennen kann, eine unbewusste Blockade hat, und diese unbewusste Blockade würde ihn daran hindern, *vijnana*, die umfassende Gottesverwirklichung, zu erlangen.

Die *Bhagavad Gita* fasst viele der oben genannten Punkte in einem schönen Vers zusammen, in dem es heißt, dass man, wenn man durch Übung (*abhyasa*) in der Kommunion (*yoga*) verankert ist, das Höchste Wesen erreicht, wenn man nicht den Fokus verliert und unaufhörlich an das Göttliche denkt.[210]

---

210 Bhagavad Gita VIII.8

Es gibt viele wichtige Punkte, die hier angesprochen werden. Erstens sagt uns die Passage, dass wir keine Angst davor haben sollen, unseren Geist zu benutzen. Der Geist ist ein wichtiges, mächtiges Werkzeug, das uns zu unglaublichen Höhen erheben kann, wenn wir es richtig einsetzen. Neospirituelle Bewegungen tun oft so, als sei der Geist der Feind, den es zu bekämpfen und zu besiegen gilt. Im Gegenteil, die *Gita* glaubt, dass der Geist uns dabei helfen kann, uns in eine göttliche Richtung oder in sein Gegenteil zu verwandeln (was die *Gita* gewöhnlich als dämonisch bezeichnet).

Deshalb muss der Geist dazu gebracht werden, so oft wie möglich an das Göttliche zu denken und schließlich das Göttliche in allem zu sehen. Das Göttliche in allem zu sehen, ist nicht völlig unerreichbar. Es ist nur so, dass man sich heute nicht so sehr darauf konzentriert.

Der Ratschlag, unaufhörlich über das Göttliche nachzudenken, mag heute abwegig klingen. Das liegt daran, dass wir eine Zivilisation geschaffen haben, die stolz darauf ist, die mentale Konzentration auf so viele Objekte wie möglich zu verteilen. Denke nur an die Tatsache, dass dich die Klingeltöne der Smartphones, Tablets und anderen mobilen Geräten auf viele Nachrichten in verschiedenen Anwendungen aufmerksam machen, von denen wahrscheinlich keine kritisch ist. Aber du musst dich um sie kümmern, sonst verlierst du deine soziale Anerkennung, weil deine Reaktionszeit zu lang wird. Hunderte von Sensationen (Clickbaits) wetteifern um unsere tägliche Aufmerksamkeit, und wie können wir sie da nicht verlieren?

Krishna beantwortet diese Frage, indem Er sagt, dass wir uns durch Übung (*abhyasa*) in der Verbundenheit (Yoga) etablieren (*yuktena*) müssen. Diese Verankerung ist nicht etwas, das spontan geschieht. Der Begriff *abhyasa* - Praxis - kommt auch im *Yoga Sutra* vor und wird hier dem Begriff

Disidentifikation - Loslassen - gegenübergestellt.[211] Das *Yoga Sutra* schafft also ein Gegensatzpaar, in dem die Praxis (*abhyasa*) ein willentlicher, kontrollierter, anstrengender Prozess ist, bei dem wir uns langfristig engagieren. Auch bei der Praxis von *bhakti* sollten wir keine kurzfristigen, spektakulären Ergebnisse erwarten. Irgendwann sagt Arjuna: «Es klingt großartig, was du versprichst, aber der Geist scheint mir zu wankelmütig zu sein, um ihn kontrollieren zu können.» Krishna antwortet: «Ja, es ist wahr, dass er wankelmütig ist, aber durch Anstrengung und Übung kann er kontrolliert werden».

Was Krishna mit der Kontrolle des Geistes meint, ist nicht, den Geist zu unterdrücken, um ihn vom Denken abzuhalten. Eine solche Anstrengung wäre zum Scheitern verurteilt. Er meint damit, alle Gedanken auf Gott zu richten, das heißt, das Göttliche in allem zu sehen. Das ist durchaus möglich und wird den Geist letztlich auch zum Schweigen bringen, weil der Geist nun erkennt, dass er die Welt nicht in Ordnung bringen muss. Jemand anderes, eine größere Macht, hat die Welt bereits geordnet; sie «ist» in Wirklichkeit die Welt. Durch diese Praxis, die Hinwendung aller Gedanken zu Gott, erkennen wir schließlich, dass wir im Inneren des Göttlichen leben, wie ein Fisch im Ozean. Dann erlangen wir die Kommunion (Yoga) mit dem Göttlichen, was bedeutet, dass wir im Dienst des Göttlichen stehen.

DIE ESSENZ VON BHAKTI

Die Essenz von *bhakti* wird in einigen der letzten Verse des 18. Kapitels der *Gita* beschrieben, dem krönenden Kapitel, das alle Lehren der *Gita* zusammenfasst und ihre fortgeschrittensten Lehren anbietet. Die Passage beginnt mit der Verkündigung, dass das Göttliche (hier *Ishvara* genannt, derselbe Begriff, den auch das *Yoga Sutra* verwendet) im Herzen aller Wesen

---

211 Yoga Sutra I.12

wohnt und sie mit Ihrer geheimnisvollen Kraft wie auf einem Rad dreht.[212] Der Sanskrit-Begriff für geheimnisvolle Kraft ist *maya*. Die Bedeutung dieses Begriffs wurde erst später von Shankara in Illusion umdefiniert, und zwar um die Realität der Welt weg zu erklären. Wie viele Philosophen und Gelehrte, darunter auch Shri Aurobindo, festgestellt haben, wird schon bei einem flüchtigen Blick auf die *Gita* deutlich, dass diese Lesart nicht mit ihren Lehren übereinstimmt und eine umständliche, schwerfällige Neuinterpretation vieler kritischer Begriffe der *Gita* nötig ist, um zu argumentieren, dass sie den illusorischen Charakter der Welt lehrt.

Im Kontext der *Gita* ist *maya* die göttliche Kraft, die Kraft der Schöpfung und der Manifestation, ähnlich wie die Begriffe *prakriti* oder Shakti. Der Begriff *maya* wird den anderen vorgezogen, wenn ihr geheimnisvoller Charakter hervorgehoben wird. Für den begrenzten menschlichen Verstand ist es schwierig, vollständig zu verstehen, warum und wie das Göttliche etwas Bestimmtes tun kann. Der Begriff *maya* wird auch oft mit yoga verbunden, um yoga *maya* zu bilden. Diese Verbindung verdeutlicht, dass das Göttliche, wenn Es sich durch seine schöpferische Kraft, die Shakti, in der Welt und allen Wesen ausdrückt, ein Akt des Yoga ist. Aurobindo hat in seinen Schriften oft auf diese Tatsache hingewiesen, wenn er sagte, dass alles Leben Yoga ist und dass die gesamte zwei Milliarden Jahre dauernde Evolution des Lebens auf der Erde ein Akt des Yoga der göttlichen Schöpferkraft war, um alle Materie in den Zustand des göttlichen Bewusstseins zu heben. Aurobindo glaubte, dass die höchste Stufe des Yoga erreicht ist, wenn wir zur Seite treten und das Göttliche sein Yoga durch uns praktizieren lassen.

Zum Mysterium der göttlichen Schöpferkraft (*prakriti*, Shakti, *maya*) gehört auch die Tatsache, dass wir annehmen,

---

212 Bhagavad Gita XVIII.61

dass wir unseren Körper und unseren Geist besitzen, indem wir unser Ego einsetzen. Die *Gita* erklärt, dass dies eine irrige Annahme unseres Geistes und Egos ist, sondern dass stattdessen die göttliche Schöpferkraft uns bewegt und uns durch unsere körperlichen, geistigen und sonstigen Bewegungen führt. Wir müssen uns dieser Tatsache bewusst werden und die falsche Vorstellung, dass wir die Kontrolle haben und die Ergebnisse unserer Handlungen besitzen aufgeben. Das Aufgeben des Gefühls der Kontrolle (d.h. der Glaube, dass wir unsere Handlungen ausführen und dass sie uns gehören) und das Überlassen der Ergebnisse oder Früchte an das Göttliche stellt die höchste Hingabe an das Göttliche dar.

Dann wird uns gesagt, dass das in Vers 61 aufgeworfene Problem, nämlich dass wir von Gott wie auf einem Rad bewegt werden, gelöst werden kann, indem wir Zuflucht bei Gott suchen und uns mit unserem ganzen Wesen hingeben.[213] Durch die Gnade des Göttlichen werden wir dann Ihren ewigen Wohnsitz und den höchsten Frieden erreichen. Krishna zufolge besteht unser Problem darin, dass wir wie eine unbewusste Maschine von der göttlichen Schöpferkraft bewegt werden. Dennoch glauben wir, dass wir der Handelnde sind, und versuchen, zu unserem eigenen Vorteil und Gewinn zu handeln. Diese Fehlausrichtung verursacht all unsere Probleme, denn ob wir bei all unseren kleinen Bemühungen, die uns so wichtig erscheinen, letztendlich erfolgreich sind, liegt außerhalb unserer Kontrolle. Das Problem ist mit einer totalen Ergebenheit zu lösen, d.h. mit der Erkenntnis, dass das Göttliche sich durch uns verwirklicht, und indem wir alle Handlungen bewusst für das Göttliche ausführen.

Zu diesem bewussten Ausführen der Handlungen gehört auch die Hingabe des Körpers, d.h. wir folgen mit unserem Körper dem göttlichen Befehl und nicht den Launen unseres

---

213 Bhagavad Gita XVIII.62

Egos. Die Hingabe des Herzens bedeutet, dass wir das Göttliche in all seinen Ausdrucksformen lieben. Die Hingabe des Denkens bedeutet, das Göttliche durch uns denken zu lassen und uns an der Agenda des Göttlichen auszurichten, d.h. lebensbejahend und unterstützend für alle Lebewesen zu denken und nicht destruktiv. In Freudscher Sprache würde das bedeuten, dass wir uns von Eros (dem Wunsch, etwas zu schaffen, Schönheit zu erschaffen und mehr Leben zu fördern) und nicht von Thanatos leiten lassen. Thanatos steht für den Wunsch zu zerstören, Leben zu vernichten und Hässlichkeit zu schaffen. Viele menschliche Städte und Schöpfungen sind äußerst hässlich. Viele unserer Konstruktionen sind das Werk von Thanatos, weil sie die Zerstörung der natürlichen Lebensräume anderer Arten zur Folge haben.

Lebensbejahend zu denken bedeutet nicht, dass wir uns nur darauf beschränken, unsere eigenen Nachkommen zu schützen, sondern dass wir alle Kinder des Göttlichen auch als unsere Kinder betrachten. Dazu gehören alle Menschen, Tiere, Pflanzen, Mikroben usw. Sich mit seiner Sprache dem Göttlichen hinzugeben bedeutet, die Wahrheit zu sagen und das, was mit dem göttlichen Gesetz übereinstimmt. Sich mit seiner Intelligenz dem Göttlichen hinzugeben, bedeutet, das Göttliche in all seinen Aspekten zu erkennen, d.h. den transzendenten Gott, den immanenten Gott als kosmische Intelligenz, das Universum als kristallisierter Körper Gottes, das Göttliche im Herzen aller Wesen und das Göttliche, das allen Objekten und Phänomenen ihre Eigenschaften verleiht.

Die *Gita* fordert uns auf, unseren Geist in das Göttliche zu versenken, das Göttliche zu verehren, dem Göttlichen ergeben zu sein und dem Göttlichen Ehrerbietung zu erweisen.[214] Im Gegenzug verspricht uns das Höchste Wesen, dass wir Es erreichen werden. Unseren Geist in das Göttliche versenken

---

214 Bhagavad Gita XVIII.65

zu lassen bedeutet, das Göttliche in allen Phänomenen zu erkennen und es nicht für eine Gottheit oder einen anthropomorphen Gott zu halten. Das Göttliche zu verehren bedeutet, es zu verehren, indem wir unseren Sinn für das Handeln und die Ergebnisse unserer Handlungen aufgeben. Dem Göttlichen ergeben zu sein bedeutet, intensive Gefühle der Liebe und Sehnsucht gegenüber Gott zu empfinden und Gottes Agenda zu unterstützen. Ehrerbietung zu erweisen bedeutet formale Anbetung, einschließlich der Verneigung vor göttlichen Bildern, dem Aussprechen göttlicher Namen und der Begrüßung des Göttlichen mit gefalteten Händen. Solche Handlungen dürfen nicht einfach nur Routine sein; wir müssen uns mit unseren Handlungen im Einklang fühlen.

Die oben genannten Handlungen können wir alle ausführen, denn sie sind Dinge, die wir tun können. Was wir nicht tun können, ist, intensive Gefühle der Liebe und Sehnsucht nach dem Göttlichen zu empfinden. Manche können dies bereits fühlen, weil sie die richtigen *karmischen* Tendenzen haben. Für andere mag das schwieriger sein. Wie können wir eine so intensive Liebe erlangen, wenn sie nicht von Natur aus schon da ist? In Naradas *Bhakti Sutra* heißt es dazu, dass die höchste göttliche Liebe, *para-bhakti* genannt, das Ergebnis von *Karma, Jnana* und *Raja* Yoga ist.[215] Ich kann das nicht genug betonen. Ich habe mir nie vorgestellt, ein glühender *bhakta* zu sein, aber ausgedehnte Praxisperioden in diesen drei Disziplinen haben mich dorthin geführt, ohne dass ich es je angestrebt habe. In den folgenden drei Kapiteln wird analysiert, wie jedes dieser drei Yogas zur höchsten göttlichen Liebe beiträgt.

---

215 Naradas Bhakti Sutra, Strophe 25

Kapitel 5

KARMA YOGA UND SEINE BEDEUTUNG FÜR BHAKTI

In diesem Kapitel werde ich eines der drei Beine analysieren, auf denen *bhakti* steht: *Karma* Yoga. Zunächst werde ich auf das Gesetz von *karma* eingehen, auf die Verwendung des Begriffs *karma* als zu verrichtende Arbeit, was *Karma* Yoga ist und warum es praktiziert wird. Anschließend werden wir uns mit der Selbstkontemplation (*svabhava*) und der eigenen Pflicht (*svadharma*) befassen, die beiden Begriffen, die wir verstehen müssen, wenn wir unsere persönliche, göttliche Pflicht herausfinden wollen. Eine Diskussion über den Opferbegriff als Darbringung und Gabe schließt das Kapitel ab.

DAS GESETZ DES KARMAS

Karma bedeutet Handlung, Tun oder Werke und kommt von der Verbwurzel *kr* - tun. Es wird in der *Bhagavad Gita* und im *Bhagavata Purana* in den folgenden wichtigen Zusammenhängen verwendet, die es zu verstehen und zu unterscheiden gilt:

- Der Begriff *karma* kann im Gesetz des *karmas* verwendet werden, was das Gesetz von Ursache und Wirkung bedeutet.
- Es kann im Zusammenhang mit Handlungen verwendet werden, die in Ausrichtung auf das Göttliche

und im Dienst an Ihr ausgeführt werden, und wird dann dem egoistischen Handeln oder Nichthandeln gegenübergestellt.
- Schließlich wird der Begriff mit Yoga kombiniert, um *Karma* Yoga zu bilden, und hier wird das Handeln zu einer spirituellen Disziplin, um unsere Psyche zu entwickeln und zu entfalten.

Die Mechanismen des Gesetzes von *karma* sind so grundlegend für die indische Philosophie, dass sie in der *Bhagavad Gita* und im *Bhagavata Purana* als selbstverständlich vorausgesetzt und nicht erklärt werden. Ich werde kurz drei Verse aus dem *Yoga Sutra* zitieren und erklären, um die Grundlagen zu erörtern. Im *Yoga Sutra* II.12 heißt es, dass die Wurzel des Leidens das *karmische* Lager ist, das sichtbare und unsichtbare Ergebnisse hervorbringt. Die sichtbaren Ergebnisse sind die, die wir in diesem Leben erfahren, während die unsichtbaren die sind, die für zukünftige Verkörperungen reserviert sind. In beiden Fällen besteht das Hauptproblem darin, dass die Ursache zeitlich so weit von der Wirkung/ dem Ergebnis entfernt ist, dass wir den Zusammenhang nicht bemerken. Das meiste Leid, das wir erfahren, wird durch suboptimale Entscheidungen verursacht, die wir in der fernen Vergangenheit getroffen haben. Diese suboptimalen Entscheidungen haben zu *karmischen* Samen geführt, die im so genannten *karmischen* Lagerhaus darauf warten, zu sprießen. Das *karmische* Lagerhaus liegt unter unserem Unterbewusstsein und ist schwer zugänglich. Wenn wir nur sehen und verstehen könnten, wie unsere schlechten Entscheidungen weitere *karmische* Samen erzeugen und wie *karmische* Samen das erzeugen, was wir heute als unser Schicksal ansehen, würden wir unser Verhalten radikal ändern und nicht noch mehr negatives *karma* anhäufen.

Im *Yoga Sutra* II.13 heißt es, solange *karmische* Samen im Lager sind, werden wir in Form von Verkörperungen in die Welt hinausgeschleudert, die uns den richtigen Cocktail aus

Freude und Schmerz bieten, um spirituell zu erwachen. Dieser Cocktail ist auf unsere *karmischen* Bedürfnisse zugeschnitten und besteht aus verschiedenen Arten von Verkörperungen, Lebensspannen und Erfahrungen. Das bedeutet, dass unser ganzes Leben ein Fließband von Lektionen und Prüfungen ist, bei denen wir Aufgaben lernen und erfüllen müssen, die wir vorher nicht verstanden hatten, wie z.B. Mitgefühl, Unterstützung, Wertschätzung allen Lebens, Gewaltlosigkeit, Förderung aller Wesen, Wahrhaftigkeit usw.

Im *Yoga Sutra* II.14 heißt es, dass alles, was wir als Glück, Privileg, Vergnügen, Freude usw. betrachten, auf *karmische* Verdienste zurückzuführen ist, die wir in der Regel in früheren Leben erworben haben. Das Problem ist, dass wir diesen Zusammenhang nicht erkennen, und deshalb ein Anspruchsdenken entwickeln und unsere derzeitige privilegierte Position nicht nutzen, um allen Wesen Gutes zu tun. Unser gutes *karma* erschöpft sich daher irgendwann und wir fallen in die Untugend zurück. Dementsprechend sind alle Schmerzen, Leiden, Unglücksfälle, böse Omen usw., die wir jetzt erleben, nicht zufällig, sondern wir haben uns selbst in diese Situationen gebracht, weil wir zuvor, meist in früheren Leben, Fehler gemacht haben. Wenn wir diese Zusammenhänge sehen und verstehen, würden wir uns weniger Gedanken darüber machen, ob wir jetzt Freude oder Leid erfahren. Stattdessen würden wir uns darauf konzentrieren, nur edle, ethische und rechtschaffene Handlungen auszuführen, ohne darauf zu achten, ob sie uns gerade angenehm oder unangenehm sind. Wenn sie angenehm wären, wüssten wir, dass sie den Grundstein für unser künftiges Glück legen. Wenn sie unangenehm sind, würden wir sie als Buße und Wiedergutmachung für früheres Fehlverhalten betrachten. So würden wir eher wie Yudhishthira im *Mahabharata* oder Rama im *Ramayana* handeln, denen es nur darum ging, das Richtige zu tun.

Ein vierter Vers im letzten Kapitel des *Yoga Sutra* beschäftigt sich auch mit *karma*. Vers IV.7 besagt, dass *karma* bei den meisten Menschen negativ, positiv oder gemischt ist (realistisch betrachtet ist es bei den meisten Menschen gemischt, weil wir uns nicht genug auf *karma* konzentrieren), aber bei vollendeten Yogis ist es keines von den dreien. Manchmal wird übersehen, dass dieser letzte Vers über *karma* eine extreme Stufe der Errungenschaft beschreibt, bei der ein hochgradig vollendeter Yogi sich so sehr dem Göttlichen hingegeben hat, dass er nicht aus dem Ego heraus handelt, sondern nur das Göttliche durch ihn handelt. Dann wird überhaupt kein *karma* mehr angesammelt. Bis eine solche Vollkommenheit erreicht ist, muss gutes *karma* durch rechtschaffene Handlungen angestrebt werden.

Die oben beschriebene Art, in der Welt zu handeln, ohne von *karma* berührt zu werden, steckt auch hinter dem chinesischen Begriff *wu-wei*, dem Tun ohne zu tun. Kein Handelnder oder Ego steht hier einer optimalen Handlung im Weg. Die Elemente bewegen den Praktizierenden dazu, einen Zustand des Ungleichgewichts wieder in einen Ausdruck des Dao zu verwandeln. In ähnlicher Weise ist Jesus Christus, der über das Wasser geht, ohne sich die Füße nass zu machen, eine metaphorische Darstellung der Tatsache, dass kein Ego, kein *karma* und kein Handelnder anwesend waren, die das Wasser, das hier das Unbewusste darstellt, dazu bringen konnten, seine Füße nass zu machen und seine Reise zu beeinträchtigen, indem sie ihn im Wasser versinken liessen.

Die *Gita* wiederholt die Lehre aus dem *Yoga Sutra* IV.7.[216] Sie besagt, dass unsere *karmischen* Ergebnisse, solange wir aus dem Motiv des persönlichen Gewinns und Vorteils heraus handeln in drei Kategorien fallen: der unangenehme Zustand (der oft mit denjenigen identifiziert wird, die schädliche oder sadistische Absichten haben oder von extremen Wünschen

---

[216] Bhagavad Gita XVIII.12

oder Schmerzen getrieben werden), der angenehme Zustand (zum Beispiel diejenigen, die in extremen Reichtum oder Macht hineingeboren werden) und der gemischte Zustand (alle anderen). Die *Gita* verkündet auch, dass diejenigen, die sowohl die Frucht der Handlung als auch das Handlungsgefühl dem Göttlichen überlassen, keines dieser *karmas* ernten.

Der obige Gedankengang wird in verschiedenen Versen der *Gita* weiter ausgeführt. In einem Fall definiert die *Gita* eine Person mit verfeinertem Intellekt (*buddha*) als jemanden, der Handlungen (*karma*) ausführt, die nicht durch egoistische Wünsche motiviert, sondern durch das Feuer der Erkenntnis gereinigt sind.[217] Das bedeutet, nicht aus der engen Sicht des persönlichen Egos zu handeln, sondern aus dem Blickwinkel des Göttlichen. Das ist es, was Jesus Christus ausdrückte, als er sagte: «Nicht mein, sondern dein Wille geschehe.[218] Die *Gita* sagt hier und an vielen anderen Stellen, dass nicht das Handeln an sich das Problem ist (sie argumentiert gegen eine indische Tradition, die den Verzicht auf das Handeln und das Leben in der Gesellschaft befürwortet), sondern dass das egoistische Handeln das Problem ist. Der nächste Vers macht das deutlich.[219] Wenn wir nicht nach persönlichem Nutzen durch unsere Handlungen streben, wenn wir zufrieden anstatt listig und hinterhältig sind, dann sind wir innerlich untätig, auch wenn wir nach außen hin handeln. Auch hier kommt das daoistische Prinzip des *wu-wei*, des tunlosen Tuns, wunderbar zum Ausdruck, das die *Bhagavad Gita* erreicht, indem sie uns im Dienste einer höheren Intelligenz handeln lässt.

Im *Bhagavata Purana* erfahren wir, dass es keinen Gott gibt, der vom Gesetz des *karmas* getrennt ist.[220] Gott kann einer

---

217 Bhagavad Gita IV.19
218 Lukas 22:42
219 Bhagavad Gita IV.20
220 Bhagavata Purana X.24.13-14

Person nur *karmische* Ergebnisse oder Vorteile gewähren, die dem Grad ihrer *karmischen* Verdienste entsprechen, die sie erreicht hat. Gott kann keine *karmischen* Vorteile gewähren, wenn man nichts getan hat, um sie zu erreichen. Das bedeutet, dass es sinnlos ist, Gott zu beschwichtigen und um Befreiung vom Gesetz des *karmas* zu bitten. Wie bei den Gesetzen der Schwerkraft und allen physikalischen Gesetzen ist Gott auch beim Gesetz des *karmas* die Veranschaulichung und die Erfüllung aller Gesetze, nicht ihre Ausnahme. Gott ist das Gesetz des *karmas* und die Gesetze der Physik, und sie sind gültig, weil die Kraft des Göttlichen hinter ihnen steht.

Natürlich ist das Göttliche viel mehr als nur Gesetze; alle physikalischen Gesetze, einschließlich des Gesetzes von Ursache und Wirkung und des *karmas*, sind ein Aspekt des Göttlichen. Deshalb ist es sinnlos, Böses zu tun, anderen Wesen zu schaden und ihnen Leid zu wünschen, um dann zu versuchen, Gott durch Bittgebete zu besänftigen. Die gleiche Lehre kommt im Alten Testament der Bibel, der Thora, zum Ausdruck, in der es heißt: «Die Rache ist Mein, Ich werde vergelten. Zu gegebener Zeit wird ihr Fuß wanken; denn der Tag ihres Unglücks ist nahe, und ihr Untergang kommt bald».[221] Das Neue Testament wiederholt dies fast wörtlich: «Rächt euch nicht selbst, ihr Lieben, sondern überlasst es dem Zorn Gottes; denn es steht geschrieben: Die Rache ist Mein, spricht der Herr, Ich werde vergelten».[222] Die Botschaft dieses zunächst undurchsichtigen Satzes ist, dass es wenig Sinn ergibt, anderen etwas Schlechtes zu wünschen, indem man in schädigender Weise an sie denkt. Sie werden sich ihre Zukunft entsprechend ihrer verdienstvollen oder unwürdigen Handlungen verdienen, die durch ein mechanisches Gesetz mit göttlicher Autorität durchgesetzt wird.

---

221 Deuteronomium 32:35
222 Römer 12:19

KAPITEL 5

Denke nicht, dass das Gesetz des *karmas* von einem anthropomorphen Vollstrecker oder Bestrafer ausgeführt wird. Das wäre genauso töricht, wie zu denken, dass ein zorniger Gott dich herunterzieht, wenn du dich zu weit aus dem Fenster lehnst.

Du wirst aus dem Fenster fallen, weil du das Gesetz der Schwerkraft missachtet hast. Dieses Gesetz wirkt mechanisch auf alle Wesen und Objekte zu jeder Zeit, je nachdem, wo sie sich auf der Oberfläche großer Gravitationsobjekte (wie dem Planeten Erde) oder in der Entfernung zu anderen größeren Gravitationsobjekten (wie z.B. der Sonne oder dem supermassiven schwarzen Loch im Zentrum unserer Galaxie) befinden. Auch das Gesetz des *karmas* braucht keinen menschenähnlichen Vollstrecker, sondern wirkt wie das Gesetz der Schwerkraft ganz von selbst.

Anstatt zu versuchen, das Göttliche um Befreiung von den Folgen zu bitten, nachdem wir andere verletzt haben, besagt die *Gita*, dass derjenige, der seine Handlungen dem Göttlichen widmet, und die egoistische Anhaftung an die Ergebnisse aufgibt, nicht durch Sünde befleckt werden kann, da er in seiner Qualität einem Lotusblatt gleicht, von dem das Wasser abperlt.[223] In den kommenden Abschnitten über Selbstkontemplation (*svabhava*) und die eigene Pflicht (*svadharma*) werden wir im Detail besprechen, wie wir sicherstellen, dass unsere Handlungen dem Göttlichen gewidmet sind und wir die egoische Anhaftung überwinden.

Ein besonderer Fall von *karma* wird gegen Ende des sechsten Kapitels der *Bhagavad Gita*, das Kapitel über *Raja Yoga*, behandelt. Obwohl sich ein kommendes Kapitel mit diesem Yogaweg befasst, wird diese Passage hier erklärt, da sie das *karma* des Yogis behandelt. Nachdem Krishna in den einleitenden Kapiteln über *Karma* und *Jnana* Yoga

---

[223] Bhagavad Gita V.10

gesprochen hat, geht es im sechsten Kapitel darum, wie man das Göttliche durch formale Meditationspraxis, d.h. *Raja Yoga*, erfahren kann. Eine solche Meditationspraxis muss mit der Erfüllung der eigenen Pflicht in der Welt kombiniert und nicht als Aussteiger praktiziert werden. Laut der *Gita* darf man sich nicht vor seinen Pflichten drücken, nur weil man das Göttliche noch nicht vollständig erkannt hat.

An diesem Punkt ist Arjuna besorgt darüber, dass er seine Aufmerksamkeit aufteilen muss zwischen dem Ausführen von Handlungen in der Gesellschaft nach seinem besten, aber immer noch begrenzten Wissen auf der einen Seite und der formellen Meditationspraxis auf der anderen Seite, um die Gottverwirklichung zu erreichen. In Vers VI.38 äußert Arjuna seine Sorge, dass er, wenn er seine Energie und seine Bemühungen auf zwei völlig unterschiedliche Aufgaben aufteilen muss, beide Ziele nicht erreichen kann und somit sowohl in dieser als auch in der nächsten Welt scheitern könnte. Daraufhin sagt Krishna, dass derjenige, der Gutes tut, niemals ins Verderben geht und weder in dieser noch in der nächsten Welt ins Verderben kommen wird.[224] Wenn ein solcher Yogi sein Ziel in einer Verkörperung nicht erreicht, wird er entweder in einer edlen und wohlhabenden Familie wiedergeboren, die über die Mittel verfügt, seine spirituelle Suche weiter zu verfolgen, oder er wird direkt in einer Familie von Yogis wiedergeboren.[225] In beiden Fällen wird der Yogi sein Ziel, das Göttliche zu erlangen, mit neuem Elan verfolgen.

Es ist zu beachten, dass die obigen Verse nicht für eine Haltung wie «was ich in diesem Leben nicht schaffe, werde ich im Nächsten tun» verwendet werden sollten. Eine solche Haltung würde dem Erreichen des Göttlichen in diesem Leben im Wege stehen. Das Göttliche verlangt nach unserer

---

224 Bhagavad Gita VI.40

225 Bhagavad Gita VI.41

Ganzheit und Intensität. Der Weg der *bhakti*, der durch *Karma*, *Jnana* und *Raja* Yoga unterstützt wird, ist deshalb so effektiv, weil er alle Aspekte der menschlichen Psyche auffordert, Gott zu erreichen. Wie Patanjali im *Yoga Sutra* sagt: Je intensiver wir das Ziel verfolgen, desto näher sind wir ihm.[226]

KARMA ALS ARBEIT

In diesem Abschnitt geht es um die Verwendung des Begriffs *karma*, einschließlich der Bedeutung von Handlung, Aktivität als zu verrichtende Arbeit, und um Passagen, die diese Verwendung unterstützen. Damit leiten wir zum nächsten Abschnitt über, der sich mit der Bedeutung des zusammengesetzten Begriffs *Karma Yoga* als Yoga des Handelns oder aktives Yoga beschäftigt. In einer wichtigen Passage der *Gita* erklärt Krishna, dass alle Handlungen (*karmani*) von Seiner *prakriti* (Natur, göttliche Schöpferkraft) ausgeführt werden, wir aber durch unseren Egoismus getäuscht sind und denken, wir würden sie ausführen.[227] Die Ansicht der *Bhagavad Gita* zu diesem Thema deckt sich weitgehend mit den Erkenntnissen der modernen Neurowissenschaft, die herausgefunden hat, dass Neuronen, die mit bestimmten Entscheidungen in Verbindung stehen, eine signifikante Zeit vor dem Zeitpunkt feuern, an dem wir glauben eine Entscheidung getroffen haben.[228] Das bedeutet, dass der elektrochemische Apparat des Gehirns eine Entscheidung trifft, die wir im Nachhinein so interpretieren, als hätten wir auf der Grundlage unseres Willens eine Entscheidung getroffen. In ähnlicher Weise lehrt Krishna, dass es die Kräfte

---

226 Yoga Sutra I.21
227 Bhagavad Gita III.27
228 Robert M. Sapolsky, Behave: The Biology of Humans at Our Best and Worst, Penguin Press, 2017

der Natur, die *gunas* der *prakriti*, sind, die uns dazu bringen, Dinge zu tun, und im Nachhinein übernimmt nur das Ich-Gefühl, das Ego, die Verantwortung. Diese Täuschung muss überwunden werden, so Krishna, und natürlich sind hier die Auswirkungen völlig anders als in der Neurowissenschaft. Die Natur (*prakriti*) ist in der Philosophie der *bhakti*-Texte ein Aspekt des Göttlichen; durch sie bewegt uns das Göttliche.

Shri Aurobindo schreibt in *Essays On The Gita*, dass das Ausführen von Handlungen selbst als spirituelle Disziplin zu sehen ist, die wir zur Selbstfindung und Selbstverwirklichung unternehmen.[229] Seiner Ansicht nach gibt es keine Diskrepanz zwischen weltlichen und spirituellen Handlungen, da alles Leben und die Natur eine fortwährende Manifestation des Göttlichen sind. Deshalb müssen alle Handlungen auf Gott ausgerichtet sein, d.h. sie sollen für das Göttliche ausgeführt werden. Natürlich kann nicht jede Handlung auf das Göttliche ausgerichtet werden, und das bedeutet, dass bestimmte Arten von Handlungen, d.h. solche, die nur dem eigenen Vergnügen dienen und keinen höheren Zweck verfolgen, zunehmend in den Hintergrund treten. Zu diesem Prozess sagt Aurobindo, dass das Wissen darüber, welche Arbeit zu tun und welche zu vermeiden ist, ganz von innen kommen muss. Es kann nicht aus Büchern gelernt werden; es muss durch Selbstkontemplation erlernt werden.

Das *Bhagavata Purana* hat ein mehr oder weniger fertiges Rezept, um dies zu erreichen.[230] Hier sagt Krishna, dass wir Hingabe zu Ihm erlangen werden, wenn wir all unsere weltlichen Bemühungen auf Seine Zufriedenheit ausrichten. Eine wichtige Lehre! In orthodoxen Theologien wird Gott oft als ewig vollkommen und unbewegt dargestellt, der nichts zu gewinnen hat. Das gilt aber nur für den transzendenten

---

229 Sri Aurobindo, Essays on the Gita, S. 572
230 Bhagavata Purana XI.11.23-24

Gott, das unendliche Bewusstsein, das *nirguna* Brahman. Der immanente Gott, die kosmische Intelligenz, das Göttliche als Prozess, die Shakti, drückt sich dagegen als das Universum und alle Wesen aus. Unsere Handlungen können entweder hilfreich für die göttliche Agenda sein (die, in Aurobindos Worten, die Anhebung allen Lebens und aller Materie durch den milliardenlangen Evolutionsprozess auf die Ebene des göttlichen Bewusstseins ist), oder sie können hinderlich und bremsend sein. Wir können feststellen, ob unsere Handlungen Gottes Bemühungen beschleunigen oder verlangsamen, indem wir uns einfach fragen, ob sie Gott zufrieden stellen. Eine Warnung: Wenn unser Geist durch unterbewusste Wünsche, vergangene Traumata usw. zu sehr belastet ist, kann die Antwort, die wir erhalten, natürlich falsch sein. Hier sind *Raja* Yoga und der Prozess der Dekonditionierung und Reinigung des Unterbewusstseins von großer Bedeutung.

Wie Aurobindo lehrt auch Swami Tapasyananda, dass Selbstvervollkommnung und spiritueller Fortschritt die Ziele wunschlosen Handelns sind.[231] Deshalb lehren die *Bhagavad Gita* und das *Bhagavata Purana* auf Schritt und Tritt, den Dienst am und die Liebe zum Göttlichen zur Motivation für unser Handeln zu machen. Für diejenigen, die mit der *bhakti*-Philosophie noch nicht vertraut sind, mag das alles sehr weit hergeholt klingen, aber ein kurzer Blick auf unsere Geschichte der letzten paar tausend Jahre zeigt, dass genau diese Änderung der Einstellung erforderlich ist. In der Vergangenheit wurden wir vor allem durch Wettbewerb, Ehrgeiz, Vorteilsstreben, Feindseligkeit und Gegnerschaft motiviert, indem wir das Leben durch die Linse des individuellen Egos und des persönlichen Vorteils betrachteten. Diese Einstellung hat zu endlosen Kriegen, Gräueltaten, dem Aussterben von Arten, der Zerstörung von

---

[231] Swami Tapasyananda, Srimad Bhagavad Gita, S. 143

Kulturen und der Natur geführt und uns als Zivilisation und Spezies an den Rand des gähnenden Abgrunds des ökologischen Holocausts und Ökozids gebracht. Wenn wir die Zufriedenheit des Göttlichen und nicht unsere eigene in Betracht ziehen, könnte ein Kurswechsel unsere Situation tatsächlich verbessern.

Eine solche Veränderung kann zunächst so aussehen, als ob es keine unmittelbaren Belohnungen gibt und wir zu viele unbequeme Handlungen in Kauf nehmen müssen. Die *Gita* sagt jedoch, dass derjenige, der aufgehört hat, Handlungen aus Gründen der Belohnung auszuführen, und sie stattdessen aus einem Gefühl der göttlichen Pflicht heraus vollzieht, sie auch weiterhin tun wird, egal ob sie angenehm oder unangenehm sind.[232]

WAS IST KARMA YOGA?

Nachdem wir die verschiedenen Bedeutungen von *karma* geklärt haben, können wir uns nun dem *Karma* Yoga zuwenden. Erstens sind die Grenzen zwischen *Karma* und *Bhakti* Yoga fließend. So bezeichnet z.B. das *Bhagavata Purana* die Übergabe der Früchte aller Handlungen an das Göttliche als *nish-karma bhakti*, obwohl dieser Ausdruck die Hauptdefinition von *Karma* Yoga in der *Gita* ist. Der Begriff *nish-karma* bedeutet Nicht-Tun und würde in Kombination mit *karma* das tunlose Tun bedeuten [das bedeutet, äußerlich aktiv zu sein, während man innerlich still und hingegeben ist], das ich bereits besprochen habe. In Verbindung mit dem Begriff *bhakti* wird daraus die tatenleere Hingabe oder die tatenleere Verehrung. Das bedeutet, dass wir unsere Handlungen dem Göttlichen widmen, uns vom Göttlichen zum Handeln inspirieren lassen und unser Handlungsbewusstsein dem Göttlichen überlassen. *Bhakti* und *Karma* Yoga sind

---

[232] Bhagavad Gita XVIII.10

Schwesterwissenschaften (der Begriff Wissenschaft wird hier frei als Wissenssystem verwendet), die sich gegenseitig unterstützen und davon profitieren, wenn sie gleichzeitig oder nacheinander angewendet werden.

In *Essays on the Gita* erklärt Aurobindo, dass wir uns von der Vorstellung verabschieden müssen, dass die individuelle Wahl bestimmt, welche Handlungen zu ergreifen sind und was unsere Pflicht ist.[233] Als das Höchste Wesen jeden von uns ins Dasein rief, bildeten die Handlungen, die von jedem Einzelnen ausgeführt werden sollten, den wesentlichen Teil dieses Prozesses. Mit anderen Worten: Das Göttliche weiß am besten, was wir zu tun haben, aber wir wissen es normalerweise nicht. Das Göttliche denkt jeden von uns in die Existenz hinein, indem es einen Teil von sich selbst, genannt *amsha*, benutzt, um den *jiva*, die Seele des Einzelnen, zu formen. Dieser *amsha* enthält Informationen darüber, welche Arbeiten von diesem Individuum ausgeführt werden sollen. Wenn wir diese Informationen befolgen, praktizieren wir *Karma* Yoga, den aktiven Teil der Praxis. Die passive Form der Praxis ist *bhakti*, bei der wir uns dem Göttlichen hingeben und unseren Dienst liebevoll gestalten. Das ist die Philosophie der *Gita* auf den Punkt gebracht.

Aurobindo erklärt weiter, dass unsere spirituelle und göttliche Wiedergeburt dadurch zustande kommt, dass wir genau die Arbeit verrichten, für die wir in dieses Leben gekommen sind.[234] Er verwendet hier den Begriff Wiedergeburt, weil wir in unserem gewöhnlichen Leben aus dem Ego heraus und in der Illusion des persönlichen Vorteils leben und handeln. Diesen Standpunkt aufzugeben, ist für das Ego wie zu sterben. Dies wird zum Ausgangspunkt für die Wiedergeburt in eine bedeutsamere spirituelle, göttliche

---

233 Sri Aurobindo, Essays on the Gita, S. 36
234 Sri Aurobindo, Essays on the Gita, S. 251

Geburt. Hier geht es darum, für die Agenda und das Programm des Göttlichen zu arbeiten (wie die Vergöttlichung der menschlichen Gesellschaft) und ein Instrument des Göttlichen und für das Göttliche zu sein.

DIE TIEFE BEDEUTUNG DES YAJNA

Damit dies wirksam wird, muss unser Yoga alle Handlungen in Opfer für das Göttliche verwandeln.[235] Der Begriff «Opfer» hat für viele moderne Leser eine negative Konnotation, da er impliziert, dass man etwas gibt, für das die Gegenleistung zumindest sehr ungewiss ist oder vielleicht gar nicht kommt. Wir könnten dies umgehen, indem wir den Begriff «Darbringung» anstatt Opfer verwenden, und ich werde ihn häufig verwenden. Aber es gibt hier etwas Tieferes zu erforschen. Der Begriff, den die *Gita* für Opfer oder Darbringung verwendet, ist *yajna*, der in diesem Buch häufig vorkommt. Ein *yajna* ist ein *vedisches* Ritual, bei dem den Göttern oder Geistern ein Opfer dargebracht wird, meist mit einem bestimmten Ziel vor Augen. In der *vedischen* Gesellschaft wurden *yajnas* zum Beispiel durchgeführt, um eine gute Ernte zu erzielen oder um Nachwuchs zu bekommen. Der Grundgedanke ist, nicht nur auf ein gutes Ergebnis zu hoffen, sondern selbst aktiv zu werden und den Kreislauf in Gang zu setzen, indem man sich in die Position des Gebers begibt. Das verbindet die *Veden* mit der Kultur der indigenen Völker, die schon immer ein empfindliches Gleichgewicht zwischen dem Nehmen von der Natur und dem Zurückgeben gewahrt haben.

Der Grund, warum unsere moderne, hyperindividualistische Zivilisation so giftig und zerstörerisch ist, liegt darin, dass sie im Kern nur auf unser eigenes Wohlergehen und unseren eigenen Vorteil bedacht ist und auf wenig anderes. Teil

---

[235] Sri Aurobindo, Essays on the Gita, S. 282

dieser Kultur ist es, die ganze Welt als empfindungslos zu betrachten, bestehend aus dummer und toter Materie, bevölkert von Pflanzen und Tieren, die kaum mehr als unbewusste Automaten sind, und anderen Menschen, die bestenfalls Konkurrenten sind. Die indigene Kultur und die *Veden* hingegen schreiben fast allem Empfindungsvermögen zu, was zu einer Philosophie namens Animismus führt. Der Animismus beschreibt eine Welt, in der alle Objekte eine Kristallisation des Göttlichen sind und eine Form von Intelligenz besitzen. Dies ähnelt der Philosophie der *Gita*, die uns immer wieder auffordert, Gott in allen Objekten zu erkennen.

Weil alles in der Welt göttlich ist und wir so viel Nutzen aus der Welt ziehen, besteht das Leben in der indigenen Kultur und den *Veden* aus der Kunst, den Göttern und Geistern genug zurückzugeben. Wir versuchten, ihnen mindestens so viel zurückzugeben, wie wir von ihnen erhalten haben, im Idealfall mehr. Das kann man auch heute noch wunderbar auf Bali sehen, wo ein großer Teil des täglichen Lebens der Frauen darin besteht, an vielen Orten Opfergaben für eine Vielzahl von Göttern und Geistern darzulegen. Diese Opfergaben sind kein Aberglaube von Naturvölkern, sondern eine wichtige Praxis, um die Tendenz der Menschen, ausschließlich von der Natur zu nehmen, mit ihrer Fähigkeit, etwas zurückzugeben, in Balance zu halten.

In den *Veden* ist Vishnu der Gott des *yajna*; tatsächlich ist *yajna* ein anderer Name für Vishnu, wie in der *Gita* steht. Krishna, ein *avatar* von Vishnu, fordert, dass unser ganzes Leben ein Akt des Gebens, eine Darbringung oder ein Opfer für das Göttliche sein soll. Natürlich bleibt dies in der *Bhagavad Gita* kein abstraktes Konzept, sondern es soll durch die Liebe und den Dienst am Göttlichen durch alle Ihre Kinder zum Ausdruck gebracht werden. Das ist der Zweck von Krishnas Ermahnung: dass unser Yoga alle Handlungen in Opfer für das Göttliche verwandeln muss. Bei allem, was wir tun, müssen wir uns fragen, ob das, was wir tun, gut genug ist, um es dem Göttlichen darzubringen. Wenn die Antwort ja lautet, können wir weitermachen. Diese Antwort kann nur durch Selbstkontemplation gefunden werden und nicht durch das Durchgehen einer Liste von Handlungen, die Gottes Zustimmung finden könnten. Der Grund dafür ist, dass das Göttliche sich in jedem Wesen anders ausdrückt.

Anstatt einem äußeren Verhaltenskodex zu folgen, der vorschreibt, wie Gott sich durch den kleinsten gemeinsamen Nenner der Menschen oder den Durchschnitt ausdrückt, müssen wir unsere Arbeit zu einem Ausdruck unseres Wesens machen und sie zu einem Mittel für spirituelles Wachstum machen, indem wir uns dem göttlichen Ideal annähern.[236] Dazu müssen wir uns nach innen wenden, uns mit unserem göttlichen Kern verbinden und unsere Rolle im Dienst des im Universum manifestierten Göttlichen entdecken.

Während einige spirituelle Bewegungen von uns verlangen, in einen Zustand völliger Untätigkeit einzutreten, schlägt die *Gita* vor, das Göttliche durch unsere Arbeit zu verehren.[237] Das ist bedeutsam, denn die *Gita* lehrt, dass die Welt, das Universum, die ganze Natur und die ganze Menschheit das bedeutungsvolle Werk des Göttlichen sind, das sich selbst dadurch ausdrückt. Die Welt ist kein absichtsloser Zufall, kein Tal der Traurigkeit und keine Illusion. Alles hat einen Zweck; nur hat die Menschheit Situationen geschaffen, in denen unser Leben sinnlos erscheinen mag. Die *Gita* betrachtet Handeln nicht als sinnlos, hoffnungslos oder bedeutungslos, sondern ganz im Gegenteil. Die Frage ist, mit welcher Art von Handlung und durch welche Handlungen dienen wir dem Göttlichen?

Laut der *Gita* gibt Krishna zu verstehen, dass *Karma* Yoga Handeln, Wissen und Hingabe einschliesst, d.h. *Karma, Jnana*

---

236 Sri Aurobindo, Essays on the Gita, S. 517
237 Sri Aurobindo, Essays on the Gita, S. 524

und *Bhakti* Yoga sollen gemeinsam angewendet werden.[238] Das ist wichtig, denn *Bhakti* Yoga allein kann schnell zu Sektenbewegungen verkommen, aka mein Gott ist besser als deiner. *Karma* Yoga kann uns in bloßen Aktivismus abgleiten lassen, ohne dass wir wissen, was, warum und für wen wir es tun. *Jnana* Yoga allein kann leicht dazu führen, dass wir distanziert und desinteressiert auf einem metaphorischen Berggipfel sitzen und auf die sich abmühenden Massen herabschauen. Die *Gita* schlägt vor, die Arbeit mit der Meditationspraxis zu verbinden, die uns lehrt, dass die Arbeit durch (durch den Verzicht auf das Gefühl des Handelns) und für (durch die Hingabe der Früchte der Handlungen) das Göttliche getan werden muss, und so zum *Karma* Yoga wird.[239]

Krishna sagt in der *Gita*: «Sei du ein Instrument.»[240] Das bedeutet, auf das zu hören, was das Göttliche durch und als uns werden und bewirken will. Wir sollen uns von einem Gefühl der Pflicht leiten lassen, unabhängig von der Belohnung. Bei manchen Aktivitäten, wie dem Schutz von misshandelten Menschen, Tieren und der Natur und dem Beitrag zur Rettung der Atmosphäre und der Biosphäre, mag der Erfolg schwer zu erreichen sein oder sogar außerhalb unserer Möglichkeiten liegen. Aber Krishna sagt, dass du es trotzdem tun sollst, weil es das Richtige ist, und nicht, weil der Erfolg in greifbarer Nähe liegt. Es mit Blick auf den Erfolg zu tun, bedeutet, aus dem Blickwinkel des Egos zu handeln. Das Ego wird sich über die Eroberung der Welt genauso freuen wie über die Rettung der Umwelt, auch wenn dies für sich genommen ein erstrebenswertes Ziel ist. Es geht darum, die Arbeit für Gott zu tun und nicht für uns selbst, nicht für die Vergrößerung unseres Egos.

---

238 Swami Tapasyananda, Srimad Bhagavad Gita, S. 109
239 Swami Tapasyananda, Srimad Bhagavad Gita, S. 166
240 Bhagavad Gita XI.33

In vielerlei Hinsicht können wir es so sehen, als ob wir als Zelle im Körper Gottes funktionieren würden. Wenn eine einzelne Zelle in unserem Körper aufhört, der Agenda des Wirtsorganismus zu dienen, wird sie krebsartig. Wenn es ihr gelingt, genügend andere Zellen davon zu überzeugen oder umzuprogrammieren, gegen den Wirtsorganismus zu rebellieren, führt dies zum Tod des Wirtskörpers. In ähnlicher Weise kann die historische Entscheidung der Menschheit, den in den *Veden* und im Alten Testament der Bibel (im letzteren als Garten Eden) beschriebenen indigenen Zustand der Gesellschaft zu verlassen, um ihre eignen Ziele durch Versklavung, Nötigung und Manipulation der Natur zu verfolgen, mit einem Krebsgeschwür in der Biosphäre verglichen werden. Damals beschlossen wir, nur unseren eigenen menschlichen Interessen zu dienen und hörten auf, dem Wirtsorganismus, der Biosphäre, zu dienen. Wenn die gesamte Menschheit diesen Weg einschlägt, wird das Ergebnis wahrscheinlich der Tod der Biosphäre sein. Wenn wir uns jedoch nicht als etwas Separates, nicht als die Krone der Schöpfung, sondern als einen Organismus innerhalb der Natur erkennen, der anderen Organismen und der Biosphäre mindestens so viel zurückgibt, wie er nimmt, wenn wir uns wieder als kleine Zellen im Körper Gottes sehen können, dann kann dieser Kurs umgekehrt werden und wir können zurückfinden, um dem Göttlichen, dem ganzen Leben und der Natur zu dienen, anstatt zu versuchen, ihr Gott und König zu sein.

Die *Bhagavad Gita* fordert uns auf, alle Arten von Handlungen zu jeder Zeit im Geiste der Hingabe an das Göttliche auszuführen.[241] Durch die Gnade des Göttlichen werden wir dann den begehrten Zustand von *moksha*, der spirituellen Befreiung, erlangen. Erinnern wir uns kurz daran,

---

241 Bhagavad Gita XVIII.56

was der Geist der Hingabe und Ergebenheit hier bedeutet. Es bedeutet zu wissen, was das Göttliche ist (also nicht nur das visuelle Bild einer Gottheit oder eines historischen *avatars*), eine intensive Liebe zum Göttlichen zu haben, auf Es zu hören und zu tun, was Es von uns will. Es bedeutet zu erkennen, dass das Göttliche die einzige Handelnde in der Welt ist und dass wir von Ihr wie auf einem Rad bewegt werden. Es bedeutet, das zu tun, was das Richtige ist, und nicht, weil wir uns eine Belohnung wünschen. All diese Punkte zusammengenommen bilden *Karma* Yoga, den aktiven Aspekt des *Bhakti* Yoga.

WARUM IST KARMA YOGA WICHTIG?

Im *Bhagavata Purana* heißt es, dass das Höchste Wesen drei Wege gelehrt hat, um die Gemeinschaft mit Ihm zu praktizieren, und dass es keine anderen gibt.[242] Dies sind die Gemeinschaft durch Wissen (*jnana*), Liebe (*bhakti*) und durch Handeln (*karma*). Das bedeutet nicht, dass wir uns auf eines von ihnen beschränken und die anderen meiden sollten, auch wenn wir das anfangs je nach persönlicher Begrenzung vielleicht tun. Letztendlich sollten alle praktiziert werden, um wirksam zu sein, und je früher wir das tun können, desto früher erreichen wir die Gemeinschaft. Alle drei zu kombinieren ist der Weg zum Erfolg im Yoga, und Aurobindos Leben war darauf ausgerichtet, diesen Punkt zu zeigen.

Raja Yoga, das Yoga des *Yoga Sutra*, hat es nicht in die obige Liste geschafft, weil es nicht in erster Linie ein Yoga ist, das zur Kommunion mit dem Göttlichen, d.h. zur Gottverwirklichung, führt. Vielmehr ist es ein Yoga, das auf Selbstverwirklichung ausgerichtet ist und das letztendlich durch *Jnana*, *Bhakti* und *Karma* Yoga ergänzt werden muss, um zur Gottverwirklichung zu führen.

---

242 Bhagavata Purana XI.20.6

Im zwölften Kapitel der *Bhagavad Gita*, dem Kapitel über *bhakti*, erklärt Krishna, dass wir uns mit ganzem Herzen der Ausführung von Taten für Ihn widmen sollen, wenn wir nicht in der Lage sind, die systematische Praxis der Konzentration (d.h. *Raja* Yoga) zu praktizieren.[243] Die Arbeit für das Göttliche öffnet uns für die spirituelle Entwicklung. Anders als in der vorherigen Passage des *Bhagavata Purana*, in der *Karma* Yoga in *Jnana* und *Bhakti* Yoga integriert ist, wird in der vorliegenden *Gita*-Passage *Karma* Yoga dem *Raja* Yoga gegenübergestellt. Für manche kann *Raja* Yoga mit seiner Betonung auf Technik, Praxis und *sadhana* (spirituelle Disziplin) eine harte Nuss sein. Für sie kann es vielleicht einfacher sein, dem Göttlichen zu dienen. Für andere ist die Situation vielleicht genau andersherum. Wie können wir wirklich wissen, welche Handlungen dem Göttlichen gefallen? Durch das Praktizieren yogischer Techniken wird *Raja* Yoga allmählich unsere Konditionierung und geistige Trägheit abbauen, sodass die Beantwortung all dieser Fragen viel einfacher wird. Sobald diese Fragen beantwortet sind, sollte sofort mit der Disziplin des *Karma* Yoga, dem Handeln im Dienste des Göttlichen, begonnen werden. Das bedeutet, dass dem *Karma* Yoga die Praxis des *Raja* Yoga (beschrieben im sechsten Kapitel der *Gita*, im *Yoga Sutra* und im siebten Kapitel dieses Buches) vorausgehen kann oder nicht, je nach den Bedürfnissen des Einzelnen.

Zwei Verse weiter, im zwölften Kapitel der *Gita*, lernen wir, dass explizites intellektuelles Wissen über die Lehre (*jnana*) besser ist als eine formale Praxis der Techniken (*abhyasa*).[244] Das bedarf einer Erklärung. Formale Praxis bedeutet hier, dass man einfach nur die Abläufe durchläuft, ohne klar zu verstehen, warum und wie die Dinge getan

---

243 Bhagavad Gita XII.10

244 Bhagavad Gita XII.12

werden. Das bloße Tun wird dann dem intellektuellen Wissen gegenübergestellt. Im modernen Sprachgebrauch impliziert der Begriff intellektuelles Wissen oft, dass dieses Wissen frei von Erfahrung ist, d.h. eine reine Theorie ist. Das ist nicht die Ansicht der indischen Philosophie. Hier ist der Intellekt etwas sehr Hohes, höher als der Geist. Daher wird der Begriff *Buddhi Yoga* manchmal als intellektuelle Liebe zu Gott übersetzt. Da *buddhi* (der Intellekt) auf das Göttliche ausgerichtet ist, muss dieses Wissen, wenn es erlangt wird, Konsequenzen haben und darf nicht im Geist eingeschlossen sein, der dann heuchlerische Handlungen unterstützen könnte. Explizites intellektuelles Wissen über die Lehre (*jnana*) ist daher in der Regel das Ergebnis der formalen Praxis von Techniken (*abhyasa*) in Kombination mit dem Studium der Schriften (*shastras*) und muss daher einen fortgeschritteneren Zustand darstellen als die bloße Ausführung von Techniken (ohne Verständnis), die erst noch zu Wissen führen müssen.

In Vers 12 heißt es dann weiter, dass Meditation (*dhyana*) sogar besser ist als sowohl die Praxis (*abhyasa*) als auch das intellektuelle Wissen (*jnana*). Auch das muss geklärt werden. Praxis bedeutet in diesem Vers die bloße Ausführung von Techniken, die noch nicht ihren Höhepunkt erreicht haben. Im Kontext dieses Verses bedeutet *jnana*, Wissen, die Isolierung des Selbst und das Streben nach Selbstverwirklichung. *Dhyana*, Meditation, bedeutet hier, dass man über das Göttliche meditiert und einen gewissen Grad an Gemeinschaft mit dem Göttlichen erreicht hat. Wir könnten diesen Zustand mit *bhakti* oder dem Streben nach Gottverwirklichung gleichsetzen. Aber Vers 12 geht noch weiter und führt eines der wichtigsten Konzepte der *Gita* ein. Noch besser als das ist *karma* (Handlung) *-phala* (Frucht) *-tyagah* (Aufgabe), d.h. die Ergebnisse der eigenen Handlungen dem Göttlichen zu überlassen. In diesem Vers wird das Yoga also auf den Kopf gestellt. Was im zehnten Vers als einleitende Technik beschrieben wird, nämlich *Karma* Yoga, wird nun als die Krone des Yoga bezeichnet.

Die Leserin sollte sich darüber im Klaren sein, denn natürlich ist *Karma* Yoga beides. *Karma* Yoga mag der Anfang unseres Weges sein, aber er wird auch ganz sicher an seinem Ende stehen, und was genau das für uns ist, hängt ganz von unserem Grad an Hingabe und Ergebenheit gegenüber dem Göttlichen ab. Wenn diese Hingabe vollständig ist, können wir ein Instrument im Spiel des göttlichen Orchesters werden, wie das *Bhagavata Purana* sagt.[245]

Dass *Karma* Yoga nicht nur die einleitende Disziplin ist, als die es manchmal dargestellt wird, bestätigt Shri Aurobindo. Er lehrte, dass sich unsere Seele durch Handlungen entwickelt, die mit einer Haltung des Dienens ausgeführt werden.[246] Das macht *Karma* Yoga nicht zu einem Selbstzweck, sondern zu einem Mittel zur Selbstverwirklichung.

Dies wird in einem späteren Vers des sechsten Kapitels der *Bhagavad Gita*, dem Kapitel über *Raja* Yoga, bestätigt. Hier bekräftigt Krishna, dass derjenige, der in der Einheit von allem, was existiert, verankert ist (d.h. die Ergebnisse des *Raja* Yoga erreicht hat) und deshalb Ihm als in allen Wesen gegenwärtig dient (d.h. authentisches *Karma* Yoga praktiziert), in Wahrheit in Ihm verweilt, was auch immer die Situation sein mag (derjenige hat auch die Ziele von *jnana* und *bhakti* erreicht).[247] Man kann also durchaus sagen, dass Krishna zwar *bhakti* in den Mittelpunkt der Beziehung seiner Anhänger zu Ihm stellt und ausführlich über Wissen (*jnana*) und den Weg der Konzentration (*raja*) lehrt, dass aber das *Karma* Yoga den Kern seiner Botschaft in der *Gita* bildet. Krishna lehrt, dass Wissen, Konzentration und Liebe letztlich in einem aktiven

---

245 Swami Tapasyananda, Srimad Bhagavata, S. xxxv
246 Sri Aurobindo, Essays on the Gita, S. 251
247 Bhagavad Gita VI.31

Leben in der Welt zusammenlaufen müssen, das Ihm dient. Dies überschneidet sich auf wunderbare Weise mit Krishnas Botschaft, dass die Welt Sein Körper ist und die Wesen Seine Kinder, Sein kreatives Spiel und Seine Sinnesorgane sind.

Denk mal einen Moment darüber nach: Wenn es ein Höchstes Wesen gäbe, das aus Gründen, die für unseren begrenzten Verstand manchmal noch etwas nebulös sind, sich selbst als die Welt und alle Wesen verkörpern würde, wäre die Krone seiner Lehre dann nicht das erleuchtete und liebevolle Handeln, das wir Krishna auf Schritt und Tritt lehren sehen? Eine Handlung, die dazu dient, die Welt zu fördern? Es ist daher nur konsequent, dass der Krishna der *Gita* immer wieder zum *Karma* Yoga zurückkehrt. *Karma* Yoga ist der mächtige Fluss in der *Gita*, zu dem alle anderen Yogas Zuflüsse sind. Was wir in Krishnas Welt tun, ist für Ihn wichtig, denn die Welt ist Sein Körper.

SELBSTKONTEMPLATION (SVABHAVA) ODER GESETZ DES SEINS

Wenden wir uns der häufig angekündigten vertieften Untersuchung zu, wie wir wissen können, was Gott von uns will, wie diese Information in unserem Innersten verschlüsselt ist und wie wir diese Information entschlüsseln. Es gibt zwei Schlüsselkonzepte, die wir in diesem Zusammenhang analysieren müssen. Sie sind Selbstkontemplation (*svabhava*), das Gesetz des Seins, und eigene Pflicht (*svadharma*), das Gesetz des Werdens.

Der Begriff Selbstkontemplation (*svabhava*) hat zwei verschiedene Bedeutungen und Funktionen.[248] Erstens kontempliert der immanente Aspekt des Höchsten Wesens sich selbst und denkt auf diese Weise eine schier unendliche

---

248 Sri Aurobindo, Essays on the Gita, S. 524

Anzahl von Wesen ins Dasein. Die Wesen sind alles Aspekte, Emanationen und Berechnungen von Ihm. In *How to Find Your Life's Divine Purpose* habe ich die Selbstkontemplation des immanenten Göttlichen mit einem sogenannten Monte-Carlo-Generator verglichen. Der Monte-Carlo-Generator ist ein Softwareprogramm, das ursprünglich entwickelt wurde, um zu bestimmen, wie viele Kombinationen sich ergeben können, wenn wir ein Rouletterad mehrmals drehen. Als die Software weiterentwickelt wurde, wurde sie auf Zufallsmodelle der Finanzmärkte angewendet. Das ist wichtig, denn jedes Wesen ist ein möglicher Weg, den das Göttliche einschlagen könnte. Das Göttliche ist unendliches kreatives Potenzial und Spiel (*lila*).

Wir fragen uns vielleicht: «Warum bin ich hier in diese besondere Situation geraten»? Weil das Göttliche kein Ego hat, von dem Es seinen eigenen kreativen Prozess zurückhalten könnte. Was sein kann, wird sein! Da das Göttliche unendlich viele Varianten oder Emanationen von sich selbst (Wege von dessen, was Es sein könnte) erschafft, ist jedes Individuum einzigartig und kommt nie zweimal vor. Was auch immer dieses Individuum auszudrücken oder zum göttlichen Konzert beizutragen hat, sollte ausgedrückt und beigetragen werden. Das ist die erste Bedeutung des Begriffs *svabhava* - Selbstkontemplation. Es ist der Prozess, durch den das Göttliche unendliche Permutationen von sich selbst, die *jivas* (individuelle Seelen), hervorbringt.

Die zweite Bedeutung des Begriffs ist, dass jeder Einzelne sich in Selbstkontemplation üben muss, um herauszufinden, was das Höchste Wesen durch dieses bestimmte Individuum zum Ausdruck bringen will. Die Kontemplation des Göttlichen hat uns hervorgebracht, und nun müssen wir unser individuelles Selbst kontemplieren, um das Ergebnis der göttlichen Kontemplation herauszufinden. In diesem Zusammenhang müssen wir verstehen, dass das Göttliche das Kosmische ist und sich nur auf der individuellen Ebene verwirklichen kann, indem es zu uns wird. Das Höchste Wesen kann sich nicht in ein Individuum hineinzwängen. Aber indem es sich durch eine unendliche Anzahl von uns individualisiert, kann es auf einer individuellen Ebene handeln. Es ist sehr wichtig, das zu verstehen, denn dadurch verlieren wir die Hemmungen, zum Kanal für das Göttliche zu werden. Das Göttliche kann auf dieser Ebene nicht handeln, ohne es durch uns zu tun. Deshalb ist unsere Zusammenarbeit mit dem Göttlichen, die wir als bewusste Mitschöpfung bezeichnen, für das Göttliche äußerst wichtig.

Da das Göttliche kein Ego hat (Ego bedeutet Begrenzer in Raum und Zeit), kann Es auch nicht selbst zu einem Individuum werden. Es kann sich nur selbst als kosmische Monte-Carlo-Generator-ähnliche Software ausführen und sich in eine schier unendliche Anzahl von Tochterprogrammen, die *jivas*, aufspalten. Da die einzelnen Seelen in dem Maße frei sind, in dem sie sich von ihrer eigenen Roboterprogrammierung befreien können, hängt es in erster Linie von ihnen ab, was sie mit den Informationen tun, mit denen das Göttliche sie geformt hat. Das heißt, die *jivas* können im Spiel des Göttlichen mitspielen, und das können sie in einem bestimmten Ausmaß tun oder auch nicht tun. Ich will diesen Punkt nicht bis zum Überdruss wiederholen, aber es muss gesagt werden, dass die Menschheit in den letzten paar tausend Jahren, mehr oder weniger, nicht mit dem Göttlichen mitgespielt hat. Es gibt eine lange Liste von Ausnahmen, aber Shri Aurobindo sagte, dass sich die Menschheit im Großen und Ganzen in den letzten paar tausend Jahren spirituell nicht weiterentwickelt hat.

So wird zum Beispiel das Zögern, die Weltwirtschaft auf erneuerbare Energien umzustellen (um die Klimakatastrophe abzuwenden), mit geschätzten Kosten von 2 Billionen US-Dollar in Verbindung gebracht (aufgrund der Komplexität ist es sehr schwierig, eine genaue Schätzung abzugeben). Während ich diese Zeilen schreibe, hat das Stockholmer Institut für internationale Friedensforschung (SIPRI) gerade einen Bericht veröffentlicht, dem zufolge das globale Militärbudget nach dem größten Anstieg der jährlichen Staatsausgaben seit über einem Jahrzehnt auf unglaubliche 2,44 Billionen US-Dollar pro Jahr gestiegen ist. Mit anderen Worten: Wir haben zwar das Geld, um den Klimazusammenbruch zu beheben, aber wir geben es lieber dafür aus, uns gegenseitig umzubringen. Das liegt an der mangelnden spirituellen Entwicklung der Menschheit. Hätten wir uns spirituell weiterentwickelt, würden wir mit dem *Bhagavata Purana* erkennen, dass die Lebewesen durch gegenseitige Zusammenarbeit aufblühen (2 Billionen für die Behebung des Klimawandels ausgeben) und ihren Untergang erleben, indem sie sich gegenseitig bekämpfen (das Geld für Militärausgaben verprassen).

Damit ein *jiva*, eine individuelle Seele, sein volles Potenzial entfalten kann, muss es herausfinden, was das Göttliche durch und als diesen *jiva* werden will. Jeder *jiva* hat eine Rolle in diesem kosmischen Drama, einen Aspekt des Göttlichen, den es zum Ausdruck bringen muss. Ich habe diese Praxis in *How to Find Your Life's Divine Purpose* beschrieben, und eine detaillierte Beschreibung würde den Rahmen dieses Textes sprengen. Wir bereiten uns durch eine kurze spirituelle Praxis vor, am besten früh am Morgen und idealerweise irgendwo in der Natur oder zumindest alleine. Dann stellen wir eine Reihe von Fragen darüber, wie ich Dir, dem Göttlichen, dienen kann. Wie willst Du dich in mir und meinem Leben verkörpern? Was möchtest Du als ich werden? Was willst Du durch mich zum Ausdruck bringen?

Nachdem wir diese Fragen gestellt hatten, hören wir aufmerksam zu. Es liegt nicht daran, dass das Göttliche schweigt, wenn wir nichts hören können. Wir müssen verstehen, dass das Göttliche kein Ego hat, vom dem es die Antwort zurückhalten könnte. Außerdem hat uns das

Göttliche diese Informationen bereits mitgeteilt, als es unsere Individualität durch Selbstkontemplation (*svabhava*) aus dem Ozean des unendlichen Bewusstseins schuf. Mit anderen Worten: Wenn wir die Antwort nicht hören, liegt das Problem in unserer Unfähigkeit zu hören und in unserer mangelnden Aufnahmefähigkeit und Offenheit. Diese Unfähigkeit zu hören und die verschiedenen Mängel sind auf die Dicke unserer roboterhaften Konditionierung zurückzuführen, die wir während des äonenlangen Prozesses der Entwicklung von Mikroben zu Wirbeltieren und später zu Humanoiden angenommen haben. So sagt Swami Tapasyananda, dass Selbstkontemplation, *svabhava*, das Potenzial ist, das wir aus all unseren vergangenen Leben mitbringen.[249] Shri Aurobindo sagt, dass jedes Individuum im Selbstausdruck ein Teil des Höchsten Wesens ist; jedes Wesen ist eine Manifestation einer Idee des Göttlichen.[250] Diese Idee beschreibt, dass sich die Wesen zu spiritueller Reife entwickeln. Was genau diese Idee, diese Information ist, wird uns durch den Prozess des *svabhava*, der Selbstkontemplation, offenbart, den Aurobindo das Gesetz der Selbstwerdung nennt.[251]

In der Philosophie von Alfred North Whitehead wird die Selbstkontemplation des Göttlichen als das anfängliche Ziel bezeichnet. Es heißt anfängliches Ziel, weil das Göttliche ein anfängliches Ziel für uns hat. Diese anfängliche Idee, oder eine Kombination von Ideen, erscheint durch Selbstkontemplation in unserem Geist als die Vision dessen, was wir werden könnten. Diese Vision wird sich im Laufe unserer Entwicklung durch unsere *karmischen* Entscheidungen verändern, reduzieren oder erweitern. Wenn ich hier von *karmischen* Entscheidungen spreche, meine ich damit die Tatsache, dass

---

249 Swami Tapasyananda, Srimad Bhagavad Gita, S. 425
250 Sri Aurobindo, Essays on the Gita, S. 519
251 Sri Aurobindo, Essays on the Gita, S. 372

wir mit jedem Gedanken, jedem gesprochenen Wort und jeder Handlung bestimmen, wer wir in Zukunft sein werden. Das Göttliche reagiert auf unsere Versuche, das anfängliche Ziel zu verkörpern, indem Es das anfängliche Ziel verbessert und spezifiziert - ein Prozess, den man Ko-Kreation [oder Mitschöpfung] nennt.

Wir müssen begreifen, dass unser Leben weder zwecklos noch zweckfreie Unfälle sind, wie uns unsere Mainstream-Gesellschaft, -Wissenschaft und -Wirtschaft weismachen wollen. Wenn man es schafft, die Menschen in diesem Glauben zu lassen, ist es natürlich viel einfacher, sie anschließend in den industriellen Produktionsprozess zu pressen. Dieser Prozess erfordert keine ermächtigten, selbstverwirklichten Menschen, die ihre göttliche Lebensaufgabe leben, sondern industrielle Konsumautomaten, die ihre spirituelle Bestimmung aufgegeben haben. Wir sind zermürbte Seelen, die oft von Antidepressiva und Medikamenten gegen Angstzustände aufgemuntert werden und gerne jeden Unsinn kaufen, in der Hoffnung, dass es uns dadurch ein bisschen besser geht. Ich will damit nicht sagen, dass du deine Medikamente ohne den Rat deines Psychiaters absetzen solltest. Was ich damit sagen will, ist, dass das biochemische Modell der psychischen Gesundheit, das behauptet, dass einfach etwas mit dem biochemischen Aufbau deines Gehirns nicht stimmt (was durch die Einnahme von Pillen behoben werden kann), bequemerweise das größere Thema ignoriert, dass unsere Gesellschaft und Zivilisation uns krank macht (und das schon seit langer Zeit), indem sie uns gegeneinander antreten lässt wie 8 Milliarden kleine Hamster, die in ihren kleinen Hamsterrädern in ihren kleinen Käfigen schneller und schneller laufen. Diese kleinen Räder sind alle an eine riesige BIP-steigernde Maschine angeschlossen, die nach und nach alle Natur und menschlichen Beziehungen in Geld verwandelt. Es ist nichts Schlimmes daran, wenn wir uns in diesem System psychisch unwohl fühlen. Andererseits, wenn wir uns nicht unwohl fühlen würden, dann wäre etwas mit uns nicht in Ordnung.

Wir sind nicht nur hier, um dumme Produkte zu konsumieren, die wir nicht brauchen. Wir sind hier, weil das Göttliche sich durch uns ausdrücken will. Schließlich sind wir für Gott wichtig. Jeder Mensch ist für Gott wichtig. Wenn du dich darauf besinnst, was das Göttliche durch dich tun will, und diese göttliche Bestimmung durch dich geschehen lässt, wirst du die Abwesenheit von innerem Dialog, [und die Anwesenheit von] Frieden, Stille, der Stimme des Herzens und das Gefühl, in der Mitte zu sein, erleben. Du wirst auch die Abwesenheit von Ehrgeiz, Wettbewerb, Feindseligkeit und Antagonismus erleben. Du wirst erkennen, dass das Göttliche alle Wesen bewegt. Deshalb ist es sinnlos, sich mit ihnen anzulegen (es sei denn, sie handeln *adharmisch*, d.h. ungerecht und widersprechen dem göttlichen Gesetz).

Die Kontemplation darüber, was das Göttliche durch uns zum Ausdruck bringen will, ist eine Reise der Selbstentdeckung, des Selbstausdrucks und der Selbstfindung.[252] Natürlich geschieht dies zum Teil durch Meditation und Selbstbeobachtung, aber sobald wir gefunden haben, was das Göttliche durch uns tun will, müssen wir aktiv werden und es zum Ausdruck bringen. Was wir dann tun sollen, ist unser *svadharma* (unsere eigene Pflicht). Aurobindo beschreibt die Verbindung zwischen Selbstkontemplation (*svabhava*) und eigener Pflicht (*svadharma*) als die Beziehung des äußeren Lebens eines Menschen zu seinem inneren Wesen, die Entfaltung seiner Handlungen aus seiner Seele und seiner inneren Natur.[253] In *Seven Quartets of Becoming, A Transformative Yoga Psychology Based on the Diaries of Shri Aurobindo*, bezeichnet Debashish Banerji das *svabhava* einer Person als ihr persönliches Gesetz

---

252 Sri Aurobindo, Essays on the Gita, S. 521
253 Sri Aurobindo, Essays on the Gita, S. 515

des Seins, das die Eigenschaften enthält, die sie besitzt.²⁵⁴ In diesem Zusammenhang ist sein Begriff für *svadharma* das persönliche Gesetz des Werdens. Wir müssen herausfinden, welche Eigenschaften wir in den Augen Gottes besitzen, bevor wir unsere Aktivitäten in diese Richtung entwickeln können. Professor Banerji fügt den kritischen Begriff «persönlich» hinzu, weil *svabhava* und *svadharma* für jeden Menschen unterschiedlich sind. Dazu später mehr.

Aurobindo sagt, dass das Handeln des Einzelnen von seinem *svabhava*, dem wesentlichen Gesetz seiner Natur, gelenkt werden muss.²⁵⁵ Ihm zufolge ist es die reine Qualität der Natur eines Menschen und die ihm innewohnende Kraft seines bewussten Willens. Der bewusste Wille hat nichts mit den Launen des Egos zu tun, sondern ist der zielgerichtete Wille des Göttlichen in uns, der nach dem göttlichen Entzücken, der Freude und der Ekstase des göttlichen Spiels und Wirkens sucht. Auch wenn diese Passage von Aurobindo für diejenigen, die neu in dieses Thema sind, weit hergeholt klingen mag, gibt es keine größere Freude und Befriedigung, als sich ganz dem Göttlichen zu überlassen und zu spüren, dass jede Bewegung, jeder Gedanke und jede Handlung nicht von einem selbst, sondern vom Göttlichen ausgeht.

Damit dies geschehen kann, muss jeder Einzelne sein angeborenes *svadharma* entdecken und ihm folgen.²⁵⁶ Unser *svabhava* (Selbstkontemplation oder inneres Gesetz des Seins) bestimmt unser *svadharma*, unser persönliches Gesetz des Handelns, das unser Selbstgestalten, Funktionieren und Wirken ist.²⁵⁷ Es ist eine fehlerhafte Lehre, dass *svadharma*, das innere Gesetz des Seins, eine kollektive Einstellung ist. Stattdessen

---

254 Debashish Banerji, Seven Quartets of Becoming, S. 391
255 Sri Aurobindo, Essays on the Gita, S. 274
256 Sri Aurobindo, Essays on the Gita, S. 513-14
257 Sri Aurobindo, Essays on the Gita, S. 519

hat jedes Wesen ein persönliches *svadharma*, ein inneres Gesetz des Seins, das es beachten muss.[258] Es reicht nicht aus, darüber nachzudenken, was gut, ethisch oder richtig ist. Wir müssen herausfinden, was das Richtige für uns ist, das wir tun sollen. Unsere eigene Pflicht ist eine persönliche Angelegenheit zwischen uns und Gott. Niemand sonst kann sich einmischen und uns sagen, was wir tun sollen, kein Wahrsager, Astrologe, Therapeut oder spiritueller Lehrer. Die Informationen werden nur vom Göttlichen an den Einzelnen weitergegeben.

SELBST-PFLICHT (SVADHARMA) ODER GESETZ DES WERDENS

Wir müssen unsere eigene Pflicht (*svadharma*) erfüllen, um das zu werden, was wir innerlich bereits sind. Es reicht nicht aus, zu sein, sondern wir müssen auch werden. Damit spiegeln wir den Aufbau des Göttlichen wider, das einen Seins-Aspekt, den transzendenten Gott, und einen Werden-Aspekt, den dynamischen Prozess des immanenten Gottes, hat, der die Entfaltung des Universums und die Evolution des Lebens beinhaltet. Unser Gesetz des Werdens (*svadharma*) muss natürlich aus unserem Gesetz des Seins (*svabhava*) erwachsen. Das wurde natürlich nicht nur von der *Bhagavad Gita*, dem *Bhagavata Purana* und Mystikern wie Aurobindo erkannt, sondern auch von modernen Psychologen. Carl Jung zum Beispiel sagte, dass jeder Mensch eine Spannung in sich trägt, die er ausdrücken muss, indem er das wird, was er werden sollte. Wenn diese Spannung nicht kreativ ausgedrückt wird, kann sie zerstörerisch werden. So kann ein Mensch zum Beispiel zu Drogen greifen, um sich von dieser Spannung zu befreien, sich zu betäuben und eine vorübergehende Erleichterung und Ruhe zu erfahren. Der

---

258 Sri Aurobindo, Essays on the Gita, S. 592

Begründer der humanistischen Psychologie, Abraham Maslow, sagte, dass ein Musiker Musik machen muss, ein Maler malen muss und ein Schriftsteller schreiben muss. Um letztlich mit sich selbst im Reinen zu sein, muss ein Mensch das sein, was er sein kann.

In der *Gita*, die mehrere Jahrtausende vor Jung und Maslow geschrieben wurde, heißt es, dass es zu mehr spirituellem Wachstum führt, die eigene Pflicht (*svadharma*) zu erfüllen, auch wenn sie in der Skala der materiellen Werte niedriger ist, als einen großen materiellen Vorteil aus der Erfüllung der Pflicht eines anderen (genannt *para-dharma*) zu ziehen.[259] Man begeht keinen Fehler, so die *Gita*, wenn man seine Arbeit in Übereinstimmung mit der eigenen Natur (*svabhava*) ausführt. Noch radikaler ist die Formulierung der *Gita* an einer anderen Stelle. Hier lernen wir, dass Arbeit, die im Einklang mit der eigenen Pflicht (*svadharma*) steht, zwar nicht modisch sein mag, aber immer noch besser ist als Handlungen, die dem eigenen Wachstum fremd sind (*para dharma*), wie gut wir sie auch ausführen mögen.[260] Denn selbst der Tod wird zur eigenen Entwicklung beitragen, wenn man seine Arbeit im Einklang mit dem eigenen Gesetz des Werdens (*svadharma*) ausführt, so die *Gita*, während eine Pflicht, die dem eigenen Wachstum fremd ist, zur Verlangsamung führt.

Einige von uns haben dieses Phänomen vielleicht schon erlebt, wenn wir uns zu einem langen und anstrengenden Studium überreden lassen, das uns materielle Freiheit und Unabhängigkeit bringen sollte, und dann, wenn wir endlich in dem Beruf arbeiten, feststellen, dass wir ihn hassen und ihn verlassen müssen. Es mag schwierig sein, zu einem so späten Zeitpunkt umzukehren, aber es ist immer noch besser, als ein Leben lang in einem Beruf zu arbeiten, für den wir keine

---

259 Bhagavad Gita XVIII.47
260 Bhagavad Gita III.35

Affinität und Berufung haben. Deshalb ist es wichtig, sich so früh wie möglich über sein *svabhava*, das Gesetz des eigenen Seins, klar zu werden. Mithilfe von Selbstkontemplation müssen wir herausfinden, was unsere Lebensaufgabe ist.

Das *Bhagavata Purana* stimmt mit der Position der *Gita* überein, dass das Streben nach dem eigenen *svadharma* die beste Vorgehensweise ist, weil das eigene Gesetz des Werdens nicht zu Knechtschaft führen kann, solange es der eigenen natürlichen Veranlagung (*svabhava*) folgt.[261] Damit ist gemeint, dass das Befolgen des *svadharma* eines anderen zur Knechtschaft (d.h. zur geistigen Sklaverei) führen kann, wenn man nicht seiner eigenen natürlichen Veranlagung folgt, sondern der eines anderen. Wir müssen uns fragen, ob wir unser eigenes Leben leben oder das eines anderen.

Heutzutage werden wir durch soziale Medien, Fernsehen, Gruppenzwang, finanziellen Druck usw. in bestimmte glamouröse, finanziell lohnende oder vermeintlich sichere Berufe gedrängt. Diese Berufe können für uns ungeeignet sein. Deshalb sollten wir bei unserer Berufswahl nicht darauf achten, ob andere einen Beruf bewundern, egal ob es sich um Eltern, Ehepartner, Freunde usw. handelt. Wenn sie einen bestimmten Beruf bewundern, sollen sie ihn ergreifen. Wenn sie reich werden oder finanziell abgesichert sein wollen, sollen sie das tun. Entscheidend ist, ob Gott uns die Gaben und die Berufung gegeben hat, in einem bestimmten Beruf gut zu sein. Wenn das der Fall ist, wird der Beruf auf natürliche Weise zu uns kommen und wir müssen nicht mehr darüber nachdenken, ob der Beruf der richtige ist. Wir sind frei von inneren Zwiegesprächen und sind ganz in unserem Element, wenn wir den Beruf ausüben. Das ist der Fall, weil das Göttliche durch uns handelt; das Göttliche wird die Arbeit tun. Das Tun wird also nicht aus Anstrengung, aus

---

261 Bhagavata Purana VII.12.31-32

dem Ego heraus geschehen, sondern aus der Hingabe an den göttlichen Willen. Wir werden vom göttlichen Willen bewegt; daher wird es ein müheloses oder tunloses Tun sein.

In den abschließenden Aussagen der *Gita* kündigt Krishna an, dass Er erklären wird, wie man spirituelle Kompetenz erlangt, indem man seine natürliche Pflicht hingebungsvoll erfüllt.[262] Krishna kündigt eine bestimmte Aussage nur an, um die Aufmerksamkeit auf die folgende Aussage zu lenken und sie zu betonen. Er tut dies nur, wenn Er die extreme Bedeutung des folgenden Verses zum Ausdruck bringen will. Im folgenden Vers sagt Krishna, dass wir spirituelle Ermächtigung (*siddhi*) erlangen werden, indem wir unsere eigene Pflicht als Akt der Verehrung des Höchsten Wesens erfüllen, des Einen, aus dem alle Wesen hervorgegangen sind und von dem dieses ganze Universum durchdrungen ist.[263]

Es ist sehr wichtig, das zu verstehen. Es ist eine Sache, über das Göttliche zu meditieren, die Namen des Göttlichen zu rezitieren, heilige Texte zu lesen und zu dem Göttlichen zu beten. Aber was nützt das alles, wenn das Göttliche uns Gaben gegeben hat, die mit dem zu tun haben, was Es als uns werden will, was Es durch uns tun will, und wir diese Informationen ignorieren und stattdessen etwas tun, das uns reich, berühmt und glamourös macht? Ich sage nicht, dass das, was das Göttliche will, dass wir tun, uns nichts von all dem bringt. Vielleicht wird es das, vielleicht auch nicht. Die Arbeit zu tun, die das Göttliche durch uns tun will, ist auf dem Weg der *bhakti* unerlässlich. Es ist eine Form der liebevollen Hingabe und des Vertrauens, sich vom Göttlichen bewegen zu lassen, als wären wir auf einem Rad montiert. Wenn wir das tun, beten wir das Göttliche durch unsere Handlungen an. Wenn wir uns weigern, verehren wir stattdessen unser eigenes Ego.

---

262 Bhagavad Gita XVIII.45
263 Bhagavad Gita XVIII.46

Was wir normalerweise als freien Willen und freie Wahl betrachten, ist die Stimme des Egos. Sie wird uns niemals zufriedenstellen und erfüllen. Der Grund dafür ist, dass das Ego keinen wahren Willen hat; es hat nur wahre Launen. Es gibt nur einen wahren Willen, und das ist der Wille Gottes. Wenn wir uns mit dem Willen Gottes in Einklang bringen, werden wir frei. Ansonsten bleiben wir an unser eigenes Ego gebunden.

Seiner eigenen Pflicht zu folgen bedeutet, eine Arbeit, eine Handlung oder einen Beruf auszuüben, die zu unserer Entwicklung und unserem spirituellen Fortschritt beitragen.[264] Wie das? Wir entwickeln uns spirituell in dem Maße weiter, in dem wir uns vom Göttlichen bewegen und beeinflussen lassen. In gewissem Maße tun wir das bereits unbewusst, aber wir müssen diesen Akt zu einer bewussten Hingabe machen. Stattdessen beten wir oft unser eigenes Ego an und denken, wir wüssten es besser. Das meiste oder sogar das gesamte Elend der Menschheit entsteht jedoch durch Handlungen, die nicht mit dem Göttlichen übereinstimmen. Doch der Krishna der *Bhagavad Gita* und des *Bhagavata Purana* ist nicht daran interessiert, unbewusste Figuren über ein Schachbrett zu schieben. Er möchte, dass wir bewusst mitmachen und mitgestalten. Je mehr wir uns bewusst machen, dass nicht wir handeln, sondern das Höchste Wesen uns bewegt, desto mehr göttliche Bandbreite können wir kanalisieren und desto mehr können wir das Göttliche herabrufen und uns Ihm hingeben.

Einigen von uns fällt eine solche Ergebenheit leicht, aber andere brauchen vielleicht eine Vorbereitung. Um uns für diesen Akt der Hingabe zu öffnen und das Göttliche in uns herabzurufen, sind oft die vielen reinigenden Disziplinen des *Raja* Yoga notwendig. Um unsere angeborene eigene Pflicht zu entdecken, müssen wir uns vielleicht erst einmal von den

---

264 Swami Tapasyananda, Srimad Bhagavad Gita, S. 472

Konditionierungen durch Erziehung, Kultur, Umwelt und Wünsche befreien, die unsere Entscheidungen bestimmen. Laut Aurobindo ist die innere Wunschlosigkeit der Vorwand, um uns mit dem psychischen Gesetz unseres Werdens in Kontakt zu bringen.[265] Nur dann kann unser *Karma* Yoga zu einer authentischen und liebevollen Anbetung des Göttlichen werden.

VARNA ODER KASTE UND WARUM ES FÜR BHAKTI WICHTIG IST

In einigen *Gita*-Kommentaren kommen die Begriffe *svadharma* und Kaste häufig zusammen vor. Die indischen Kasten haben eine gewisse oberflächliche Ähnlichkeit mit den sozialen Klassen im Westen, deren Grenzen seit dem Aufkommen des Kapitalismus etwas verschwommen sind. Dennoch gibt es überall noch soziale Klassen, und die Zugehörigkeit zu ihnen wird heute vor allem durch die Dicke des Geldbeutels bestimmt.

Vielleicht stößt du auf orthodoxe *Bhagavad Gita*-Kommentare, die Krishnas Aufforderung, dem eigenen *svadharma* zu folgen, lediglich als Befolgung der Regeln der eigenen Kaste interpretieren. Ich bin natürlich mit dieser Interpretation vertraut und lehne sie mit der gleichen Argumentation ab, mit der auch Shri Aurobindo und Mahatma Gandhi sie ablehnten. In der *Gita* ist von den sogenannten *varnas* (Farben) die Rede, welches Gruppierungen sind durch die die Gesellschaft geordnet wird. Der *varna* eines Menschen wird durch seine *gunas* bestimmt (d.h. durch das Überwiegen bestimmter Eigenschaften, die *gunas* genannt werden, in seinem Geist). Jemand, dessen Geist überwiegend *sattvisch* ist (nach dem verstorbenen Professor

---

265 Debashish Banerji, Seven Quartets of Becoming, S. 310

Surendhranath Dasgupta bedeutet *sattva* Intelligenzpartikel), gehört zur spirituellen *varna* oder Priesterkaste (*brahmana*). Wenn dein Geist überwiegend *rajas* (Energiepartikel) ist und etwas *sattva* beigemischt ist, gehörst du zur Adels-, Verwaltungs- und Verteidigungskaste (*kshatriya*). Ist dein Geist *rajasisch* mit etwas *tamas* (Massenteilchen), dann gehörst du zur Kaufmannskaste (*vaishiya*). Mit *tamas* allein als vorherrschendes *guna* gehört man zur Arbeiterkaste (*shudra*). Im alten Indien wurde die Zugehörigkeit zu diesen *varnas* durch die geistige Veranlagung und Qualität einer Person bestimmt und war weder erblich noch musste man in einem *varna* bleiben. Aurobindo und Gandhi vertraten die Ansicht, dass das *varna*-System der *Gita* nichts mit einem erblichen Kastensystem zu tun hatte, sondern eine Möglichkeit darstellte, zu bestimmen, wie ein Mensch dem Göttlichen und der Menschheit am besten dienen konnte.

Die Ansicht, dass die Eigenschaften die *varnas* (Klassen) bestimmen, wird von Krishna verdeutlicht, wenn er sagt, dass es von den *gunischen* Eigenschaften abhängt, die sich aus dem individuellen Gesetzt des Seins (*svabhava*) ergeben, ob wir ein *brahmana*, *kshatriya*, *vaishya* oder *shudra* sind.[266] So sind die Pflichten eines *brahmanen*, die sich aus dem Gesetz des Seins ergeben, Gleichmut, Selbstbeherrschung, Einfachheit, Reinheit des Handelns, der Rede und des Denkens, Geduld, Unkompliziertheit, Selbstverwirklichung, Gottverwirklichung und Hingabe an das Göttliche.[267] Mit anderen Worten: Nicht die Vererbung, sondern die Tatsache, ob du diese Eigenschaften besitzt, bestimmt dein *varna*. In den folgenden Versen zählt Krishna die Eigenschaften der anderen Kasten auf, und es ist klar, dass er hier von psychologischen Typen spricht. Der Versuch, diese Eigenschaften den

---

266 Bhagavad Gita XVIIII.41ff
267 Bhagavad Gita XVIIII.42

erblichen Mitgliedern der heutigen indischen Kasten (oder auch den Kasten jeder anderen Gesellschaft) zuzuschreiben, wäre schwierig, ja fast unmöglich zu argumentieren.

Ein weiterer Mystiker und Theologe, der in diese Richtung argumentiert, ist Swami Tapasyananda, Autor einer hervorragenden Übersetzung des *Bhagavata Purana* und eines hervorragenden Kommentars zur *Gita*. In seinem *Gita*-Kommentar erklärt Tapasyananda, dass die *varnas* Charaktertypen sind und nichts mit erblichen Kasten zu tun haben.[268] Tapasyananda erklärt weiter, dass das mittelalterliche Verständnis von *svadharma* es mit erblichen Kasten in Verbindung bringt, aber wahres *svadharma* steht im Einklang mit unserer geistigen Konstitution und höheren Entwicklung.[269] Er erklärt auch, dass das moderne indische Kastensystem auf der Geburt basiert, das *varna*-System der *Gita* jedoch auf der *gunischen* Konstitution (d.h. der psychologischen Beschaffenheit unseres Geistes) beruht.[270] Tapasyananda schlägt diese Interpretation auch im *Bhagavata Purana* vor, wo wir lesen, dass das moderne Kastensystem Indiens niemals mit dem *varna*-System verwechselt werden darf, in dem die *gunas* (Eigenschaften) eines Menschen den *varna* (Farbe) bestimmen.[271]

Einige moderne Autoren identifizieren die *varnas* (Farben) von einst immer noch mit den Kasten von heute, weil alle mittelalterlichen Kommentatoren in diese Richtung argumentiert haben, sogar der große Ramanujacharya, der ansonsten tadellos ist. Darauf antwortet Swami Tapasyananda, dass die alten Kommentatoren Shri Krishna großes Unrecht getan haben, indem sie seine Botschaft so

---

268 Swami Tapasyananda, Srimad Bhagavad Gita, S. 10
269 Swami Tapasyananda, Srimad Bhagavad Gita, S. 112
270 Swami Tapasyananda, Srimad Bhagavad Gita, S. 139
271 Swami Tapasyananda, Srimad Bhagavata, Bd. 2, S. 268

verwässert haben, dass sie nur für Mitglieder des starren indischen Kastensystems relevant ist.[272] Die göttliche Pflicht, zu der man berufen ist, ist das eigene *svadharma* und nicht die eigene Kaste. Ich erwähne diesen Punkt in diesem Buch, weil die Themen *svabhava*, das persönliche Gesetz des Seins, und *svadharma*, das persönliche Gesetz des Werdens, so zentral für Shri Krishnas *bhakti*-Lehre sind, dass ohne ihr richtiges Verständnis die gesamte Lehre im besten Fall unvollständig ist und im schlimmsten Fall zusammenbricht. Das war auch die Ansicht von Shri Aurobindo.

Ich möchte klarstellen, dass ich hier nicht für eine romantische Wiederbelebung des Kastensystems plädiere. Was ich damit sagen will, ist, dass eine Rechtfertigung des modernen Kastensystems in die *Bhagavad Gita* hineinzulesen bedeutet, die tiefe Bedeutung zu übersehen, die Krishnas Konzepte von *Karma* Yoga, *svabhava* und *svadharma* für die gesamte Menschheit haben. Ich habe lange genug in Indien gelebt, um zu wissen, dass das heutige starre Kastensystem nicht Krishnas Lehre entspricht - mehr dazu in einem eigenen Abschnitt über die Kasten in Kapitel 10.

YAJNA – MEHR ÜBER DARBRINGUNG UND GEBEN

Wie versprochen, werde ich dieses Kapitel abschließen, indem ich auf das Geben, das Darbringen und das *vedische yajna*-Ritual eingehe. Bei einem flüchtigen Blick auf das Thema könnte man meinen, dass es sich um ein abwegiges Thema handelt, über das man schreiben könnte, aber du wirst bald sehen, dass es die Kernbotschaft der *Bhagavad Gita* enthält. Die Religion unserer modernen kapitalistischen Gesellschaft ist es, eine Draufgänger-Haltung einzunehmen. Diejenigen, die losziehen und sich holen, was sie wollen, setzen sich in dieser Art von Gesellschaft durch. Die New-Age-Bewegung hat die

---

[272] Swami Tapasyananda, Srimad Bhagavad Gita, S. 468

Draufgänger-Haltung aufgeweicht und umbenannt und sie hinter der Verbesserung der eigenen Fähigkeit zu empfangen oder zu manifestieren versteckt. Aber der Fokus liegt immer noch auf dem altmodischen Nehmen und Bekommen, auch wenn wir mit einer etwas freundlicheren Einstellung an die Sache herangehen. Der Fokus bei beiden Ansätzen, dem Draufgänger auf der einen und dem Empfänger/Manifestor auf der anderen Seite, ist letztlich immer noch derselbe. Es geht um das Haben.

Mit Shri Krishnas Interpretation des *vedischen yajna*-Rituals verlagert sich der Schwerpunkt auf das Geben, Sein und Werden, anstatt auf das Erhalten, Empfangen und Haben. Diese Verlagerung ist der zentrale Punkt bei dem Versuch, eine mitfühlendere Gesellschaft zu schaffen, die mit der gesamten Biosphäre in Einklang steht. Wie Aurobindo in «*The Secret of the Vedas*» gezeigt hat, war *yajna* ursprünglich dazu gedacht, der geistigen Welt in Hülle und Fülle zu schenken, was wiederum der Menschheit Fülle bescheren sollte. Zur Zeit der *Bhagavad Gita* war das *yajna*-Ritual vermutlich zu einem Akt des Feilschens mit der Geisterwelt geworden, um von den Geistern einen guten Deal zu bekommen. Die *Gita* interpretiert das *yajna*-Ritual daher neu, um es wieder mit der frühen *vedischen* Idee in Einklang zu bringen, bei der es sich um einen Akt des selbstlosen Gebens handelt und nicht um die Durchführung eines Rituals mit einem bestimmten Ergebnis im Sinn.

Swami Tapasyananda erklärt, dass *yajna* das Mittel zu Wohlstand und spirituellem Erfolg ist und dass *yajna* in der Terminologie der *Gita* Selbstaufopferung bedeutet, d.h., sich selbst zu geben.[273] *Yajna* ist, sich in den Dienst des Göttlichen zu stellen und sich allen Wesen aufzuopfern, und *yajna* bedeutet, mehr zu geben als zu nehmen. Im Kontext

---

273 Swami Tapasyananda, Srimad Bhagavad Gita, S. 84

der *Gita* bedeutet *yajna*, wie bereits erwähnt, dass man alle seine Handlungen in einen selbstlosen Dienst für das Göttliche verwandelt. Dazu gehört auch, herauszufinden, was das Göttliche will, dass wir sind und werden. Dass *yajna* eine höhere spirituelle Bedeutung hat, als gewöhnlich angenommen wird, wird durch die Tatsache bestätigt, dass *yajna* auch ein Name von Lord Vishnu ist, von dem Krishna ein *avatar* ist.[274] In den *Veden* ist Vishnu der Empfänger aller Opfergaben. Wir müssen erkennen, dass alle unsere Handlungen Darbringungen an das Göttliche sind; deshalb ist es wichtig, mit welcher Einstellung wir sie tun. Deshalb sagte Jesus Christus: «Wenn du eine Opfergabe auf den Altar legst, während du noch einen Groll gegen deinen Bruder hegst, ist deine Opfergabe nicht willkommen, denn sie wird den Altar verunreinigen. Versöhne dich zuerst mit deinem Bruder, dann ist deine Opfergabe willkommen».[275] Jede Opfergabe oder jede Handlung, die in dem Bestreben ausgeführt wird, sich einen Vorteil gegenüber einem anderen Kind des Göttlichen zu verschaffen, kann dem Göttlichen nicht gefallen.

In der *Gita* ermahnt uns Krishna, dass alle Handlungen, wenn sie nicht als *yajna*, als Dienst am Göttlichen, ausgeführt werden, zu weiterer Knechtschaft führen werden.[276] Die Gründe dafür liegen auf der Hand. Normalerweise versuchen wir, uns durch unsere Handlungen einen Vorteil gegenüber anderen zu verschaffen, denn unsere Handlungen werden von egoistischen Motiven angetrieben, die zu Identifikation und Anhaftung führen, und sind auch durch Wünsche und Abneigungen motiviert. Deshalb führen alle unsere Handlungen zu weiterem *karma* und Verblendung. Krishna lehrt uns, dies zu vermeiden, indem wir unsere

---

274 Swami Tapasyananda, Srimad Bhagavad Gita, S. 107
275 Matthäus 5:24
276 Bhagavad Gita III.9

Handlungen als *yajna* ausführen, was bedeutet, dass wir unsere Handlungen dem Göttlichen weihen. Wir führen sie als Dienst für das Göttliche aus, indem wir uns selbst, unsere Handlungen, unsere Handlungsbewusstsein und die Ergebnisse unserer Handlungen opfern, was in der *vedischen* Terminologie Selbstaufopferung, *yajna*, genannt wird.

Im folgenden Vers verkündet Krishna, dass der Schöpfergott die Menschen zusammen mit dem *yajna* erschaffen hat und ihnen gesagt hat, dass sie sich vermehren und gedeihen werden und alle ihre Bedürfnisse erfüllt sein werden, wenn sie ihre Handlungen dem Göttlichen und dem Gemeinwohl widmen.[277] Nach dieser Lehre wird Wohlstand dadurch geschaffen, dass man das Wohlergehen aller Wesen, der gesamten Natur und den Dienst am Göttlichen im Sinn hat, also aus einer Haltung des Gebens heraus. Diese Philosophie steht im krassen Gegensatz zum Credo der modernen Gesellschaft, die zu glauben scheint, dass Reichtum dadurch entsteht, dass man alle anderen listig und hinterhältig austrickst und mit der fetten Beute davonkommt. Ich gebe zu, dass dies manchmal einigen wenigen zu Reichtum verhelfen kann, aber auf lange Sicht verarmt die Gesellschaft dadurch. Sieh dir nur die Tatsache an, dass sich jedes Jahr ein größerer Teil des Reichtums in den Händen von immer weniger obszön reichen Einzelpersonen konzentriert, während gleichzeitig die ärmeren 50% der Weltbevölkerung jedes Jahr einen geringeren Anteil des weltweiten Reichtums besitzen. Das ist ein giftiges Rezept für einen Klassenkrieg. Dass Krishna davon nichts wissen will, wird deutlich, wenn Er in der *Bhagavad Gita* erklärt, dass diejenigen Diebe sind, die nehmen, ohne etwas zu geben.[278] In Vers IV.24 der *Gita* werden die formalen Bestandteile des *vedischen yajna*-Rituals als Metapher für das

---

277 Bhagavad Gita III.10
278 Bhagavad Gita III.12

Leben neu interpretiert, wobei das Opfern und Geben das zentrale Thema ist. Darin bilden der Geber, das Gegebene, der Akt des Gebens und der Empfänger den Prozessaspekt des Göttlichen, den immanenten Gott. Durch diese Metapher erkennen wir, dass es kein egoistisches Wegnehmen von Ressourcen von anderen geben kann; stattdessen wird Fülle kollektiv von allen Wesen in gemeinsamer Zusammenarbeit geschaffen. Verarmung hingegen entsteht, wenn alle gegeneinander arbeiten und sich antagonistisch verhalten.

Ein wesentlicher Aspekt des *yajna*-Rituals sind die Reste oder Überbleibsel. Bei einem *vedischen yajna* zum Beispiel werden die Speisen dem Göttlichen geweiht und ein Teil davon in ein Opferfeuer geworfen. Es bleibt eine große Menge übrig, die die Teilnehmer:innen dann essen können. Es ist wichtig, dass wir diese Verse nicht als etwas abtun, das nur für Hindus oder Inder gilt. Sie enthalten eine universelle Botschaft, die man verstehen kann, wenn man genau hinhört, was die *Gita* sagt.

In Vers IV.28 werden yogische Praktiken und das Studium heiliger Texte als eine gültige Form von *yajna*, der Selbstaufopferung, genannt. In Vers IV.29 heißt es, dass die *pranayama*-Praxis mit einem tiefen Verständnis ihrer *pranischen* Grundlagen ebenfalls ein gültiges *yajna* ist. In Vers IV.33 heißt es, dass *jnana yajna*, das Darbringen von Wissen, die höchste Form des Opfers ist. Mit Wissen ist hier natürlich spirituelles Wissen wie die Selbstverwirklichung gemeint. Krishna sagt, dass das Erlangen von spirituellem Wissen die höchste Form der Opfergabe ist, die wir dem Göttlichen bringen können. Spirituelles Wissen ist die höchste Form der Aufopferung, weil es nichts gibt, was dem Göttlichen so gut gefällt wie unsere spirituelle Entwicklung. Warum das so ist, wird in Vers IV.37 erklärt. Hier sagt Krishna, dass das Feuer des Wissens (*jnana agni*) alles negative *karma* verbrennt, ähnlich wie ein Feuer seinen Brennstoff zu Asche reduziert.

Diese Verse unterstreichen die Bedeutung von *jnana* - Wissen - im *Bhakti* Yoga. *Bhakti* Yoga kann nicht vollständig sein ohne *Karma* Yoga, das heißt, dem Göttlichen durch seine Handlungen zu dienen, aber beides kann nicht vollständig sein ohne *jnana*, das Erlangen von spirituellem Wissen wie dem Wissen über das Selbst und das Göttliche. *Jnana* Yoga wird daher das Thema des nächsten Kapitels sein.

Krishna antwortet direkt auf eine Frage von Arjuna und erklärt, dass Er das *adhi-yajna* ist, d.h. das, was in allen Opferhandlungen angesprochen wird, die Menschen mit ihrem Körper und ihrem Geist ausführen.[279] Hier ein paar Erklärungen: Wenn Krishna Ich sagt, meint Er nicht, dass der Körper des *avatars* Krishna der Empfänger aller Opferhandlungen und Dienste ist. Er meint Ihn als das Höchste Wesen, eine Anspielung darauf, dass Vishnu in den *Veden* der Empfänger aller Opfergaben ist. Mit den Worten «mit Körper und Geist» will Krishna zum Ausdruck bringen, dass es nicht ausreicht, mit dem Körper bestimmte Rituale, wie z.B. die Yoga-Praxis, zu vollziehen, ohne sie als Opfergabe dem Göttlichen zu übergeben. Drittens erinnert er uns daran, dass es Praktiken gibt, die ausschließlich im Geist stattfinden, wie z.B. alle Gedanken dem Göttlichen zu überlassen, im Einklang mit dem Göttlichen zu denken und seine Meditationspraxis dem Göttlichen zu übergeben. Viertens stellt er klar, dass es zwar formale Rituale gibt, dass aber alle Handlungen, die mit Körper und Geist ausgeführt werden, als eine Opfergabe an das Göttliche verstanden werden sollten. Hierin liegt der entscheidende Beitrag des Begriffs *yajna* zur Philosophie von *bhakti*. Alle Handlungen müssen in Liebeserklärungen an das Göttliche umgewandelt werden.

All das sind wichtige Aspekte des *yajna*. *Yajna* ist ein Ritual, das uns daran erinnert, dass der gesamte Kosmos

---

279 Bhagavad Gita VIII.4

KAPITEL 5

der kristallisierte Körper Gottes ist, und deshalb müssen alle unsere Handlungen zu *Karma* Yoga und *Bhakti* Yoga werden. Deshalb sagte Shri Aurobindo: «Alles Leben ist Yoga». Der wichtigste Vers über *yajna* in der *Bhagavad Gita* ist IX.15, den ich bereits weiter oben kommentiert habe. Hier erklärt Krishna, dass diejenigen, die dem Göttlichen *jnana yajna* (Wissensopfer) darbringen, Ihn als das allumfassende Ganze verehren, als das Eine (*ekatva*), das Unterschiedliche oder Getrennte (*prthaktva*) und das Immanente in der Vielfalt (*bahudha*). *Ekatva* bedeutet, die Einheit des tiefen, unverkörperten Selbst mit dem transzendenten Aspekt des Göttlichen zu sehen. *Prthaktva* bedeutet, dass wir uns von der göttlichen Schöpferkraft, der Shakti oder kosmischen Intelligenz, getrennt und als verschieden sehen. Wir haben eine begrenzte Intelligenz und Kraft, aber die des Göttlichen ist unbegrenzt. Wir haben einen begrenzten Körper, aber der Körper des Göttlichen, des Kosmos, ist unbegrenzt. Die dritte Art der Gottesverwirklichung ist *bahudha* - Vielfältigkeit. Es bedeutet zu sehen, wie der immanente Gott zur Vielheit aller Wesen und Objekte geworden ist, in ihnen allen wohnt, sie belebt und ihnen ihre Eigenschaften verleiht. Unsere *bhakti* ist unvollständig, wenn wir nicht alle diese drei Verwirklichungen sehen und verstehen können.

In diesem Kapitel habe ich gezeigt, dass die Praxis und das Verständnis der Prinzipien des *Karma* Yoga für *bhakti* unerlässlich sind. Ich hoffe, der Leser wird durch diese präzise Darstellung der Wissenschaft von *bhakti* nicht entmutigt. Sie ist mir nicht über Nacht eingefallen, sondern das Ergebnis jahrzehntelanger Studien, Untersuchungen und Praxis. Die Praxis von *bhakti* wird oft durch den Glauben behindert, dass sie einfach darin besteht, sich vor einem Bild zu verneigen. Das in diesem Text dargelegte tiefgründige Verständnis (für das sich der vorliegende Autor keine Lorbeeren verdient, sondern das den von ihm zitierten Quellen zu verdanken ist), wird uns auf den Weg zu einer viel tieferen und lohnenderen *bhakti*-Erfahrung bringen. Bitte verstehe, dass dies nicht durch einmaliges Lesen dieses Textes erreicht werden kann. Es ist vielmehr eine lebenslange Praxis.

Kapitel 6
JNANA YOGA UND SEINE BEDEUTUNG FÜR BHAKTI

WAS IST JNANA YOGA?

Wie bei allen anderen Yogas in diesem Text werde ich *Jnana* Yoga hauptsächlich in Verbindung mit *Bhakti* Yoga beschreiben. Ich hoffe, dass ich in Zukunft einen Text schreiben werde, der sich ausschließlich mit *jnana* befasst. *Jnana* Yoga wurde ursprünglich, wenn auch nicht unter diesem Namen, in der *Brhad Aranyaka Upanishad* beschrieben, und zwar in den Dialogen des *Rishi* Yajnavalkya mit dem König Janaka und mit Yajnavalkyas Frau Maitreyi. In diesen Dialogen formulierte Yajnavalkya die sogenannte Brahman-Lehre, die besagt, dass die dem Universum und dem menschlichen Geist zugrunde liegende Realität das unendliche Bewusstsein, das Brahman, ist. Um das Brahman zu erreichen, lehrt Yajnavalkya einen dreistufigen Weg: *shravana* bedeutet, der Wahrheit zuzuhören, die von jemandem dargelegt wird, der sie erreicht hat. Danach kommt *manana*, das Nachdenken über die gehörte Wahrheit. Nach dem gründlichen Verstehen und Akzeptieren der Wahrheit folgt *nididhyasana*, die dauerhafte Verankerung in der Wahrheit.

Yajnavalkyas Ansatz eignet sich nur für Menschen mit einem sehr hoch entwickelten Intellekt, der frei von dem ist, was die *Samkhya Karika* (ein Text, der die Samkhya-

Philosophie vertritt) *viparyaya*, falsche Erkenntnis oder Irrtum, nennt. Wenn falsche Erkenntnis vorhanden ist, ist der Verstand anfällig dafür, Yajnavalkyas Lehre falsch zu verstehen. Falsche Erkenntnis ist in den meisten, wenn nicht in allen Menschen vorhanden. Das *Yoga Sutra* von Patanjali ist ein Versuch, die abstrakten Lehren der *Upanishaden* für Menschen mit einem fehleranfälligen Geist zugänglich zu machen. Laut Patanjali ist der Irrtum (*viparyaya*) eine der fünf Fluktuationen des Geistes (*vrttis*), die im *Yoga Sutra* aufgelistet sind.[280] Patanjalis Yoga, das auch *Raja* Yoga genannt wird, beschreibt ein System, in dem wir zunächst den Geist von Irrtümern reinigen, um ihn danach auf *Jnana* Yoga anwenden zu können. Zu dieser Reinigung des Geistes gehört ein umfangreicher Werkzeugkasten von *sadhanas* (spirituellen Praktiken und Disziplinen), über die ich in Kapitel 7, dem Kapitel über *Raja* Yoga, einen Überblick gebe. Die *Gita* lehrt *Raja* Yoga in Kapitel 6, wo es als ein Nebenfluss des *Bhakti* Yoga beschrieben wird.

Der indische Theologe Shri Shankaracharya (ich nenne ihn kurz Shankara) aus dem 8. Jahrhundert erklärte in seinem *Brahma Sutra*-Kommentar, dass das Brahman (das unendliche Bewusstsein) nicht durch Handlungen (wie z.B. Yogatechniken) erlangt werden kann, da sonst bewiesen wäre, dass das Brahman verursacht ist. Das kann nicht sein, weil das Brahman per Definition die unverursachte Ursache von allem ist. Ich werde Shankaras Argument nun aus der Sicht des Patanjali Yoga kritisieren: Wenn ich eine Yogatechnik ausführe, reinige ich lediglich meinen Geist und stelle seine ursprüngliche Ausrichtung auf das Brahman wieder her, damit ich in Ihm verweilen kann. Das bedeutet nicht, dass ich das Brahman verursacht habe. Stattdessen zeigt es nur, dass

---

280 Yoga Sutra I.6

- A. mein Geist gereinigt werden musste und
- B. die Wirksamkeit von Yoga-Methoden, um eine solche Reinigung zu erreichen.

Indische Mystiker, die ähnliche Ansichten hatten, waren Shri Ramakrishna und Shri Aurobindo. Aurobindo erlangte *jnana* im Alipore-Gefängnis, nachdem er eine yogische Meditationstechnik praktiziert hatte, die ich weiter unten im Abschnitt «Wie man *jnana* erlangt» beschreiben werde. Aurobindo glaubte dabei nicht, dass er das Brahman durch seine Meditationstechnik hervorgebracht hatte. Natürlich verstand Aurobindo und verkündete immer, dass das Brahman die unverursachte Ursache von allem ist.

Aurobindo glaubte auch nicht, dass *jnana* das Ende des spirituellen Weges sei, sondern eher sein Anfang. Dieser Glaube wurde durch die Tatsache verursacht, dass Aurobindo relativ schnell die Selbstverwirklichung erlangte. Dies war jedoch der Anstoß für eine lebenslange Auseinandersetzung mit *Bhakti* und *Karma* Yoga. So sagt Aurobindo in seinen *Essays on the Gita*, dass die *Gita* im gesamten sechsten Kapitel die Selbstverwirklichung betont.[281] Auch wenn dies als Selbstzweck betrachtet werden kann, ist es nur der Anfang von *Bhakti* und *Karma* Yoga.

Swami Tapasyananda definiert in seinem Kommentar zur *Bhagavad Gita* die Selbstverwirklichung als eine Spaltung des Bewusstseins, bei der das bewusste Zentrum aufhört, sich mit dem Körper-Geist zu identifizieren, und stattdessen im göttlichen Bewusstsein verweilt.[282] Auch wenn uns die Vorstellung, dass eine Spaltung des Bewusstseins etwas ist, das man anstreben sollte, auf den ersten Blick abschreckt, stimmt sie doch in etwa mit Patanjalis Konzept

---

[281] Sri Aurobindo, Essays on the Gita, S. 235
[282] Swami Tapasyananda, Srimad Bhagavad Gita, S. 374

der Selbstverwirklichung überein. Patanjali nennt sie *kaivalya*, was so viel wie Unabhängigkeit, aber auch Isolation bedeutet. Es bedeutet, dass man das wahre Selbst, das Patanjali *purusha* nennt, als unabhängig und isoliert vom egoischen Körper-Geist erkannt hat. Genauer gesagt müssen wir das wahrnehmende Bewusstsein, das wahre Selbst, von der Intelligenz oder dem Intellekt (*buddhi*) isolieren. Der alte *Samkhya*-Lehrer Panchasikha sagte, dass wir aufgrund der Nähe von Intellekt und Bewusstsein glauben, dass der Intellekt empfindungsfähig ist und das Bewusstsein Sinnesdaten verändert. In Wahrheit sind beide Funktionen jedoch völlig getrennt. Er meint damit, dass der Intellekt die Sinnesdaten verändert, aber nicht bewusst ist. Das Bewusstsein hingegen ist bewusst und empfindungsfähig, aber es kann keine Sinnesdaten verändern. Die beiden Funktionen sind völlig voneinander isoliert, und wer sich dieser Isolierung dauerhaft bewusst ist, ist selbstverwirklicht.

Der Zustand der Selbstverwirklichung wird in der *Gita* häufig erwähnt. Sie spricht davon, alle Wesen in ihrer Gesamtheit im *atman* (dem Selbst) zu sehen[283], während es an einer anderen Stelle heißt, dass derjenige, der die Gleichheit in allen Wesen sieht und in spiritueller Verbundenheit (mit dem Göttlichen) steht, den *atman* sieht, der in allen Wesen wohnt, und alle Wesen als im Selbst verankert.[284] In Kapitel XIII der *Gita* geht es hauptsächlich um Selbstverwirklichung und *Jnana* Yoga. In diesem Kapitel unterscheidet Krishna zwischen dem Feld (*kshetra*), das erkannt werden soll, d.h. dem egoischen Körper-Geist, und dem Erkennenden des Feldes (*kshetra-jna*), d.h. dem Bewusstsein oder Selbst (*atman*). Krishna erklärt, dass für Ihn allein das Wissen (*jnana*), das zwischen dem Wissenden (*kshetra-jna*), d.h. dem Selbst, und

---

283 Bhagavad Gita IV.35
284 Bhagavad Gita VI.29

seinem Wirkungsfeld, dem egoischen Körper-Geist (*kshetra*), unterscheidet, das eigentliche Wissen (*jnana*) ist.[285]

VIJNANA (GOTTVERWIRKLICHUNG)

Die Erörterung von *jnana* im Zusammenhang mit der *Gita* und *bhakti* wäre unvollständig, wenn wir nicht auch auf *vijnana* eingehen würden. In einem der wichtigsten Verse der *Gita* erklärt Krishna den Unterschied zwischen essentiellem Wissen (*jnana*, d.h. Selbstverwirklichung) und komplexem Wissen (*vijnana*, d.h. Gottesverwirklichung).[286] Die mittelalterlichen Kommentatoren der *Gita* übersahen die Bedeutung dieses herausragenden Verses, ein Versäumnis, das Shri Ramakrishna korrigierte. Shri Ramakrishna wies darauf hin, dass die beiden Begriffe hier für die Verwirklichung des eigenen Selbst und die Verwirklichung des kosmischen Selbst, des Göttlichen, stehen. Er lehrte, dass *vijnana* (Gottverwirklichung) durch die Verwirklichung des Göttlichen als sowohl persönlich (*saguna*, direkt übersetzt bedeutet der Begriff «mit Form») als auch unpersönlich (*nirguna*) erreicht wird.[287] *Nirguna* bedeutet formlos oder ohne Eigenschaften und bezieht sich auf das formlose Absolute (*nirguna* Brahman), den Gegenstand von Shankaras Lehre. Der Begriff *saguna* bedeutet mit Form oder Attributen und verweist auf alle Formen, die das Göttliche annehmen kann, d.h. eine Gottheit, einen *avatar*, das Kollektiv der Seelen (*jivas*), den gesamten Kosmos und die schöpferische Intelligenz und Kraft, die den Kosmos durchdringt (*prakriti*, *maya*, Shakti).

Swami Tapasyananda sagt, dass *vijnana* bedeutet, das göttliche Spiel zu sehen, in dem das Göttliche zu den *jivas*

---

285 Bhagavad Gita XIII.2
286 Bhagavad Gita VII.2
287 Swami Tapasyananda, Srimad Bhagavata, Bd. 3, S. 9

(individuellen Seelen), dem Kosmos und seinem Meister, der Gottheit, wird.[288]

Tapasyanandas Aussage ist bedeutsam, denn in Shankaras Philosophie ist die Welt statisch, d.h. sie ändert nie ihr Wesen der Illusion. Auch das einzig wahre Wesen, das Brahman, ist statisch, da es seinen Status der Unendlichkeit, Ewigkeit, Leere, Qualitätslosigkeit und Formlosigkeit nie ändert. Tapasyananda verwendet hier den Begriff *lila*, der das dynamische Spiel des Göttlichen impliziert. Das Göttliche, die Spielerin, mag zwar unverändert sein, aber das durchgeführte Spiel ist real und dynamisch. Shri Aurobindo griff Ramakrishnas Lehre auf und entwickelte sie weiter. Er sagt, dass *vijnana* das direkte spirituelle Gewahrsein des Höchsten Wesens ist; durch es wird alles erkannt, nicht nur das Selbst, sondern auch die Welt, ihr Handeln und ihre Natur.[289] Auch hier gesteht Aurobindo mehr als nur das statische Selbst zu, sondern auch das Handeln des Göttlichen in einer realen und sinnvollen Welt.

Ob unsere Handlungen in der Welt von Bedeutung oder völlig illusorisch sind, hängt von unserer Erkenntnis und letztlich von unserem Wissen über die Welt ab. Wenn wir erkennen, dass das Göttliche eine aktive Spielerin in der realen Welt ist, wird unseren Handlungen und der Frage, ob wir zum göttlichen Plan beitragen, eine viel größere Bedeutung beigemessen.

JNANA UND BHAKTI

Shri Aurobindo schreibt, dass das siebte bis zwölfte Kapitel der *Bhagavad Gita* die Grundlage für die enge Beziehung von Wissen (*jnana*) und Hingabe (*bhakti*) legt.[290] In der *Gita*

---

288 Swami Tapasyananda, Srimad Bhagavad Gita, S. 208
289 Sri Aurobindo, Essays on the Gita, S. 266
290 Sri Aurobindo, Essays on the Gita, S. 263

heißt es, dass Hingabe (*bhaktya*) uns zum Höchsten Wesen führt, und indem wir Es erkennen (*jnatva*), treten wir in Es ein.[291] Die Erwähnung von beidem zeigt, dass beide Wege eng miteinander verwoben sind. Shri Krishna erklärt, dass der Wissende (*jnaninah*) eingerichtet in Hingabe (*eka-bhaktih*) und in ständiger Verbindung mit dem Göttlichen ist.[292] Aus diesen Zitaten wird deutlich, dass die Dichotomie, die manche zwischen *Jnana* und *Bhakti* Yoga aufstellen, fiktiv ist. Denn wie könnten wir uns etwas widmen, das wir nicht kennen? Es wäre eine eingebildete Hingabe, ein blinder Glaube, ein Dogmatismus. Wenn man Gott hingegen kennt, gibt es nichts Geradlinigeres und Natürlicheres als *bhakti*. Wenn also sowohl *jnana* als auch *bhakti* echt sind, müssen sie immer Hand in Hand gehen. Wir können zum Beispiel eine einfache *bhakti*-Praxis beginnen, indem wir ein göttliches Bild verehren und andere vorerst ausschließen. Doch wie der große *advaitische bhakti*-Philosoph Madhusudana Saraswati sagte, können die höheren Formen von *bhakti* erst dann entstehen, wenn wir ein Einheitsbewusstsein erlangt haben. Der Begriff Einheitsbewusstsein steht hier für die Erkenntnis, dass hinter allen göttlichen Formen und Gottheiten ein einziges unendliches Bewusstsein steht.

In der *Bhagavad Gita* erklärt Krishna, dass große Seelen (*mahatmas*) Ihn (*jnatva*) als den unveränderlichen Ursprung aller Wesen erkennen und Ihn deshalb mit einem unabgelenkten Geist verehren (*bhajanti*).[293] Auch hier zeigt sich die nahtlose Verschmelzung von *bhakti* und *jnana*, die Yogas der Hingabe und des Wissens. Manchmal erwächst *bhakti* aus *jnana*, manchmal umgekehrt, aber letztlich gehören sie immer zusammen.

---

291 Bhagavad Gita XVIII.55
292 Bhagavad Gita VII.17
293 Bhagavad Gita IX.13

In der *Gita* sagt Krishna zum Beispiel, dass Er die intellektuelle Liebe zu Gott (*buddhi yoga*) denen schenken wird, die Ihn mit Freude anbeten und fest in der spirituellen Verbundenheit verankert sind.[294] Später sagt die *Gita*, dass durch unerschütterliche Hingabe (*bhaktya*) die universelle Form des Göttlichen erkannt werden kann (*jnatum*).[295] Es könnten noch viele andere Stellen zitiert werden, aber diese reichen aus, um zu zeigen, dass *jnana* und *bhakti* nicht zwei, sondern eins sind, und dass diejenigen, die das eine unter Ausschluss des anderen praktizieren, am Ende dumm dastehen könnten.

WIE MAN JNANA YOGA PRAKTIZIERT

Was heute als *Jnana* Yoga bezeichnet wird, heißt in den alten *Upanishaden* Brahman-Wissen. Laut dem *Rishi* Yajnavalkya, dem Begründer der Brahman-Lehre im *Brhad Aranyaka*, der ältesten der *Upanishaden*, wird es durch einen Prozess der Reflexion erlangt, der *shravana, manana, nididhysana* genannt wird. *Shravana* bedeutet, der Lehre zuzuhören. *Manana* bedeutet, über die Lehre nachzudenken, und *nididhysana* bedeutet, sich dauerhaft in der Wahrheit zu verankern. Wir alle können der Lehre zuhören und über sie nachdenken, aber nur wenige werden durch dieses Nachdenken ohne zusätzliche Hilfe spirituell befreit.

Zu der Zeit, als Shankara aufkam, der einige tausend Jahre nach Yajnavalkya lebte, war die Brahman-Lehre bereits so weit kodifiziert, dass Shankara sagte, das Brahman könne nicht durch irgendeine Handlung oder Anstrengung erkannt werden, sondern nur durch Schriften. Die besonderen Schriften, die Shankara im Sinn hatte, sind die so genannte *prashtana trayi* (dreifache Kanone) aus *Upanishaden, Bhagavad*

---

294 Bhagavad Gita X.10
295 Bhagavad Gita XI.54

Gita und *Brahma Sutras*. Das bedeutet, dass das Studium dieser Texte zum *Jnana* Yoga gehört. Die Ansicht, dass das Studium der *Gita Jnana* Yoga ist, wird auch in der *Gita* selbst unterstützt. So sagt Krishna, dass das Studium der *Bhagavad Gita* bedeutet, Ihn mit der Darbringung von Wissen (*jnana yajna*) zu verehren.[296]

Wenn wir uns ausschließlich auf das Studium der Schriften verlassen, besteht eine realistische Chance, dass wir an der Oberfläche bleiben und dass dieses Studium unser Handeln nicht tiefgreifend verändert. Wir lernen vielleicht eine Reihe von sprachlichen Aussagen auswendig, die wir häufig äußern, um andere und uns selbst davon zu überzeugen, dass wir tatsächlich *jnana* erlangt haben, aber das wird unsere Psyche nicht verändern. Auch wenn wir uns nach außen hin als *jnani* bekennen, können unsere Taten unsere Worte verraten.

Shri Krishna hatte genau das im Sinn, als er in Vers II.6 der *Gita* sagte, dass derjenige, der äußerlich untätig ist [d.h. vorgibt, ein großer Meditierender oder *jnani* zu sein], aber in seinem Geist weiterhin Begierden hegt, ein Heuchler ist. Deshalb haben die amerikanischen Ureinwohner ein Sprichwort: «Erzähle uns nichts von deinen spirituellen Erfahrungen. Wir werden dich beobachten und anhand deines Verhaltens beurteilen, was du gesehen und verstanden hast.» Das *Bhagavata Purana* stimmt zu, dass das bloße Reden über Bewusstsein nicht zur Befreiung führt, wohl aber *sadhana* (spirituelle Praktiken).[297] Bitte beachte, dass das Pendel nun zurückgeschwungen ist und, dass das Praktizieren von Yoga wieder als vielversprechender angesehen wurde als bloßes Zuhören, Nachdenken und Verweilen. Als das Mittelalter kam, gab es in yogischen Kreisen eine Abneigung dagegen, von *jnana* zu sprechen. Diese Abneigung wird im letzten Vers der *Hatha Yoga Pradipika* aus dem 15. Jahrhundert deutlich,

---

[296] Bhagavad Gita XVIII.70
[297] Swami Tapasyananda, Srimad Bhagavata, Bd. IV, S. 3

in dem es heißt, dass alles Gerede über *jnana* nur das unsinnige Geschwätz von Verrückten ist, wenn das *prana* (die Lebenskraft) nicht in die zentrale Nadi (*sushumna*) eintritt.[298] Obwohl diese Kritik nicht neu ist, denn eine ähnliche Aussage wurde schon fast zweitausend Jahre früher in der *Gita* gemacht, die besagt, dass es Heuchelei ist, ruhig zu sitzen und zu denken, dass man einen ruhigen Geist erlangt hat.[299]

Deshalb haben die neueren *jnanis* oft yogische oder tantrische Methoden praktiziert, um Wissen zu erlangen. Ich werde drei Beispiele nennen: Shri Ramakrishna, Ramana Maharishi und Shri Aurobindo. Schauen wir uns zunächst Ramakrishnas Fall an. Ramakrishna war der amtierende Tempelpriester im Kali-Tempel von Dakshineshwar. Sein Fall ist aus einer Reihe von Gründen interessant. Er erlangte zunächst durch *bhakti* die Erkenntnis des Göttlichen mit Form, bevor er *jnana* praktizierte. Seinen eigenen Aussagen zufolge diente Ramakrishna Kali über einen längeren Zeitraum hinweg hingebungsvoll, ohne die Verwirklichung zu erreichen. Frustriert kletterte er eines Tages auf die riesige Kali-Statue in der Haupthalle des Tempels und drohte, sich auf dem riesigen Opferschwert aufzuspießen, das die Statue trug. In diesem Moment sah er die göttliche Form von Kali. Während sich die meisten Gottgeweihten damit begnügt hätten, bei ihrer Lieblingsgottheit zu bleiben, war Ramakrishna neugierig, was passieren würde, wenn er sich weiter entfernte. So meditierte er nacheinander über Vishnu, Shiva, Jesus und Mohammed. Später stellte er fest, dass all diese Wege zum selben Ziel führen würden.

An diesem Punkt seines Lebens suchte der *jnani* Totapuri Ramakrishna auf, um ihm eine Lektion zu erteilen. Nach Totapuris Philosophie, dem *Advaita Vedanta*, war das formlose

---

298 Hatha Yoga Pradipika IV.113
299 Swami Tapasyananda, Srimad Bhagavad Gita, S. 83

KAPITEL 6

Absolute, das *nirguna* Brahman, die einzige wirkliche Realität. Göttliche Formen und Gottheiten waren Stellvertreter und Krücken, die nur von denjenigen verehrt wurden, die nicht die intellektuelle Fähigkeit besaßen, ihre Unwirklichkeit zu erkennen. Totapuri unterwies Ramakrishna in *Jnana* Yoga, aber zu seiner großen Überraschung meisterte Ramakrishna *Jnana* Yoga in einer einzigen Sitzung von 24 Stunden.

Als Totapuri zurückkehrte, um die Fortschritte seines Schülers zu überprüfen, stellte er fest, dass Ramakrishna aufrecht in einem Zustand saß, der einer Totenstarre glich, und dass sein ganzer Körper kalt war, aber nur die Spitze seines Kopfes warm. Ramakrishna hatte gemeistert, was die *Vedantins nirvikalpa samadhi* nennen, indem er sein *prana* (Lebenskraft) im *Sahasrara Chakra* (Kronen*chakra*) absorbierte. Diese Technik wird im *Vijnana Bhairava Tantra* als geeignet für das Erreichen von *jnana* aufgeführt. Es ist jedoch eine Technik, die nur für fortgeschrittene Praktizierende wie Ramakrishna sicher ist. Eine weitere bekannte Persönlichkeit, die diese Methode praktizierte, war der indische Beamte, Mystiker und Sozialreformer Gopi Krishna. Er hat zwölf Bücher verfasst, darunter seinen persönlichen Bericht *Kundalini – Evolutionary Energy in Man* aus 1967. In Gopi Krishnas Fall ging die Technik nach hinten los, weil er nicht angemessen vorbereitet war, und er musste eine lange Leidenszeit durchmachen, die er als zwischen Tod und Wahnsinn liegend beschrieb, bevor sich sein Zustand schließlich in der Verwirklichung stabilisierte. Für den durchschnittlichen Praktizierenden lohnt es sich nicht, ein solches Risiko einzugehen.

Totapuri schaffte es, Ramakrishna aus seinem 24-stündigen *nirvikalpa samadhi* herauszuholen, indem er ihn wiederholt schlug und schüttelte. Er hoffte, dass Ramakrishna nun die Vorherrschaft von *jnana* über *bhakti* erfahren hatte. Zu Totapuris Überraschung erklärte Ramakrishna, dass *jnana* der Zustand ist, den man schließlich erreicht, wenn man seinen

Körper zum letzten Mal verlässt, aber solange man noch im Körper ist, ist *bhakti* der angemessene Weg. Ramakrishna erklärte weiter, dass wir im Körper nicht versuchen sollten, uns mit dem formlosen Absoluten zu vereinen, sondern dass wir versuchen sollten, ein Diener des Göttlichen und aller Wesen zu sein.

Das deckt sich mit Shri Krishnas Lehre in der *Bhagavad Gita*, wo Er erklärt, dass es für ein verkörpertes Wesen schwierig ist, einem unklaren Ideal zu folgen; es ist viel problematischer, dem formlosen Absoluten [als dem Göttlichen mit Form] zu folgen.[300] Das liegt daran, dass wir von dem formlosen Absoluten nicht lernen können, was richtig und was falsch ist. Wir können dies jedoch von dem Göttlichen mit Form, wie Krishna, Jesus oder Buddha, lernen. Ramakrishna betonte jedoch, dass man nur dann vollkommenes *vijnana* (Gotteserkenntnis) erlangt, wenn man sowohl das Göttliche mit Form (*saguna* Brahman) als auch das formlose Absolute (*nirguna* Brahman) erkennt.

Die zweite Fallstudie ist die des tamilischen Mystikers Ramana Maharishi aus dem 20. Jahrhundert. Ramana hat selbst keine Bücher geschrieben. Zwischen den Büchern über ihn, die von westlichen Verlagen veröffentlicht wurden, und den indischen Publikationen gibt es erhebliche Diskrepanzen in den Darstellungen seiner Lehren. Ich glaube, dass die westlichen Bücher und Berichte verkürzte und geschönte Versionen wiedergeben und dass die indischen Berichte uns ein vollständigeres Bild von Ramanas orthodoxer Spiritualität vermitteln. Ramana stammte aus einer sehr orthodoxen *Smarta-Brahmanen*-Familie. Er neigte von Anfang an zu *jnana*, aber auch seine *bhakti* war sehr stark. Ramana berichtete, dass Lord Shiva zu ihm sprach und ihm sagte, er solle sich einem asketischen Leben widmen. Ramana sollte

---

300 Bhagavad Gita XII.5

den Rest seines Lebens auf oder in der Nähe des Berges Arunachala verbringen, der von den Hindus als die südliche Verkörperung Shivas angesehen wird. Später in Ramanas Leben gab es einen Gerichtsfall, bei dem es darum ging, ob auf dem Arunachala ein Immobilienprojekt entstehen sollte. Ramana unterzeichnete ein Gerichtsdokument, in dem er erklärte, dass der Berg der Körper von Lord Shiva sei und keine Bebauung erfolgen dürfe. Ein reiner *jnani* hätte das nicht tun können, denn für einen reinen *jnani* ist alle Materie eine Illusion.

In westlichen Büchern über Ramana wird seine Geschichte so erzählt, als bestünde sie lediglich aus einer Reihe von sprachlichen Lehrsätzen, wie z.B. «der Körper ist eine Illusion, nur das Selbst existiert». Was hier nicht ausreichend erklärt wird, ist, dass Ramana einer der unerschütterlichsten Hindu-Asketen des 20. Jahrhunderts war. Seine *sadhana* (spirituelle Disziplin), wie sie ihm von Shiva befohlen wurde, war die völlige Loslösung vom Körper. Ramana praktizierte dies sein ganzes Leben lang, aber die intensivste Zeit waren die ersten 15 Jahre nach seiner Ankunft am Berg Arunachala im Alter von 10 Jahren. In dieser Zeit verleugnete er seinen Körper so sehr, dass einheimische Jungen anfingen, ihn mit Steinen zu bewerfen, weil sie merkten, dass er sich nicht wehren würde. Sie fingen an, auf ihn zu urinieren und zu defäkieren, da er aufgrund seiner *sadhana* nicht reagierte. Andere *sadhus* (Asketen) brachten Ramana schließlich in einen unterirdischen Kerker, um ihn zu schützen. Sie begannen auch, seine Wunden zu säubern und ihn zu füttern, sonst hätte er nicht überlebt, so sehr hatte er sich von seinem Körper getrennt.

In dieser Hinsicht stimmt Ramanas *sadhana* mit Shankaras Lehre überein. Shankara sagte, um *jnana* zu erlagen, müsse man den Körper ablegen, kein Haus, keinen Besitz, kein Geld und keine sexuellen oder familiären Beziehungen haben. Westliche Berichte erwähnen zwar manchmal diese «Exzesse» von Ramanas früherem Leben, übersehen aber, dass seine Lehre entkräftet wird, wenn man weiterhin ein von Wünschen beherrschtes Leben führt und gleichzeitig behauptet, der Körper sei eine Illusion und nur das Bewusstsein sei real. Eine solche Diskrepanz ist genau das, was Lord Krishna Heuchelei nennt.

Ramanas Leben ergibt auch keinen Sinn, wenn man nicht seine *bhakti*-Beziehung zum persönlichen Gott Shiva versteht, der Ramana befahl, diese Entbehrungen durchzuführen, um ihn zu erreichen. Ich will hier keine Argumente für oder gegen Askese vorbringen. Mein Ziel ist es, die Spiritualität eines Menschen, in diesem Fall Ramanas, ganzheitlich zu erforschen, zu würdigen und hoffentlich zu verstehen, und nicht einzelne Aspekte herauszupicken, die man vielleicht für greifbar hält, wie es bei Ramana und der modernen westlichen Neo-*Vedanta*-Bewegung der Fall ist. Die westliche Neo-*Vedanta*-Bewegung hat sich Ramanas sprachliche Formeln herausgepickt (z.B. dass nur das Bewusstsein existiert) und Ramanas Handlungen ignoriert (seine Askese, d.h. seine völlige Ablehnung von Körper, Besitz, Geld, Heim, Sex und Familie). Was die westliche Neo-*Vedanta*-Bewegung ignoriert, ist, dass Letzteres das Erstere antreibt. Das lehrt Shankara, der führende Vertreter des *Advaita Vedanta*, der den asketischen Kodex aufgestellt hat, dem Ramana folgte. Ohne die völlige Ablehnung jeglicher Form von körperlicher Anhaftung ist das Erstere, wie es in der *Hatha Yoga Pradipika* heißt, «das Geschwätz von Narren» oder, in den Worten der *Bhagavad Gita*, «Heuchelei».

Unser drittes Fallbeispiel für die *bhakti-jnana*-Beziehung ist der bereits viel zitierte bengalische Mystiker Shri Aurobindo. Shri Aurobindo war der Spross einer wohlhabenden bengalischen Schifffahrtskaufmannsfamilie. In den späten 1900er Jahren wurde er zur Ausbildung nach England geschickt und studierte in Cambridge mit der Aussicht, für das britische Raj in Indien zu arbeiten. Während dieser Zeit wurde er mit dem Rassismus konfrontiert und erwärmte sich allmählich für die Unabhängigkeit, d.h. die Vertreibung der Kolonialherren aus Indien. Nachdem er zunächst eine Zeitschrift veröffentlicht hatte, die zum gewaltlosen Widerstand aufrief, kam er schließlich zu der Überzeugung, dass dieser Ansatz keine Früchte tragen würde. Daraufhin schloss er sich dem bewaffneten Widerstand an und wurde schließlich einer seiner Anführer. Nach einem fehlgeschlagenen Bombenanschlag auf den Hochkommissar von Kolkata (damals Kalkutta) wurde er verhaftet und verbrachte ein Jahr im Gefängnis von Alipore, wo er auf seinen Prozess wartete. Es war absehbar, dass er verurteilt und hingerichtet werden würde. Nach dem plötzlichen und etwas unerwarteten Tod des Hauptzeugen der Anklage musste Aurobindo freigelassen werden. Er ging ins französische Pondicherry, wo er sich den Rest seines Lebens spirituellen Experimenten widmete, über 30 Bücher schrieb und lehrte, was dazu führte, dass sich ein *Ashram* um ihn herum bildete.

Was den Wandel vom politischen Aktivisten zum spirituellen Meister herbeiführte, war eine Reihe von spirituellen Erweckungen, die Aurobindo im Gefängnis hatte. Die beiden wichtigsten sind die klassischen Erfahrungen von *jnana* (Selbstverwirklichung) und *vijnana* (Gottesverwirklichung). Als er im Gefängnis saß und seinen politischen Widerstand nicht fortsetzen konnte, widmete sich Aurobindo der Meditation. Wie Ramakrishnas Kronen*chakra*-Technik und Ramanas Technik der Körper-Disidentifikation ist auch Aurobindos Meditationstechnik im *Vijnana Bhairava Tantra* aufgeführt, obwohl keiner der drei Mystiker dieses Tantra als Quelle zitierte. Aurobindos Technik ist eine sogenannte Gedanken-Negierungstechnik, die er so beschrieb:

- Setze dich zunächst hin und beobachte deinen Geist, aber denke nicht. Damit ist gemeint, dass du keine Gedanken aktiv produzierst, sondern sie nur passiv beobachtest.
- Zweitens: Wenn ein Gedanke auftaucht, beachte, dass er nicht im Inneren des Geistes entsteht, sondern von außen kommt. Das zugrunde liegende Modell besagt, dass das Gehirn keine Gedanken erzeugt, sondern wie ein Radioempfänger funktioniert. Diesem Ansatz zufolge werden Gedanken nicht als bioelektrische Impulse betrachtet, die im Gehirn erzeugt werden, sondern als atmosphärische Gedankenwellen (*vrttis*).
- Drittens: Wann immer du merkst, dass ein Gedanke in deinen Geist eindringt, wirf ihn wieder hinaus.

Ich möchte dich ermutigen, das Buch wegzulegen und die Technik auszuprobieren, nachdem du die Anleitung mehrmals gelesen hast. Unabhängig vom anfänglichen Erfolg empfehle ich, die Methode regelmäßig zu wiederholen, um den Fortschritt zu messen. Von mehreren Dutzend Meditationstechniken, die ich praktiziere und praktiziert habe, halte ich diese nicht für eine der einfachsten, aber Aurobindo schreibt, dass er nach dreitägigem Üben der Methode frei war, d.h. er erlangte *jnana*, Selbstverwirklichung. Aurobindo erklärte, dass sein Geist, nachdem er drei Tage lang die Gedanken hinauswarf, schließlich völlig still wurde. Wenn er seinen nun stillen Geist auf Fragen richtete, stellte er fest, dass er transparenter, präziser und kraftvoller geworden war.

Für die meisten Yogis wäre diese Erfahrung ausreichend gewesen. Sie wären auf der Ebene des stillen Selbst, des wahrnehmenden Bewusstseins, geblieben. Doch für Aurobindo war diese Selbstverwirklichung nur der Vorläufer und Wegbereiter für die spätere Gottesverwirklichung oder *vijnana*. Aurobindo schreibt, dass er einige Monate nach seiner Selbstverwirklichung erlebte, dass sein Bett, seine Decke und seine Zellenwand sich in Krishna verwandelten. Seine Gefängniswärter und andere Häftlinge, viele von ihnen Mörder, verwandelten sich vor seinen Augen in Krishna. Diese Erfahrungen, *jnana* und *vijnana*, führten Aurobindo zu seinem Verständnis der *Bhagavad Gita*, das er schließlich als *Essays on the Gita* veröffentlichte. Obwohl es eine anspruchsvolle 600-seitige Lektüre ist und leider kein Versenkommentar, ist es die umfassendste, visionärste und in sich stimmigste Erklärung der Philosophie der *Bhagavad Gita*. Aurobindo erklärt *jnana* als einen Tribut an *bhakti*, und dieser Ansicht folge ich in diesem Text. Aurobindo lehrte jedoch auch, dass die Verwirklichung des Göttlichen ohne Selbstverwirklichung nicht vollständig sein kann. Dementsprechend kann die Ergebenheit an das Göttliche nur vollständig sein, wenn man das Göttliche kennt. Daher ist *jnana* nicht nur ein Nebeneffekt von *bhakti*, sondern auch ein wesentliches Strukturelement, ohne das *bhakti* zu Dogmatismus und Sektenbewegungen verkalken kann.

In meinem Text aus dem Jahr 2014 *Through Mantra, Chakras and Kundalini to Spiritual Freedom* habe ich Shri Aurobindos schnellen Erfolg mit seiner gedankennegierenden Meditationstechnik auf zwei Faktoren zurückgeführt. Der erste ist die Tatsache, dass Aurobindo während seiner Zeit im Gefängnis, aufgrund seiner Aufstandsaktivitäten, quasi im Todestrakt saß. Wenn du einem sicheren und baldigen Tod entgegensiehst, gibt es wenig Anreiz, über die Zukunft nachzudenken. Da es wahrscheinlich keine Zukunft gibt, ergibt es auch wenig Sinn, sich über unbezahlte Steuern, den Klempner oder die Müllabfuhr Gedanken zu machen. Der armenische Mystiker Georg I. Gurdjieff erklärte in seinem Buch *Beelzebub's Tales To His Grandson*, dass das Einzige, was die Spiritualität der Menschheit vorantreiben könnte, ein Mechanismus wäre, der uns ständig an unseren nahenden Tod erinnert. Aurobindo verfügte über einen solchen

Mechanismus. Während der Aufenthalt im Todestrakt jedem anderen menschlichen Bestreben abträglich wäre, ist er die ideale Umgebung für die Meditation.

Der zweite Faktor ist, dass Aurobindo eine alte Seele war, d.h. er war bereit, diese Erfahrungen zu machen, und brauchte nur einen Anstoß, um die Grenze zu überschreiten. Ramana Maharishi wurde eines Tages von einigen Besuchern gefragt, warum er Methoden wie *vedisches* Chanten, *mantra* oder *pranayama* empfehle, obwohl man ihn noch nie dabei gesehen hatte, wie er eine dieser Methoden praktizierte. Ramana antwortete, dass alle, die in diesem Leben spirituelle Zustände erreichen, scheinbar ohne längere Zeit *sadhana* (spirituelle Praktiken) gemacht zu haben, dies in früheren Leben getan haben. Diese Wahrheit wird im *Yoga Sutra* bestätigt, das fünf Wege auflistet, die zur spirituellen Ermächtigung (*siddhi*) führen.[301] Davon ist die Geburt (*janma*) der erste auf der Liste. Geburt bedeutet hier, dass du die spirituelle Ermächtigung durch Geburt erlangt hast, d.h. du wirst mit ihr geboren. Sie wird also durch *karmische* Handlungen in früheren Verkörperungen verursacht.

Aurobindos Errungenschaft durch Geburt wird in seiner Wortwahl bezüglich der oben genannten Gedankennegierungstechnik sehr deutlich. Aurobindo schlägt vor, «die Gedanken wieder hinauszuwerfen, sobald wir ihr Eindringen bemerkt haben und bevor sie sich im Geist festsetzen können». Ich weiß nicht, wie das bei dir funktioniert, aber wenn ich «Gedanken wieder hinauswerfe», aktiviert das den Handelnden in mir und damit das Gefühl der Handlungsfähigkeit, vor dem Krishna warnt. Für Aurobindo war das kein Hindernis und zeugt von seiner Reife und seinem Enthusiasmus. Uns Normalsterblichen schlage ich

---

301 Yoga Sutra IV.1

vor, das aktive Herauswerfen durch passives Loslassen und Freigeben von Gedanken zu ersetzen.

Ein alternativer Ansatz wäre die Übergabe der Gedanken an das Göttliche. Wie Krishna sagt, werden alle Handlungen von seiner *prakriti* (göttliche Schöpferkraft) ausgeführt, aber in unserer Verblendung glauben wir, die Handelnden zu sein. Der Begriff «alle Handlungen» schließt hier die Handlung des Denkens ein. Wir können uns aus dem Denkprozess zurückziehen, indem wir erkennen, dass das Göttliche alle Gedanken durch uns denkt. Manche mögen denken, dass das Opfern oder Darbieten eines Gedankens eine zu unbedeutende Opfergabe ist. Krishna antwortet darauf: «Was immer du Mir mit Aufrichtigkeit und Liebe darbringst, selbst wenn es nur ein Blatt, eine Blume oder eine Frucht ist, das werde Ich mit Freude annehmen.[302]

Ein letztes Wort von Shri Aurobindo zum Thema *jnana* und *vijnana*: In *Essays on the Gita* ruft er uns dazu auf, die Einheit aller Wesen in der Natur [im englischen Original: Nature] selbst zu erkennen.[303] Wenn Aurobindo hier die Natur [Nature] mit einem großen N schreibt, möchte er die Shakti hervorheben, den Aspekt des Werdens des Göttlichen, hinter dem noch das Unmanifeste, der Seinsaspekt des Göttlichen, das reine Selbst, steht.

AUSWIRKUNGEN VON JNANA

In der *Gita* sagt Krishna, dass es in dieser Welt wahrlich nichts gibt, das so reinigend ist wie das Wissen (um den *atman*, d.h. die Selbsterkenntnis), wie jemand, der sich durch Yoga vervollkommnet, zu gegebener Zeit herausfinden wird.[304]

---

302 Bhagavad Gita IX.26
303 Sri Aurobindo, Essays on the Gita, S. 229
304 Bhagavad Gita IV.38

Dieser Vers ist sehr bedeutsam. Wenn wir uns *bhakti* ohne Wissen nähern (d.h. nur durch Glauben und Vertrauen), kann es zu einer narzisstischen Übung werden, bei der wir unser Ego auf unsere bevorzugte Gottheit übertragen und sie zum einzigen Objekt machen, das der Verehrung würdig ist. Wir könnten dann unsere Seele mit Hochmut verderben und auf alle anderen Kinder Gottes herabblicken, die das Göttliche auf andere Weise verehren als die, die wir bevorzugen. Solchen Hochmut zu entwickeln, ist die eigentliche Gefahr von *bhakti* ohne Wissen. Mit *jnana* sehen wir den *atman* in uns und denselben *atman* in anderen. Dieses Wissen lässt jeden sektiererischen Eifer im Keim ersticken, da wir mit Demut beobachten können, wie Gott sich durch andere Wesen auf ganz unterschiedliche Weise ausdrückt.

Die *Gita* macht dies zweifelsfrei deutlich, indem sie sagt, dass ein weiser oder gebildeter Mensch (*pandita*) dasselbe Selbst (*atman*) in einem *brahmanen* (einem Mitglied der Priesterkaste), einer Kuh, einem Elefanten, einem Hund und sogar einem Hundefresser sieht.[305] Im alten Indien galten Hundefleischfresser als Menschen mit dem niedrigsten sozialen Status; sie waren Ausgestoßene. Die Idee ist, dass ein weiser Mensch auch im sozial Verachtetsten den gleichen *atman* sieht. Stell dir vor, wie sich unsere Gesellschaft verändern würde, wenn sie auf dieser Prämisse aufgebaut werden könnte. Alle Konfrontationen, Feindseligkeiten, Ehrgeiz und Wettbewerb würden mit einem Schlag verschwinden. Beachte auch, wie viel Feindseligkeit, Antagonismus, Ehrgeiz und Wettbewerb in die Religionen und spirituellen Praktiken eingeflossen sind und wie sehr sie gereinigt würden, wenn diejenigen, die sie ausüben, erkennen könnten, dass wir alle dasselbe Selbst teilen und dass dieses Selbst Gott ist. Die meisten modernen Religionen (mit Ausnahme der fernöstlichen Religionen) sind *bhakti*-Religionen.

---

305 Bhagavad Gita V.18

Da sie jedoch oft das *jnana*-Element ignorieren, sind sie mit dem Glauben verseucht, dass nur sie den richtigen Weg darstellen und die Mitglieder anderer Religionen bestenfalls Ungläubige oder Heiden, schlimmstenfalls Anbeter des Satans sind.

In der *Gita* erklärt Krishna, dass wir die Freude des *atman* erlangen, sobald wir unabhängig von Sinneserfahrungen werden.[306] Dadurch entsteht die unendliche Ekstase, wenn wir uns in der Kommunion mit dem Brahman absorbieren. Diese Aussage bedarf einer Erklärung. Wie in der Geschichte von Ramana Maharishi beinhaltet *Jnana* Yoga eine Form von *sadhana*, die uns von Sinnesbefriedigung unabhängig macht. Das bedeutet nicht, dass wir uns für Askese entscheiden müssen (denn Ramakrishna und Aurobindo taten das nicht). Es bedeutet auch nicht, dass wir uns nie für die Sinnesbefriedigung entscheiden dürfen, aber es bedeutet, dass wir davon unabhängig werden müssen. Für die meisten modernen Menschen besteht die erste Reaktion auf Stress, Frustration, Langeweile usw. darin, sie mit Sinnesfreuden zu überdecken, und das ist der Grund, warum wir süchtig danach geworden sind.

Aber die Freude, die wir durch Sinnesbefriedigung erfahren, kommt nicht von ihr, sondern strahlt aus dem *atman* tief in uns heraus. Die Natur des *atman* ist Ekstase. Deshalb wird der *atman* in der sogenannten Panchakosha-Lehre der *Taittiriya Upanishad* (der Lehre von den fünf Schichten, auf denen Yoga aufbaut) als *ananda-maya kosha* bezeichnet, was so viel bedeutet wie die Schicht, die Ekstase ermöglicht.[307] Der erste Schritt zur Entdeckung des *atman* erfordert oft eine Form von Rückzug, Alleinsein oder Isolation. Allein in der Natur können wir die Zeit, den Raum und die Muse finden, um zu erkennen, dass unsere innerste, innewohnende Natur Ekstase ist, die keinen äußeren Anreiz braucht.

---

306 Bhagavad Gita V.21
307 Taittiriya Upanishad II.2-5

Aber im obigen Vers geht Krishna noch weiter. Er sagt, dass wir, wenn wir lange genug in der Freude des *atman* verweilen, unter ihm und durch ihn die unendliche Ekstase des Brahman, des unendlichen Bewusstseins oder der Weltseele, finden. Auch hier weist Krishna wieder auf die Tatsache hin, dass zuerst *jnana* - die Selbstverwirklichung - kommt und durch sie und nach ihr *vijnana* - die Gottesverwirklichung, eine Reihenfolge, die Shri Aurobindo so deutlich betont hat. Natürlich dauert der Zugang zum Brahman, dem kosmischen Bewusstsein, länger, aber wenn wir erst einmal in der Gemeinschaft mit ihm absorbiert sind, bringt es uns unendliche Ekstase, so heißt es in der *Bhagavad Gita*.

Krishna preist die Vorzüge von *jnana* weiter an und erklärt, dass *jnana* die Auswirkungen von *karma* reduziert, wie ein Feuer, das einen Haufen Holz zu Asche macht.[308] Schließlich sagt Krishna, dass Er den Wissenden (*jnanin*) als Sein eigenes Selbst [d.h. als äußerst geliebt] ansieht.[309] Diese Anweisung sollte nicht als unbedeutend oder als bloße Worte beiseite geschoben werden. Krishna erklärt hier, dass die Selbstverwirklichung ein inniges Band zwischen Ihm und der Gottergebenen schafft - ein Band, das natürlich noch unendlich viel stärker wird, wenn man die Gottverwirklichung erreicht hat. Wir sollten nicht denken, dass das, was wir tun, für Gott keine Rolle spielt. Im Gegenteil, spirituelle Entwicklung und Fortschritt erzeugen eine besondere Art von Ekstase in Gottes Geist. Für Gott gibt es keine größere Ekstase, als das spirituelle Erwachen Ihrer Kinder, also von uns, zu erleben.

Wir haben nun herausgefunden, was *bhakti* ist und wie sie praktiziert wird. Außerdem haben wir gelernt, wie wichtig *Karma* Yoga für *bhakti* ist und dass *bhakti* ohne es kaum mehr ist als ein Schwelgen in spiritueller Emotionalität. Schließlich

---

308 Bhagavad Gita IV.37
309 Bhagavad Gita VII.18

haben wir gelernt, dass *bhakti* ohne *jnana* schnell in religiösen Dogmatismus und Fundamentalismus abgleiten kann. Was aber, wenn die Höhen des *Jnana* Yoga für uns zu schwer zu erklimmen sind? Was ist, wenn unser Geist verwirrt, abgelenkt und unkonzentriert ist, unser Atem unbeständig ist und unser Körper zu unruhig ist, um längere Zeit aufrecht zu sitzen? Die Antwort ist, dass wir uns mit *Raja* Yoga vorbereiten müssen, das im nächsten Kapitel, Kapitel 7, beschrieben wird.

Kapitel 7
RAJA YOGA UND SEINE BEDEUTUNG FÜR BHAKTI

WAS IST RAJA YOGA?

In diesem Kapitel werde ich erklären, warum und wie *Raja Yoga* für *bhakti* und alle anderen bisher erwähnten Wege des Yoga wesentlich ist. *Raja* Yoga ist ein allgemeiner Begriff für das Yoga des *Yoga Sutra*, und sein Schlüsselwort ist Konzentration. In seinem Kommentar zum *Yoga Sutra* von Patanjali erklärt *Rishi* Vyasa, dass der Begriff Yoga von der Sanskritwurzel *yujir yoge* abgeleitet werden kann, wobei der Begriff Yoga so viel bedeutet wie jochen oder verbinden.[310] Mit dieser Bedeutung wird der Begriff am häufigsten in der *Bhagavad Gita* verwendet. Es gibt noch eine zweite Sanskrit-Wortwurzel, von der der Begriff abgeleitet werden kann: *yujir samadhau*, wobei Yoga so viel wie sich konzentrieren bedeutet. In dieser Bedeutung wird der Begriff Yoga im *Yoga Sutra* verwendet. Hier werden alle yogischen Methoden (einschließlich *asana*, *pranayama* und Meditation) eingesetzt, um den Geist so weit zu konzentrieren, dass er schließlich eine laserartige, *samadhische* Qualität hat und Unwissenheit, Konditionierung, fehlerhafte Erkenntnis und Verblendung sehen und durchschneiden kann.

---

310 Vyasas Yoga Bhashya I.1

BHAKTI DAS YOGA DER LIEBE

Obwohl die *Bhagavad Gita* den Begriff Yoga im Allgemeinen verwendet, um das individuelle Selbst mit dem kosmischen Selbst zu verbinden und mit ihm zu kommunizieren, akzeptiert sie auch den Weg des *Raja* Yoga, den Weg der Konzentration des Geistes. So sagt die *Gita*, dass jemand, der seinen Geist nicht beständig auf das Göttliche richten kann, sich dem Göttlichen durch die systematische Praxis der Konzentration nähern sollte.[311] Neben den vorbereitenden Gliedern wie Ethik, *asana* und *pranayama* besteht diese systematische Praxis aus den Gliedern *pratyahara* (Unabhängigkeit von äußeren Reizen), *dharana* (Konzentration), *dhyana* (Meditation) und *samadhi* (Versenkung). Die letzten vier Glieder unterscheiden sich nicht in Bezug auf das gewählte Meditationsobjekt, sondern darin, inwieweit das meditierte Objekt im Geist dupliziert wird. Mit anderen Worten, inwieweit ein äußeres Meditationsobjekt und sein Duplikat im Geist identisch sind. All das habe ich in meiner Erklärung des *Yoga Sutra* in *Ashtanga Yoga Practice and Philosophy* sehr ausführlich beschrieben und es würde den Rahmen dieses Buches sprengen, zu sehr ins Detail zu gehen. Ganz allgemein spricht das *Yoga Sutra* jedoch davon, dass unser Geist durch negative Prägungen (wie z.B. Traumata) verstreut, zerstreut und diffus geworden ist, was sich nun in Form von geistigen Hindernissen wie Angstzuständen und Depressionen, einem unruhigen Atemmuster und einem unruhigen Körper, der nicht in der Lage ist, längere Zeit still zu sitzen, äußert.[312]

Das *Yoga Sutra* und die *Bhagavad Gita* unterscheiden sich darin, dass das *Yoga Sutra* bei der Wahl des Meditationsobjekts sehr liberal ist. Die einzige Einschränkung ist, dass jedes gewählte Objekt von *sattvischer* (heiliger) Qualität sein sollte. Obwohl das *Yoga Sutra* das Göttliche in die Auswahl der

---

311 Bhagavad Gita XII.9

312 Yoga Sutra I.31

Objekte einbezieht, ist es in der *Gita* das einzige empfohlene Objekt. Das ist in einem Text, der sich mit *bhakti* beschäftigt, auch nicht anders zu erwarten.

Die *Gita* räumt dem *Raja* Yoga einen Platz ein, weil Krishna akzeptiert, dass nicht jeder direkt zu *bhakti*, dem Yoga der Hingabe, oder *jnana*, dem Yoga des Wissens, gehen kann. Diese Unfähigkeit, direkt zum Kern der Sache vorzudringen, liegt daran, dass die meisten Praktizierenden einen Geist haben, der zwischen hektischer Aktivität (*rajas*) und stumpfer Trägheit (*tamas*) schwankt und nur wenig Zeit im *sattvischen* Zustand verbringt. Ein solcher schwankender Geist muss gereinigt, kultiviert, geschärft und leuchtend gemacht werden, damit er am Ende das Göttliche erkennen und sich Ihm in liebevollem Dienst widmen kann.

Die *Bhagavad Gita* beginnt ihre Beschreibung des klassischen *Raja* Yoga mit dem Rat, dass wir einen einsamen Ort aufsuchen, einen Meditationsplatz vorbereiten und eine stabile *asana* einnehmen sollen.[313] Wir bemühen uns nun, den Geist eingerichtet (*ekagra*) zu machen, indem wir ihn und die Sinne in das Selbst absorbieren, um spirituelle Verbundenheit zu erreichen. Außerdem rät uns die *Gita*, den Kopf, den Nacken und die Wirbelsäule aufrecht zu halten, den Blick auf die Nasenspitze zu richten (*nasikagra*), ohne sich umzusehen, und in einem furchtlosen, gelassenen und zufriedenen Zustand über die spirituelle Gemeinschaft mit dem Göttlichen zu meditieren.

Nachdem Arjuna sich bei Krishna beklagt hat, dass der menschliche Geist zu wankelmütig und zu anfällig für Ärgernisse ist, um jemals die Kommunion mit dem Göttlichen zu erlangen, antwortet dieser, dass Arjuna zwar mit seiner Einschätzung des menschlichen Geistes Recht hat, er aber dennoch durch die kombinierte Anwendung von spiritueller

---

313 Bhagavad Gita VI.10-14

Praxis (*abhyasa*) und Disidentifikation (*vairagya*) gezähmt werden kann.[314] Wer das *Yoga Sutra* studiert, wird feststellen, dass Krishna die gleiche Doppelstrategie zur Aussetzung des Geistes empfiehlt, die auch Patanjali vorschreibt.[315] Mit anderen Worten: In diesem Abschnitt der *Gita* lehrt Shri Krishna direkt das Yoga von Patanjali. Er räumt ein, dass, wenn der Geist eines Menschen noch nicht fähig ist, sich mit dem Göttlichen zu verbinden, d.h. für *bhakti*, das ganze System des *Raja* Yoga angewandt werden muss, um die Qualität des Geistes dieser Person zu verändern.

Vor allem die Wortwahl für spirituelle Praxis (*abhyasa*) und Loslösung (*vairagya*) deutet auf *pranayama* hin. Die spirituelle Praxis (*abhyasa*) beinhaltet das Tun, die Eroberung und das Anwenden von Techniken, alles Aktivitäten, die Yogis als solar bezeichnen. Sie heißen so, weil sie vom rechten solaren Nasenloch und der sogenannten *Pingala nadi* angetrieben werden, die auch die linke analytische Gehirnhälfte und das sympathische Nervensystem mit *prana* versorgt. Disidentifikation (*vairagya*) beinhaltet Nichtstun, Hingabe und Loslassen, Haltungen, die Yogis als lunar bezeichnen. Sie werden durch das linke lunare Nasenloch und die *Ida nadi* angetrieben, die auch die rechte, intuitiv-holistische Gehirnhälfte und das parasympathische Nervensystem mit *prana* versorgt. Das einfachste Mittel, um beide *nadis* ins Gleichgewicht zu bringen, ist die *pranayama*-Methode *Nadi Shodhana*, d.h. die Wechselatmung, die ich in meinem Buch *Pranayama The Breath of Yoga* ausführlich beschrieben habe. Auch in der *Bhagavad Gita* und im *Bhagavata Purana* gibt es direkte Hinweise auf *pranayama*, die ich weiter unten zitieren werde.

---

314 Bhagavad Gita VI.33-34
315 Yoga Sutra I.12

WARUM RAJA YOGA

Wie im Kapitel über *Jnana* Yoga erläutert, bestand die wichtigste Technik zur Erlangung der Selbstverwirklichung in früheren Zeiten darin, über Schriftstellen nachzudenken. Das Problem, wenn man sich hauptsächlich oder ausschließlich auf die Schriften verlässt, um Wissen zu erlangen, ist, dass dieser Ansatz für eine alte Gesellschaft funktioniert hat, heute aber mit Schwierigkeiten behaftet ist. In mehreren meiner früheren Bücher habe ich geschrieben, wie die allgemeine Mentalität der Menschheit durch Entropie degradiert wurde, während die Geschichte die sogenannten vier *yugas* oder Weltzeitalter durchlief. Dieser entropische Prozess lässt sich leicht aus der Analyse der für jedes *yuga* relevanten Schriften ableiten. Im ersten Zeitalter, dem *Satya Yuga* (Zeitalter der Wahrheit), dem Zeitalter der *Veden*, reichte es aus, *samadhi* (absorptive Ekstase) zu praktizieren, weil der Geist des Durchschnittsmenschen in diese Richtung tendierte. Im zweiten Zeitalter, dem *Treta Yuga*, dem Zeitalter der *Upanishaden*, kam ein komplexer Prozess der yogischen Meditation hinzu, um die Kundalini zu erheben, die zu diesem Zeitpunkt bereits auf etwa die Höhe unsere Knöchel gesunken war. Das dritte Zeitalter, das *Dvapara Yuga*, das Zeitalter der *Sutras* und der Philosophie, führte dazu, dass sich unsere Gehirnhälften voneinander abkoppelten. Diese Trennung führte dazu, dass die Menschheit kollektiv zwischen Größenwahn und Depression schwankte, eine Störung, die die Notwendigkeit mit sich brachte, *pranayama* zu praktizieren, insbesondere die Wechselatmung, um beide Gehirnhälften und beide Zweige des Nervensystems wieder zu integrieren. Das vierte und aktuelle Zeitalter, das *Kali Yuga*, das Zeitalter der *Tantras*, brachte eine tiefgreifende Entkörperung mit sich. Diese Entkörperlichung führte zu einer Besessenheit vom Körper, vor allem von seiner äußeren

Bewertung, zusammen mit vermeintlichen Vorstellungen von Schönheit und einer Besessenheit von Geld und Macht. Yoga reagierte darauf mit der Betonung der *asana*-Praxis, die uns lehren kann, uns wieder zu verkörpern.

Die Theorie des *Raja* Yoga basiert auf der bereits erwähnten *Panchakosha*-Lehre der *Taittiriya Upanishad*.[316] Die *Upanishad* spricht von den fünf Schichten oder Hüllen, aus denen der Mensch besteht. Die fünfte und innerste Schicht, die Ekstase-Hülle (*Anandamaya kosha*), stellt unsere Beziehung zu dem transzendenten Gott, dem *nirguna* Brahman, dar. Die vierte Schicht (*Vijnanamaya kosha*) beinhaltet das Verständnis des göttlichen Gesetzes, das heilige Wissen um die Ordnung des Universums und das Erkennen des Meisterplans, nach dem sich alle Universen entfalten und die göttliche Kreativität sich in der Welt ausdrückt. Diese Hülle koordiniert unsere Beziehung zu dem immanenten Gott, dem *saguna* Brahman, und befähigt uns, einen bedeutenden und dauerhaften Beitrag zur menschlichen Gesellschaft und zum Leben auf der Erde zu leisten. Diese vierte Schicht ist für das *Karma* Yoga unerlässlich und ich habe sie in meinem Text *How to Find Your Life's Divine Purpose* behandelt.

Auch *Bhakti* und *Jnana* Yoga beschäftigen sich mit diesen beiden inneren Hüllen. Das Problem ist, dass viele Yoga-Neulinge nur schwer Zugang zu diesen inneren Hüllen finden, weil Konditionierungen (*vasana*), unbewusste Prägungen (*samskaras*), Traumata, *karma* und Leiden (*kleshas*) in den drei äußeren Hüllen gespeichert und eingeprägt sind. Während sich die beiden innersten Hüllen mit Aspekten des Göttlichen und des Selbst befassen, erschweren oder verhindern Unreinheiten in den drei äußersten Schichten die Durchsicht auf die beiden inneren Hüllen. Wenn jemand keine spirituellen Tendenzen zu haben scheint, liegt das nicht daran, dass er oder sie nie

---

316 Taittiriya Upanishad 2.2 -2.5

spirituelle Erfahrungen machen kann, sondern daran, dass die drei äußeren Schichten derzeit zu undurchsichtig sind, um das Licht aus dem Zentrum nach außen zum Oberflächenselbst strahlen zu lassen. Diese drei äußeren Schichten sind *Anamaya kosha* (der Körper), *Pranamaya kosha* (Atem- und *prana*-Hülle) und *Manomaya kosha* (der Geist). Patanjali bezieht sich auf sie, wenn er im *Yoga Sutra* sagt, dass sich die Hindernisse für Yoga im Körper, im Atem und im Geist befinden.[317] Diese drei Schichten sind eng miteinander verbunden, und genau hier liegen die Hindernisse für die spirituelle Freiheit. Viele moderne Yogasysteme sprechen nur eine (oder zwei) der drei Schichten an, in denen die Hindernisse liegen. Einige Systeme arbeiten hauptsächlich mit dem Körper, indem sie *asanas* oder andere Formen der körperlichen Disziplin einsetzen. Andere Methoden konzentrieren sich ausschließlich auf den Geist, wie Meditation oder Achtsamkeit. Wieder andere nutzen Atemmethoden. Yoga ist am effizientesten, wenn es alle drei Ebenen - die körperliche, die *pranische* und die geistige - anspricht, indem es Techniken einsetzt, die darauf abzielen, Konditionierungen zu beseitigen, d.h. *asana* für den Körper, *pranayama* für den Atem und Meditation für den Geist.

Um unseren Geist robust zu machen, wird unsere Konditionierung an drei verschiedenen Orten gespeichert, nicht nur im Geist. Sie sind auch im Körper und in den Atemmustern gespeichert. Diese robuste dreifache Speicherung ist der Grund, warum wir auf so viel Trägheit stoßen, wenn wir uns verändern wollen. Wenn wir unsere Vergangenheit loslassen wollen, müssen wir die Konditionierung aus allen drei Schichten einzeln herauslösen. Es ist genau das, was die miteinander verknüpften yogischen Praktiken *asana*, *pranayama* und Meditation tun. Sie reinigen den Körper, den Atem und den Geist.

---

317 Yoga Sutra 1.31

BHAKTI DAS YOGA DER LIEBE

Die *Taittiriya Upanishad*, das *Yoga Sutra* und das *Bhagavata Purana* stimmen darin überein, dass man sich durch spirituelle Praktiken vorbereiten muss, wenn man nicht in der Lage ist, mit dem Göttlichen zu kommunizieren.[318] Swami Tyagisananda argumentiert in seinem Kommentar zu Naradas *Bhakti Sutra*, dass der Erfolg in *bhakti* wohl von der göttlichen Gnade abhängt, aber diese Gnade kann uns nur zufliessen kann, wenn wir unseren Geist durch spirituelle Praktiken reinigen, die wir aus eigener Kraft durchführen.[319]

In Vers 53 von Naradas *Bhakti Sutra* heißt es, dass sich die Liebe zum Göttlichen in denjenigen manifestiert, die sich durch ständige *sadhana*, spirituelle Praktiken und Disziplin fit gemacht haben, sie zu empfangen. Es ist eine irrige Annahme, dass die Liebe zum Göttlichen spontan, grundlos und unaufgefordert vom Himmel fällt. Sie muss verdient werden, denn sie ist das süßeste und lohnendste aller Geschenke. Narada stimmt hier mit der *Bhagavad Gita* überein, die im Kapitel 18 über verschiedene Arten von Vergnügen spricht, die jeweils *tamasischer, rajasischer* und *sattvischer* Natur sind. *Tamasisches* Vergnügen führt immer zu Verblendung.[320] *Rajas*-getriebenes Vergnügen ist am Anfang süß und am Ende giftig.[321] *Sattva*-abgeleitetes Vergnügen (wie die Liebe zum Göttlichen) wird durch die lange Praxis spiritueller Disziplinen erworben. Deshalb erscheint sie zunächst bitter (oder zumindest mühsam), erweist sich aber am Ende als süß.[322] *Raja* Yoga ist die Methode, um *sattvische* Freude (wie die göttliche Liebe) zu erlangen, was zunächst mühsam erscheinen mag, aber hervorragende Belohnungen mit sich bringt.

---

318 Bhagavata Purana III.28.27

319 Swami Tyagisananda, Narada Bhakti Sutras, S. 62

320 Bhagavad Gita XVIII.39

321 Bhagavad Gita XVIII.38

322 Bhagavad Gita XVIII.36-37

Die *Gita* listet die Pfade des *Raja* Yoga (hier als Weg des *dhyana* bezeichnet), des *Karma* Yoga (mit genau diesem Namen bezeichnet) und des *Jnana* Yoga (hier als *Samkhya* bezeichnet, wie es in der *Gita* oft genannt wird) auf.[323] Der Weg der *bhakti* (hier *upasana*-Anbetung genannt) wird im folgenden Vers aufgeführt.[324] Dies ist ein weiterer Beweis dafür, dass Krishna das *Raja* Yoga als vierten Weg akzeptiert, auch wenn Er ihn hauptsächlich als Nebenfluss und Vorbereitung auf die anderen drei Wege sieht. Wir werden uns nun die besonderen Methoden des *Raja* Yoga ansehen, die in den Schriften am meisten Beachtung finden.

METHODEN DES RAJA YOGA

Die beiden in den *bhakti*-Texten am häufigsten erwähnten *Raja* Yoga-Praktiken sind *pranayama* und *chakra*-Meditation. In der *Bhagavad Gita* erklärt Krishna, dass einige Yogis, die sich dem *pranayama* verschrieben haben, die Bewegungen von *prana* und *apana* (die vitalen Auf- und Abwärtskräfte) regulieren, indem sie die Einatmung in die Ausatmung und die Ausatmung in die Einatmung darbringen.[325] Krishna führt dies als eine *pranayama*-Technik auf, weil sie dazu dient, den Fluss von *prana* und *apana* auszugleichen. Da es jedoch nicht um die Manipulation des Atems selbst geht (sondern nur um die bewusste Beobachtung), führen viele *Raja* Yogis diese Technik als Vorbereitung für die Meditation oder als *kriya*-Technik auf. Ich habe die Methode in meinem Text *Yoga Meditation - Through Manta, Chakras and Kundalini to Spiritual Freedom* von 2014 beschrieben.

Auch das *Bhagavata Purana* bezeugt die Bedeutung der Lehre der *Raja* Yoga Methoden, einschließlich *pranayama*,

---

323 Bhagavad Gita XIII.24
324 Bhagavad Gita XIII.25
325 Bhagavad Gita IV.28

pratyahara und *dhyana*.³²⁶ Die Bedeutung von *pranayama*-Techniken wird erneut erwähnt.³²⁷ Im *Bhagavata* steht auch, dass Geist, Sprache und Körper durch *pranayama*, Stille und Wunschlosigkeit gereinigt werden müssen, was die Bedeutung von *pranayama* für den Geist unterstreicht.³²⁸ Das *Bhagavata* propagiert außerdem die Praxis der inneren und äußeren Atemrückhalte (*kumbhakas*), die in die Wechselatmung eingebettet sind, und bezieht sich dabei auf das vollständige *Nadi Shodhana pranayama*, wie es Shri T. Krishnamacharya lehrte.³²⁹ Die Passage spricht auch davon, wie wichtig es ist, die Länge des Atems durch das Rezitieren von *mantras* zu messen (anstatt Zahlen im Kopf zu zählen) und dass die *chakra*-Meditation auf *pranayama* folgen muss. Diese Anweisung bedeutet nicht unbedingt, dass die *chakra*-Meditation bei jeder Übungseinheit auf *pranayama* folgen muss. Es bedeutet vielmehr, dass man, sobald man das *prana* in den Griff bekommen und gelernt hat, die *pranische* Hülle zu kultivieren, mit der *chakra*-Meditation fortfährt.

Die *Bhagavad Gita* spricht davon, die Lebenskraft zwischen den Augenbrauen zu fixieren (*bhrumadhya*), um das Höchste Wesen zu erreichen.³³⁰ Sie legt auch Wert darauf, dies zum Zeitpunkt des Todes zu tun, aber natürlich ist dies eine Technik, die Yogis ihr ganzes Leben lang praktizieren, um das *darshana* (Sicht) des Göttlichen mit Form (*saguna* Brahman) zu erlangen. Das *darshana* des formlosen Absoluten erlangt man, indem man das *prana* auf den Scheitel des Kopfes (*Sahasrara Chakra*) konzentriert. Keine dieser beiden Techniken ist für Anfänger geeignet. Anfänger sollten diesen Fokus als Zusatz

---

326 Bhagavata Purana III.28.5-11
327 Bhagavata Purana IV.9.80
328 Bhagavata Purana XI.3.26
329 Bhagavata Purana XI.14.32-33
330 Bhagavad Gita VIII.9-10

während des *pranayama* und der *chakra*-Kundalini-Meditation zu festgelegten Zeiten einführen. Es muss auch erwähnt werden, dass die Augenbrauen-Mitte der Fokuspunkt der Augen ist, während der Geist das *Ajna Chakra* in der Mitte des Schädels visualisieren muss.

Chakras kommen auch im *Bhagavata Purana* vor, wo wir Ratschläge finden, wie man das *prana* aus dem *Muladhara Chakra*[331] nach oben zieht und wie man auf das Herz*chakra* meditiert.[332] An einer anderen Stelle des *Bhagavata* erfahren wir, dass sich das Höchste Wesen durch die *chakras* in der Wirbelsäule manifestiert.[333] Wie das Göttliche das macht, habe ich in Kapitel 13 von *Through Mantra, Chakras and Kundalini to Spiritual Freedom* und in *Chakras, Drugs and Evolution – A Map of Transformative States* ausführlich beschrieben. Das Thema ist zu umfangreich, um es hier auch nur annähernd zu behandeln. Im *Bhagavata Purana* steht, dass die *chakras* zunächst nach unten zeigen, was bedeutet, dass sie inaktiv sind.[334] Sie öffnen sich und erblühen nach oben, sobald sie durch *sadhana* (spirituelle Praxis und Disziplin) aktiviert werden. Dass sie dies tun, wurde auch von T. Krishnamacharya vertreten, und das ist auch der Grund, warum die *chakras* in den meisten yogischen Texten als Lotusblumen bezeichnet werden. Auch Shri Aurobindo führte *chakra*-Meditation durch, worauf er in *The Synthesis of Yoga* und in seinem Yogatagebuch *Record of Yoga* hinweist.[335]

In der *Bhagavad Gita* verdeutlicht Shri Krishna die Bedeutung der *chakras* noch weiter.[336] Hier rät Er, die

---

331 Bhagavata Purana XI.14.32

332 Bhagavata Purana XI.14.36

333 Bhagavata Purana XI.12.17

334 Bhagavata Purana XII.14.36-37

335 Sri Aurobindo, Record of Yoga, Vol. 2, Sri Aurobindo Ashram, Pondicherry, 2001, S.1340, S.1462

336 Bhagavad Gita VIII.12-13

spirituelle Gemeinschaft mit Ihm zum Zeitpunkt des Todes zu erreichen, indem man alle Sinnestore des Körpers schließt. Diese Technik wird auch *Yoni* oder *Shanmukhi Mudra* genannt (beschrieben in meinem Text *Mudras Seals of Yoga*). Dabei konzentriert man den Geist auf das Herz*chakra*, zieht das gesamte *prana* in den Kopf und spricht die mystische Silbe OM aus, die das unendliche Bewusstsein bezeichnet.

PRAKTISCHE TIPPS FÜR DIE INTEGRATION VON BHAKTI IN DIE RAJA YOGA PRAXIS

Ich empfehle dir, deine *sadhana*, einschließlich der *asana*- und *pranayama*-Praxis, vor einem geeigneten Bild des Göttlichen durchzuführen. Wie du ein solches Bild auswählst, wurde in Kapitel 4, *Bhakti* Yoga, behandelt. Wenn du deine Yogapraktiken vor deinem Bildnis durchführst, solltest du im Geiste verkünden, dass du die Übungen für das Göttliche durchführst, die Früchte (Ergebnisse) der Übungen dem Göttlichen widmest und deine Handlungsfähigkeit dem Göttlichen überlässt. Das bedeutet, dass du erklärst, dass du alles Gute, das sich aus deiner Praxis ergibt, an das Göttliche und an alle Wesen weitergibst und dass du dir bewusst bist, dass nicht du die Praxis ausführst, sondern das Göttliche die Praxis durch dich ausführt, so wie Jesus Christus sagte, dass nicht ich die Werke tue, sondern der Vater durch mich die Werke tut.[337]

Wann immer du eine sitzende Praxis durchführst, z.B. während *pranayama* oder *dhyana* (Meditation), visualisiere das *ishtadevata* (die für dich passende Form des Göttlichen) auf deinem tausendblättrigen Lotus (*Sahasrara Chakra*) sitzend. Wenn du deine sitzende Praxis beendet hast, falte den tausendblättrigen Lotus um dein *ishtadevata* und ziehe es in dein Herzlotus (*Anahata Chakra*). Behalte es dort den

---

337 Johannes 14:10

ganzen Tag und erinnere dich daran, wann immer du kannst, indem du das *ishtamantra* (das *mantra*, das mit der für dich passenden Form des Göttlichen verbunden ist) aussprichst. Wenn du mit der formellen Praxis im Sitzen beginnst, nimmst du das mit einem Lotusblatt umhüllte *ishtadevata*, legst es auf deinen Scheitel und entfaltest die Blütenblätter.

Am Anfang, wenn du *kumbhakas* (Atemrückhalte) während des formellen *pranayamas* übst, kann es leicht passieren, dass der Geist in den Formalitäten der Übung stecken bleibt. In solchen Momenten solltest du deine Augen während des *kumbhaka* öffnen und *trataka* (Blick) auf das göttliche Bild vor dir üben. Wenn du ein anthropomorphes Bild verwendest, befolge den Rat von T. Krishnamacharya, zunächst nur auf die Füße des Göttlichen zu schauen. Erhebe deinen Blick nur, wenn du vom Göttlichen dazu aufgefordert wirst. *Pranayama* und *kumbhaka* sind eine anspruchsvolle Wissenschaft, die in einem kurzen Aufsatz nicht angemessen behandelt werden kann. Bitte befolge die Anweisungen in meinem Text *Pranayama: The Breath of Yoga*.

Wenn du dich mit der yogischen *chakra*-Kundalini-Meditation beschäftigst, solltest du zuerst lernen, die verschiedenen Samen-Silben (*bija aksharas*) bei jedem Ein- und Ausatmen in die sechs unteren *chakras* [mental] zu sprechen. Sobald du das kannst, sprichst du bei jedem Ein- und Ausatmen mehrere *bija aksharas* in jedes *chakra*. Durch diese erweiterte Übung hast du mehr Zeit, mehr Aspekte jedes *chakras* zu visualisieren, z.B. die Anzahl der Blütenblätter, die Farbe jedes *chakras*, das zugehörige *yantra* (heilige Geometrie), die Farbe des *yantras* usw. Diese erhöhte Komplexität erfordert auch eine Verlangsamung des Atems, was wiederum deine *pranayama*-Praxis unterstützt. Sobald du diesen Schritt erreicht hast, beginne damit, dein *ishtadevata* während jedem inneren Atemrückhalt auf deinem tausendblättrigen Lotus zu visualisieren, während du sein *ishtamantra* aussprichst. Wie Shri Krishna in der *Gita* sagt, wird diese Technik, das Göttliche während der Atemrückhalte im *pranayama* zu visualisieren, letztendlich zur Vereinigung mit dem Göttlichen führen.[338] Weitere Informationen über die Feinheiten der yogischen *chakra*-Kundalini-Meditation findest du in meinem Text *Through Mantra, Chakras and Kundalini to Spiritual Freedom*.

In allen täglichen *sadhana*-Situationen schlage ich vor, *bhakti* in die *Raja* Yoga-Praktiken, wie oben beschrieben zu integrieren. Es gibt jedoch Krisensituationen, in denen die formale Praxis zu lange dauert. In diesen Fällen stellst du ein Bild des Herz*chakras* vor dich hin und übst *trataka* (Blick) darauf, bis du es als dein eigenes Herz*chakra* visualisieren kannst, d.h. du projizierst das Bild in deine Brust. Schlage dann die Wurzelsilbe (*bija akshara*) YAM in das *chakra*, als ob die Wurzelsilbe ein Holzhammer und das *chakra* ein Gong wäre. Sobald du das *chakra* spüren oder deutlich sehen kannst, sprich die folgenden Affirmationen:

- Ich bin göttliche Liebe.
- Ich bin eine Verkörperung der göttlichen Liebe.
- Ich bin reine Liebe.
- Ich liebe und akzeptiere mich selbst.
- Ich akzeptiere alle Gedanken und Gefühle, die auftauchen.
- Mit jedem Atemzug, den ich nehme, atmet das Göttliche Liebe in jede Zelle meines Körpers.
- Ich lebe das Leben als göttliche Liebe.
- Ich lasse das Göttliche durch mich sprechen und handeln und ich kommuniziere nur aus der göttlichen Liebe in meinem Herzen.

---

338 Bhagavad Gita VIII.12-13

- Ich schenke allen bedingungslose Liebe und liebe alle Wesen als Kinder des Göttlichen aufrichtig.
- Mein Herz strahlt göttliche Liebe zu allen Wesen aus.

Weitere Informationen zur Reinigung des Unterbewusstseins durch Affirmationen findest du in meinem Text *How to Find Your Life's Divine Purpose*, in dem es um die Feinheiten des *Karma* Yoga geht.

ZUSAMMENFASSUNG

In diesem Kapitel sollte gezeigt werden, dass *Raja* und *Bhakti* Yoga keine konkurrierenden Systeme sind, sondern dass *Raja* Yoga für die meisten Aspiranten heute eine praktikable Einstiegsmöglichkeit für *bhakti* darstellt. Ohne das Göttliche zumindest vage erfahren zu haben ist *bhakti* für die meisten Menschen eine große Herausforderung. *Raja* Yoga ist die Wissenschaft, die den Geist reinigt. Mit ausreichender *Raja*-Praxis werden direkte Erfahrungen des Göttlichen allmählich unvermeidlich, und die Praxis von *bhakti* ist der nächste natürliche Schritt. *Bhakti* selbst verbessert auch die Praxis des *Raja* Yoga erheblich. Das Problem bei *Raja* Yoga ist, dass man sich mit dem Üben von Techniken verzetteln kann. Wenn man seinen Yoga schon früh in den Dienst des Höchsten Wesens stellt, lassen sich die typischen Fallstricke des *Raja* Yoga, nämlich der Wunsch nach Fortschritt und Erfolg, vermeiden. Aus Hingabe und Dienst zu üben, anstatt etwas erreichen zu wollen (z.B. Fortschritt zu erzielen), ist die sogenannte «gute Einstellung», auf die sich Patanjali im *Yoga Sutra* bezieht.[339]

---

339 Yoga Sutra I.14

Kapitel 8

DIE ROLLE DER ETHIK IN BHAKTI

Dieses Kapitel soll zeigen, dass Ethik keine separate Überlegung oder ein nachträglicher Gedanke ist, wenn man *bhakti* praktiziert, sondern die Anwendung und äußere Form von *bhakti* ist. Ethische Erwägungen ergeben sich aus der Tatsache, dass diejenigen, die *bhakti* praktizieren, verstehen müssen, dass das gesamte Universum und alle Wesen Verkörperungen des Göttlichen sind und als solche behandelt werden sollten. Zu behaupten, das Göttliche zu lieben und gleichzeitig andere zu misshandeln, ist ein Gräuel und Heuchelei. Für den wahren *bhakta* ist es unmöglich, andere leiden zu lassen, während er sich abseits hält, sich über alles erhebt und sich an der eigenen spirituellen Verwirklichung erfreut. So sagt Krishna in der *Bhagavad Gita*, dass in seinen Augen diejenigen die größten Yogis sind, die, weil sie den *atman* in anderen sehen, ein solches Mitgefühl mit ihnen entwickeln, dass sie ihre Freude und ihr Leid als ihr eigenes erleben.[340] Hier finden wir eine völlig andere Vision von Yoga als die spirituellen Standard-Aussagen wie «alles ist *maya*, Leiden ist eine Illusion und alles ist einfach perfekt, solange wir alle Probleme ignorieren können». Krishna will nicht, dass wir gefühllos und mitleidslos werden. Die *bhakta* ist mittendrin und teilt mitfühlend das Leid der anderen.

---

340 Bhagavad Gita VI.32

Später in der *Bhagavad Gita* heißt es, dass diejenigen, die sich hingeben und *sattvische* Eigenschaften und Weisheit besitzen, niemals ihre Pflichten aufgeben, nur weil sie unangenehm sind, noch Handlungen ausführen, nur weil sie angenehm sind.[341] Solche Verse gibt es in der *Gita* zuhauf, weil sie umgekehrt zu verstehen sind. Das heißt, wir müssen uns selbst prüfen, ob wir Pflichten aufgeben, nur weil sie unangenehm sind. Wenn ja, sagt uns diese Tatsache, dass wir uns an diesem Punkt nicht dem Göttlichen hingeben und dass es uns an *sattvischen* Eigenschaften und Weisheit fehlt.

Sowohl die *Gita* als auch Naradas *Bhakti Sutra* legen uns nahe, uns nicht nach unseren Launen zu richten, sondern die *shastras* (heilige Texte) zu konsultieren, um zu entscheiden, was wir tun sollen. In der *Gita* heißt es, dass wir weder spirituelle Freiheit noch weltliche Errungenschaften erreichen werden, wenn wir den Rat der *shastras* vernachlässigen und uns von unseren Wünschen leiten lassen.[342] Krishna fügt dann hinzu, dass die *shastras* verstanden werden müssen, bevor man sich für eine Handlungsweise entscheidet. Krishna ist nicht gegen das Verlangen an sich, denn Er erklärt, dass Er in allen Wesen das Verlangen ist, das nicht im Widerspruch zum *dharma* (rechtes Handeln) steht.[343] Das bedeutet, dass Er sich dem Verlangen widersetzt, wenn es dem *dharma* zuwiderläuft. Shri Aurobindo hat dies in *Essays on the Gita* dargelegt, und das muss denjenigen entgegengehalten werden, die sich mit Aussagen verwirren lassen wie der, dass Gott auch in den Übeltätern ist.[344] Die Antwort auf diese Aussage lautet: Ja, Gott ist auch in den Übeltätern, aber diese Tatsache ist irrelevant, wenn es um die falschen Handlungen von jemandem geht.

---

341 Bhagavad Gita XVIII.10

342 Bhagavad Gita XVI.23-24

343 Bhagavad Gita VII.11

344 Sri Aurobindo, Essays on the Gita, S. 274

Dharma (rechtes Handeln/Gesetz) muss auf der Grundlage der Rechtmäßigkeit der Handlungen eines Menschen geltend gemacht werden und nicht auf der Grundlage dessen, was er im Grunde ist.

In Naradas *Bhakti Sutra* heißt es, dass selbst jemand, der Verwirklichung erlangt hat, immer die Schriften respektieren sollte, weil sonst die Gefahr seines Untergangs besteht.[345] Das bedeutet, dass selbst spirituelle Lehrer immer noch ihrem eigenen Ego verfallen können. Auch nach der Verwirklichung sind sie immer noch den ethischen Regeln und den Richtlinien der *shastras* über richtig und falsch unterworfen. Die Geschichte der Spiritualität in den letzten paar hundert Jahren bietet reichlich Beispiele dafür, was passiert, wenn wir anfangen zu glauben, dass wir zu groß geworden sind, um den gleichen Regeln zu folgen wie alle anderen.

Swami Tyagisananda erklärt in seinem Kommentar zu Naradas *Bhakti Sutra*, dass der Hass auf jemanden dem Hass auf Gott gleichkommt, weil es nur Gott gibt. Jede Form von Hass muss vom *bhakta* losgelassen werden. Stattdessen muss unsere Einstellung zu allem Liebe sein. Indem wir alles und jeden lieben, erinnern wir uns daran, dass Gott in allem ist. Wir müssen besonders auf die Menschen achten, von denen wir glauben, dass wir sie nicht lieben können. Wenn wir scheinbar nicht in der Lage sind, sie zu lieben, handelt es sich in der Regel um eine Form des unterdrückten inneren Konflikts, den wir nach außen tragen. Unterdrückter innerer Konflikt bedeutet in diesem Zusammenhang, dass ich glaube, dass ich unfähig bin, Person X zu lieben, weil ich in ihr etwas sehe, das ich in mir selbst nicht oder nur schwer akzeptieren kann. Deshalb projiziere ich es auf eine andere Person, d.h. ich externalisiere den Konflikt und kann sie nun dafür verurteilen und anprangern. Aber tief im Inneren kämpfe ich gegen mich

---

345 Naradas Bhakti Sutras, Strophen 12-13

selbst. Die andere Person wird zu einem Opfertier, das ich rituell opfere (und sei es nur, indem ich sie hasse, anstatt ihnen physisch zu schaden), um meinen inneren Konflikt zu besänftigen und zum Schweigen zu bringen. Dieser Prozess findet zwischen Einzelpersonen und Gruppen innerhalb einer Gesellschaft und bei zwischengesellschaftlichen Konflikten wie Streitigkeiten zwischen Nationen statt.

Das Göttliche in allem zu lieben, bedeutet nicht, dass wir Unrecht und Böses hinnehmen müssen. Ein Teil des *dharma* ist die Pflicht, das Richtige zu tun, Täter zu stoppen und Opfer zu schützen. Wir dürfen nicht versuchen, die Täter zu stoppen, während wir selbst aus einer Haltung des Hasses heraus handeln, denn sonst werden wir zu denen, die wir angeblich hassen. Aber wie kann es sein, dass Gott all das Böse, das in der Welt geschieht, zulässt, und ist es nicht seine Pflicht ist, es zu stoppen? Im *Mahabharata* wurde Krishna genau mit diesen Argumenten angegriffen und Ihm wurde gesagt, Er sei für das Gemetzel von Kurukshetra verantwortlich, da Er die Übeltäter hätte zum Umdenken bringen können.[346] Krishna argumentierte, dass jeder Mensch frei geboren ist. Deshalb stand es den Kauravas frei, den Weg des Bösen zu wählen, und das taten sie auch. So fanden sie durch ihre Handlungen ihr Ende. Es ist nicht die Aufgabe des Göttlichen, die Meinung des Einzelnen zu ändern, aber der Einzelne muss sich auf das Göttliche einstimmen, das Richtige tun und das göttliche Gesetz und *dharma* erfüllen.

Wechseln wir nun zum *Bhagavata Purana* und sehen wir uns an, was dort über Ethik steht. Es sagt, dass niemand, der andere Wesen unterdrückt, das Göttliche erreicht, wohl aber diejenigen, die alle als gleichwertig ansehen und friedlich, rein und wohlwollend zu allen sind.[347] Solche Aussagen machen sehr deutlich, dass das Erkennen und Wissen um

---

346 Mahabharata XII.53
347 Bhagavata Purana IV.12.36

das Göttliche zwar wichtig, aber nutzlos ist, wenn es nicht unsere Einstellung und unser Verhalten gegenüber anderen verändert. Wir können sogar sagen, dass der Wert einer Erkenntnis oder spirituellen Erfahrung nicht in ihr selbst liegt, sondern darin, inwieweit sie unser Verhalten gegenüber anderen verändert. Das *Bhagavata Purana* bestätigt dies, indem es sagt, dass das Leben eines Menschen in dem Maße sinnvoll und zielführend ist, in dem sein Reichtum, seine Energie, seine Intelligenz und seine Äußerungen zum Wohl anderer eingesetzt werden.[348]

Diese Haltung ist genau der entscheidende Punkt in unserer Ethik der *bhakti*. Sie lässt uns zu dem Schluss kommen, dass die moderne verzweifelte Jagd nach spirituellen Erfahrungen übertrieben ist und ihre Bedeutung überbetont wird. Wenn wir die Philosophie von *bhakti* verstehen und akzeptieren, können wir genauso gut gleich zur Sache kommen und alle Wesen so behandeln, als wären sie Gott. Das sind sie in der Tat, und genau dieser Punkt ist der *karmische* Antrieb für die spirituelle Befreiung und nicht die ausgefallenen psychedelischen Erfahrungen, die uns vielleicht ein anfängliches Dopaminhoch bescheren. Solche epiphanischen Erlebnisse lassen nach kurzer Zeit wieder nach. Wir brauchen dann vielleicht weitere spirituelle Erfahrungen, aber keine davon wird unser Verhalten ändern. Wir sind also wieder auf der Suche nach dem Empfangen und Bekommen. Dieses Mal geht es vielleicht nicht um Reichtum und Vergnügen, sondern um spirituelle Erfahrungen. Der Fokus auf das Erhalten und Bekommen ist jedoch immer noch derselbe. Was uns wirklich verändert, ist, unseren Fokus auf das Geben zu richten. Dieser Wechsel ist es, der das *karma* antreibt, das die Befreiung herbeiführt.

Im *Bhagavata Purana* heißt es, dass der Dienst an allen Lebewesen damit beginnt, dass wir akzeptieren, dass das

---

[348] Bhagavata Purana X.22.35

Göttliche in ihnen wohnt und dass es daher der Empfänger all unserer Handlungen ist.[349] Diese Akzeptanz ist der Schlüssel zu ethischem Handeln. Wenn wir diesen Punkt verstehen und akzeptieren und ihn zum Ausgangspunkt all unserer Handlungen machen, brauchen wir keinen ausgeklügelten, fast schon komplizierten Katalog von Geboten und Regeln. Das *Bhagavata Purana* bestätigt dies, indem es erklärt, dass alle Wesen als Verkörperungen des Göttlichen betrachtet werden sollten.[350] Mit Wesen sind hier eindeutig nicht nur Menschen gemeint. Wir müssen uns unbedingt von unserer speziesistischen Sichtweise lösen. Das *Bhagavata* sagt, dass wir auch Tiere als unsere eigenen Kinder betrachten sollten.[351]

Über allem steht die Leitlinie, dass wir alle Wesen als gleich betrachten sollen, eine Haltung, die die *Bhagavad Gita samata* nennt - Gleichmäßigkeit, Gleichheit oder Gleichartigkeit. So sagt das *Bhagavata Purana*, dass wir alle Wesen als Manifestationen des Göttlichen ehren müssen, egal ob sie heilige, ausgestoßene, quälende von heiligen Personen, friedliche, bösartige oder grausame Persönlichkeiten sind.[352] Hier ein kurzer Disclaimer: Wenn jemand böse ist, müssen wir zuerst Gott in ihm erkennen und dürfen ihn nicht mit demselben Bösen behandeln, das er gegen uns projiziert. Wir müssen ihnen mit Liebe begegnen, was ihr Verhalten vielleicht ändert. Wenn das nicht der Fall ist und sie das Gesetz brechen, andere Menschen oder sogar Nationen schädigen und zu Opfern machen, dann müssen wir die volle Härte des Gesetzes gegen sie einsetzen. Aber nicht in einem Geist des Hasses oder der Überlegenheit und des «Anderen», denn sie sind nicht die «Anderen»; sie sind wir. Wir alle sind

---

349 Bhagavata Purana VII.7.32
350 Bhagavata Purana X.85.23
351 Bhagavata Purana VII.14.9
352 Bhagavata Purana XI.29.13-14

Teil desselben *atman*, des göttlichen Selbst. Wir müssen Täter, die gegen das göttliche Gesetz verstoßen, in einem Geist der liebevollen Unterstützung zurechtweisen, und daran kann sich auch nichts ändern, wenn wir Krieg gegen sie führen müssen. Langfristig liegt es in niemandes Interesse, gegen das göttliche Gesetz zu verstoßen, auch wenn er sich kurzfristig einen kurzsichtigen Vorteil davon verspricht.

In der obigen Passage des *Bhagavata Purana* heißt es weiter, dass diejenigen, die ständig die Gegenwart Gottes in allen Wesen suchen, jegliches Konkurrenzdenken aufgeben, weil sie alle als gleichwertig ansehen. Sie werden die Eifersucht auf diejenigen, die sie für überlegen halten, und die Verachtung für diejenigen, die sie für minderwertig halten, aufgeben [weil sie alle als gleichwertige Kinder des Göttlichen sehen]. Wenn wir das Göttliche in allen Wesen gleichermaßen sehen, werden wir schließlich aufhören, uns selbst zu wichtig zu nehmen. Mit anderen Worten: Das Göttliche in allen zu sehen, hält uns davon ab, uns selbst zu wichtig zu nehmen.

Wenn wir uns selbst zu wichtig nehmen, ist das ein ernsthaftes Hindernis auf dem Weg der *bhakti*. Wir sind für das Göttliche insofern wichtig, als wir ein Ausdruck, eine Emanation des Göttlichen sind, ein Weg, durch den das Göttliche sich selbst berechnet. Aber es entstehen Hindernisse, wenn wir unser Leben mit dem Gefühl leben, dass wir das Zentrum unseres eigenen kleinen Universums sind. In Wirklichkeit berechnet sich das Zentrum des Universums, das Göttliche, gleichzeitig durch eine schier unendliche Anzahl von kleinen Selbsten, von denen wir eines sind. In dieser Hinsicht geht es nicht um uns selbst, sondern um das Göttliche, das sich durch die gesamte Materie, die Natur und alle Lebewesen ausdrückt.

Aus diesem Grund, so heißt es im *Bhagavata Purana* weiter, sollten wir uns vor allen Wesen niederwerfen und sie alle als Manifestationen des einen Höchsten Wesens sehen. Dieses

Sehen ist auch die Bedeutung des indischen Grußes *namaste* (oder *namaskar*, oder *pranam*), bei dem man die Hände in Gebetshaltung (*Anjali Mudra*) hält. Es bedeutet: Ich erkenne das Göttliche in dir. Wir praktizieren dann diese Anerkennung der Gegenwart Gottes in allen Wesen, in Gedanken, Worten und Taten. Wenn du diesen Text genau studierst und seinen Inhalt nach reiflicher Überlegung akzeptierst, dann läuft das darauf hinaus, die Anerkennung Gottes in allen Wesen in Gedanken zu praktizieren. Das erfordert ständiges Erinnern; wann immer wir mit einer herausfordernden und konfliktreichen Beziehung konfrontiert sind, müssen wir uns häufig daran erinnern, dass Gott auch in dieser scheinbar konfliktreichen Person ist. Wir müssen uns auch daran erinnern, dass unsere Beziehung zu dieser Person nur deshalb kompliziert ist, weil wir Schwierigkeiten haben, Gott in ihr zu sehen. In dem Maße, in dem wir lernen, dies zu tun, werden sich unsere Beziehungen verbessern.

Aber wie sieht es mit der Praxis der Anerkennung der Gegenwart Gottes in allen Wesen durch Wort und Tat aus? Hier kommt die Ethik ins Spiel. Es ist zwar möglich und bis zu einem gewissen Grad auch notwendig, einen Katalog ethischer Richtlinien zu haben, aber der sicherste und einfachste Weg ist, dass wir uns, bevor wir etwas sagen oder tun, fragen, ob wir uns der Tatsache bewusst sind, dass das Wesen, das vor uns steht, im Kern Gott ist. Dies anzuerkennen bedeutet nicht, dass sie perfekt sein müssen oder keine Fehler machen dürfen. Wenn sie sich ihres göttlichen Kerns nicht bewusst sind, werden sie zwangsläufig Fehler machen und verletzend handeln. Aber ob jemand anderes sich seines göttlichen Kerns bewusst ist oder nicht und ob wir uns dessen bewusst sind, hat wenig miteinander zu tun. Als *bhakta* müssen wir in der Lage sein, Gott in einem anderen Menschen zu sehen, egal ob er das tut oder nicht. Denn ob wir das können oder nicht, sagt in erster Linie etwas über unsere eigene Beziehung zum Göttlichen aus.

Wenn wir das Göttliche in allen anderen Wesen sehen können, werden wir feststellen, dass unsere Beziehungen zu anderen allmählich heilen. Manche Menschen sind so abhängig von einer giftigen Reaktion, dass sie uns aufgrund unserer Neigung, eine solche Reaktion zu geben, aufsuchen werden. Wenn sie merken, dass wir nicht bereit sind, eine solche Antwort zu geben, suchen sie sich normalerweise jemand anderen.

Wenn wir uns alle des göttlichen Kerns der anderen bewusst werden, werden wir alle geneigt sein, miteinander zu kooperieren. Und das ist genau das, was das Göttliche durch uns erreichen will. Eine solche gemeinsame Zusammenarbeit, die auf der gegenseitigen Anerkennung unseres göttlichen Kerns beruht, bildet das Fundament einer göttlichen oder vergöttlichten Gesellschaft.[353] Wenn wir die Göttlichkeit des anderen nicht anerkennen, werden wir aufgrund der irrigen Auffassung, das Leben bestehe aus gegensätzlichen Interessen, weiterhin in gegenseitigen Konflikten miteinander interagieren. Das Ergebnis ist, dass wir uns gegenseitig verletzen und zerstören werden, so wie wir es während des größten Teils unserer Geschichte getan haben. Aus diesem Grund sagt das *Bhagavata Purana*, dass es ein göttliches Gesetz ist, dass die Lebewesen sich gegenseitig und letztlich auch sich selbst durch gegenseitige Feindschaften zerstören und dass sie durch gegenseitige Zusammenarbeit gedeihen.[354] Damit können wir nun verstehen, dass der Wohlstand, der Frieden und die bürgerliche Zusammenarbeit einer Gesellschaft von ihrer Spiritualität und ihrem spirituellen Verständnis herrühren. Es gibt keine andere Quelle dafür.

---

353 Der Begriff «vergöttlicht» bedeutet, dass die Gesellschaft nicht nur per se göttlich ist, sondern sich auch bemüht hat, göttlich zu werden.
354 Bhagavata Purana I.15.24

Kapitel 9

METAPHYSISCHE IRRTÜMER UND WAS DAS GÖTTLICHE NICHT IST

In diesem Kapitel werde ich über metaphysische Irrtümer und fehlerhafte Vorstellungen vom Göttlichen sprechen. Das ist notwendig, weil ihre Annahme kritische Hindernisse auf dem Weg der *bhakti* bildet. Wenn wir nicht wissen, wem wir uns widmen, wen wir lieben und wem wir uns hingeben sollen, wie kann dann unsere *bhakti* funktionieren? Und selbst wenn wir glauben zu wissen, wem wir uns widmen, können unsere Vorstellungen dennoch falsch sein. Welchen Wert haben solche Überzeugungen, an die wir zuvor geglaubt haben? Und woher sollen wir wissen, ob wir uns irren, wenn wir unsere Überzeugungen nicht mit Hilfe der Vernunft kritisch hinterfragen? Solche Überlegungen sind der Grund, warum viele *shastras*, wie die *Brahma Sutras* oder die *Mandukya Karika*, Kapitel enthalten, in denen falsche und irrige Überzeugungen untersucht und verworfen werden. Außerdem werden die Kritikpunkte rivalisierender Schulen oft auseinandergenommen und widerlegt.

Wir dürfen nicht vergessen, dass *bhakti* in Indien noch vor etwa tausend Jahren eine Graswurzelbewegung war, die von Menschen getragen wurde, die das, was sie praktizierten, für richtig hielten, aber nicht sagen konnten, warum das so war. Erst mit dem Aufkommen des indischen Theologen Shri Ramanujacharya (T. Krishnamacharya war ein Anhänger von Ramanuja) im 11. Jahrhundert und seiner Widerlegung von Shankaras Lehren erhielt *bhakti* eine philosophische Grundlage. Ich muss zugeben, dass weder Ramanuja noch Shankara besonders angenehm zu lesen sind. Ihr Stil ist streitlustig und der Unterhaltungswert ihrer Schriften gleicht dem von Anwälten, die sich vor Gericht streiten, d.h. er ist nicht jedermanns Sache. Dennoch haben viele moderne Yogapraktizierende einen kritischen Intellekt, und oft können wir erst dann mit Überzeugung und Hingabe handeln, wenn unser Intellekt davon überzeugt ist, dass eine bestimmte Vorgehensweise die richtige ist. Auf der anderen Seite ziehen viele Schüler:innen ihre *bhakti* nicht durch oder praktizieren sie unkonzentriert, weil sie in den Tiefen ihres Geistes noch Unsicherheiten haben. Sobald diese jedoch beseitigt sind, können wir *bhakti* mit der nötigen Ergebenheit und Aufrichtigkeit praktizieren.

DER UNBEWEGTE BEWEGER

Wenn ich das Thema *bhakti* unterrichte, stoße ich häufig auf Argumente wie: «Ich kann nicht an Gott glauben, weil in letzter Zeit so viele Gräueltaten geschehen sind». Dieser Aussage liegt eine anthropomorphe Vorstellung von Gott zugrunde, die aus der Projektion der schier grenzenlosen Macht antiker Pharaonen, Könige oder Kaiser auf das Göttliche resultiert. In der Antike waren die mächtigsten Wesen, die wir uns vorstellen konnten, Herrscher wie der Pharao. Die Macht des Pharaos bestand darin, dass er auf jede andere Person Gewalt ausüben konnte, um sie dazu zu bringen, sich dem Willen des Pharaos zu beugen, aber keine andere Person war mächtig genug, um den Kurs des Pharaos zu ändern. Der Pharao war also der unbewegte Beweger. Weil der Pharao alles bewegen konnte, aber nichts den Pharao bewegen konnte, wurde alles, was im Reich geschah, entweder vom Pharao verursacht oder zumindest akzeptiert und nicht vom Pharao unterbunden. Diese Argumentation wurde dann auf Gott übertragen, was in diesem Fall noch schwieriger zu akzeptieren ist, denn es fällt uns leicht, uns einen zumindest moralisch widersprüchlichen oder unnahbaren Pharao vorzustellen, aber es ist undenkbar, sich einen Gott vorzustellen, der das Böse zulässt oder ignoriert.

Als Antwort auf dieses Problem mussten die Theologen einen ganzen Zweig ihrer Lehre, die Theodizee, der Erklärung widmen, wie Gott trotzdem gut und gerecht sein kann, obwohl die Welt voller Übel ist. Die Theodizee wird völlig überflüssig, wenn wir erkennen, dass wir die biblische Aussage, wonach der Mensch nach dem Bild und Gleichnis des Göttlichen geschaffen wurde, umgedreht und stattdessen einen Gott nach unserem eigenen Bild geschaffen haben.[355] Dazu haben wir das Bild eines menschlichen Herrschers in den Himmel projiziert. Dieses Bild von Gott als einem in der Luft befindlichen Menschen von gigantischen Ausmaßen und Fähigkeiten hat nichts mit dem Göttlichen zu tun. Stattdessen sagt es etwas über unsere eigenen geistigen Grenzen aus.

Aber das Problem hört hier nicht auf. Die meiste Zeit meines Lebens habe ich Techniken praktiziert, die von verschiedenen spirituellen Bewegungen gelehrt wurden. Es war üblich, dass Mitglieder dieser Bewegungen, Sekten oder Kulte ihre Führer oder Gründer mit Aussagen wie «er ist der Vater, den ich nie hatte» beschrieben. Wir haben uns einen Gott nach unserem eigenen Bild geschaffen und unsere Bedürfnisse nach dem perfekten Vater auf das Göttliche projiziert. Auch dies hat nichts mit dem real existierenden Göttlichen zu tun, sondern spiegelt das wider, was in der Freudschen Psychologie als unvollständige oder gescheiterte Bindung an die Vaterfigur bezeichnet wird. Weil die meisten von uns nicht die Bindung, Nähe und Akzeptanz mit und von unseren Vätern erfahren haben, die wir uns gewünscht haben, belasten wir nun unsere Beziehung zum Göttlichen mit

---

355 Gen I:26

dieser psychologischen Unvollständigkeit. Aus diesem Grund mussten sich die Theologen mit Themen auseinandersetzen, die besser in Beratungs- und Therapiesitzungen behandelt hätten werden sollen.

Gott ist kein riesiger Mensch. Das Göttliche hat nicht einmal ein Ego, um sich in einer bestimmten Zeit und einem bestimmten Raum zu verdichten und ein Mensch zu werden. Das Höchste Wesen ist unendliches Bewusstsein und kosmische Intelligenz. Gott hat sich als das gesamte materielle Universum herauskristallisiert und allen Objekten und Wesen ihre Eigenschaften verliehen. Aber Gott, der das Universelle ist, kann auf der individuellen Ebene, d.h. innerhalb eines begrenzten Raum-Zeit-Kontinuums, nur durch uns handeln. Das bedeutet: Wenn wir wollen, dass das Böse aufhört, können wir nicht darauf warten, dass Gott es tut. Wir müssen Gott erlauben, durch uns zu handeln, und das ist genau das, wovon Shri Krishna Arjuna zu überzeugen versucht.

Da wir je nach Grad unserer Selbstbewusstheit Entscheidungen treffen können, haben wir auch die Möglichkeit, auf böse Weise zu handeln. Die menschliche Gesellschaft, so wie sie heute ist, spiegelt wider, wie viel wir vom Göttlichen herabgezogen haben (Aurobindo nennt dies das Herabziehen des Supergeistes) und wie viel wir davon ignoriert haben. Wenn wir Kriege, Gräueltaten, Zerstörung usw. sehen, sollten wir in erster Linie die Menschheit und ihre Integrität hinterfragen und nicht versuchen, die Verantwortung auf einen nicht existierenden, riesigen, weißen, bärtigen Mann im Himmel abzuwälzen.

Apropos, schau dir die Darstellung Gottes in Michelangelos *Die Erschaffung Adams* an, die Teil der Decke der Sixtinischen Kapelle ist. Das ist nicht der Jahwe des Alten Testaments, denn im Judentum ist es nicht einmal erlaubt, Bilder von Jahwe anzufertigen. Der ältere Herr, den wir in Michelangelos Gemälde sehen, ist Zeus, der über die hellenistische

Philosophie Eingang in das Christentum fand. Zusammen mit dem Bild des Zeus fand auch ein Teil seiner Eigenschaften Eingang in die westlichen Vorstellungen von Gott. Zeus war zwar manchmal ein kluger Herrscher des Himmels, aber er konnte auch egoistisch, schäkernd und hinterhältig sein. Kein Wunder also, dass die europäische Aufklärung Gott nach und nach abschaffte, bis Friedrich Nietzsche schließlich verkünden konnte: «Gott ist tot, jetzt ist der Mensch frei!» Mehr als hundert Jahre später fragen wir uns beim Blick in den gähnenden Abgrund des ökologischen Holocausts und des Ökozids, wohin uns diese vermeintliche Freiheit führen wird. Aber vielleicht helfen uns die zusätzlichen 2,4 Billionen Dollar an Militärausgaben, klarer zu sehen.

In diesem Kapitel werde ich versuchen, die folgenden falschen Vorstellungen über Gott und die Welt zu entkräften:

- Dass Gott ein riesiger Mensch im Himmel ist
- Dass die Welt eine Illusion ist
- Dass das formlose Absolute die höchste Errungenschaft ist und dass das Bewusstsein alles ist, was existiert
- Dass *Karma* Yoga eine minderwertige oder einführende Disziplin des Yoga ist
- Dass *Bhakti* Yoga der einzige Weg ist, sich dem Göttlichen zu nähern
- Dass das individuelle Selbst und das göttliche Selbst ein und dasselbe sind

GOTT – NICHT EIN RIESIGER MENSCH IM HIMMEL

Swami Tapasyananda schreibt in seinem Kommentar zum *Bhagavata Purana*, dass die abrahamitischen Religionen den eigenartigen, unbewussten Glauben haben, dass Gott ein Individuum ist, das sich von der Natur unterscheidet.[356]

---

356 Swami Tapasyananda, Srimad Bhagavata, Bd. 3, S. 27

Das Problem bei diesem Glauben ist, dass Gott als ein Individuum mit einer bestimmten Persönlichkeit gesehen wird. Gott kann keine Persönlichkeit haben, sondern ist die Summe aller höchsten Potenziale, die alle Persönlichkeiten zusammen theoretisch erreichen könnten. Dies ist in Alfred North Whiteheads Begriff «das anfängliche Ziel» enthalten. Gott denkt alle Individuen ins Dasein und verfolgt für jedes Wesen ein anderes anfängliches Ziel. Da wir aber nach dem Bild und Gleichnis Gottes geschaffen sind, steht es uns frei, das anfängliche Ziel abzulehnen oder so viel mitzuarbeiten, wie wir es für richtig halten. Krishna erkennt dies sogar am Ende der *Bhagavad Gita* an, wo er sagt: «Bedenke alles, was ich gesagt habe, und handle dann so, wie du es für richtig hältst.»[357]

Die zweite problematische Konnotation mit Tapasyanandas Aussage über die abrahamitischen Religionen ist, dass sie Gott nicht nur anthropomorph (d.h. ein menschenähnliches Individuum), sondern auch suprakosmisch macht. Suprakosmisch bedeutet, dass Gott ganz anders als die Natur ist und irgendwie über ihr im Himmel thront. Die Erde (und die Natur) ist ein Jammertal oder unterscheidet sich zumindest grundlegend von den göttlichen Bereichen, ob Himmel, Leere oder *nirvana*. Aber Gott ist nicht überkosmisch, sondern der Kosmos ist der kristallisierte Körper Gottes. Wir leben in Gott, so wie einzelne Zellen in unserem Körper leben. So wie eine einzelne Zelle sich weigern kann, mit dem Wirtsorganismus zusammenzuarbeiten und krebsartig wird, können sich auch einzelne Menschen und Kulturen dafür entscheiden, dies zu tun, und tun es auch, während wir sprechen.

Swami Tapasyanandas Kritik macht nicht bei den abrahamitischen Religionen halt, sondern erstreckt sich auch auf hinduistische Denkschulen. In seinem Kommentar zum *Bhagavata Purana* stellt er fest, dass die Chaitanya-Schule des

---

357 Bhagavad Gita XVIII.63

Vaishnavismus (aus der die moderne Hare-Krishna-Bewegung hervorging) behauptet, dass Vishnu nur eine Emanation von Krishna ist (die meisten Hindus glauben dagegen, dass der menschliche *avatar* Krishna eine Emanation der Gottheit Vishnu ist).[358] Die Anhänger von Chaitanya Mahaprabhu tun dies, weil das *Bhagavata Purana* in einem einzigen Vers sagt, dass Krishna der Bhagavan (d.h. Gott) selbst ist.

Das *Bhagavata Purana* ist ein umfangreicher Text mit etwa 30'000 to. Einige Verse sind zweifelhaft, während viele die Hauptargumentation des Textes unterstützen. Tapasyananda erklärt, dass die obige Aussage (dass Vishnu ein Aspekt von Krishna ist) nicht mit allen anderen Aussagen des *Bhagavata* übereinstimmt. Um die Theologie des *Bhagavata Purana* kurz zusammenzufassen: Gott ist erstens das formlose Absolute, das unendliche Bewusstsein, zweitens eine kosmische Intelligenz, die durch und als göttliche Schöpferkraft wirkt, drittens der gesamte materielle Kosmos, zu dem Es geworden ist, und viertens eine unendliche Anzahl von Wesen und Objekten, durch die Es sein unendliches schöpferisches Potenzial ausdrückt. Krishna ist ein so genannter *avatar* (Verkörperung, Emanation) dieses Göttlichen, der diese Philosophie, die bereits in den *Upanishaden* und anderen Texten niedergeschrieben ist, besonders gut zum Ausdruck bringt.

Shri Aurobindo fasst das Problem des *Bhagavata Purana* oder der *Bhagavad Gita* besonders gut zusammen. Er sagt, wir hören Krishna «Ich» sagen, und weil wir alle zur Anthropomorphisierung neigen, glauben wir, dass Krishna sich nur auf den Menschen Krishna bezogen hat. So entsteht in unseren Köpfen das klassische Bild des blauhäutigen, in gelbe Seide gekleideten Krishna mit Pfauenfedern im Haar und möglicherweise einer Flöte an den Lippen. Aurobindo sagt jedoch, dass Krishna, wenn Er «Ich» sagt, nicht den verkörperten

---

358 Swami Tapasyananda, Srimad Bhagavata, Bd. 1, S. xxviii

avatar meint, sondern den Purushottama, das Höchste Wesen.[359] An dieser Stelle müssen wir immer wieder kurz innehalten und uns daran erinnern, dass das Höchste Wesen mindestens aus den vier im vorigen Absatz beschriebenen Hauptaspekten besteht, wahrscheinlich aber aus mehr, denn Gott kann vom begrenzten menschlichen Verstand möglicherweise nie ganz verstanden werden. Trotzdem müssen wir Ihr jederzeit so nahe wie möglich kommen.

Das Problem endet jedoch nicht, wenn der Begriff Purushottama eingeführt wird. Vielmehr fängt es hier erst richtig an. Purushottama ist ein zusammengesetztes Wort, das sich aus *purusha* und *uttama* zusammensetzt und in diesem Zusammenhang richtigerweise mit Höchstes Wesen übersetzt wird. Noch treffender wäre wohl Höchste Wesenheit, aber es ist schwer zu sagen, worauf sich dieser Begriff im Deutschen bezieht. Einige moderne Kommentatoren haben den Begriff «Höchste Persönlichkeit Gottes» verwendet, um *purusha-uttama* zu übersetzen. Sie tun dies, weil der deutsche Begriff «Person» seine Wurzeln im Sanskrit-Wort *purusha* hat. Aber der Begriff Person hat im Deutschen eine andere Bedeutung. Hier bedeutet er, dass wir eine eigene Persönlichkeit haben, die sich von der einer anderen Person unterscheidet. Wir können zum Beispiel eine lasterhafte Persönlichkeit haben statt einer tugendhaften. In der Rechtsprechung bezeichnet der Begriff Person eine juristische Person mit bestimmten Rechten; zum Beispiel haben Kapitalgesellschaften die Rechte von juristischen Personen, die mit Menschen identisch sind. Dieses Konzept der Persönlichkeit unterscheidet sich völlig von der Idee des *purusha*. Der deutsche Begriff Person lässt sich auf das Sanskrit *purusha* zurückführen, denn es ist das reine Bewusstsein, das einem Menschen seine Persönlichkeit verleiht. Wir können nicht zur Person werden, wenn wir kein Bewusstsein oder Gewahrsein haben.

---

359 Sri Aurobindo, Essays on the Gita, S. 433

KAPITEL 9

Im Yoga des Patanjali ist der *purusha* das reine Bewusstsein, das Selbst oder der *atman* der *Upanishaden*. Es ist inhaltslos, unendlich, rein, formlos und unveränderlich. Wie die *Bhagavad Gita* sagt auch das *Yoga Sutra*, dass *purusha* nicht von Wasser ertränkt, von Feuer verbrannt, von Dornen durchbohrt oder von Klingen durchtrennt werden kann, weil es das ewige Selbst ist. Während unsere Persönlichkeit unsere Oberfläche ist, ist der *purusha* das tiefste göttliche Selbst. In der Tiefe ist jeder Mensch göttlich, aber an der Oberfläche ist es keiner von uns.

Um es noch transparenter zu machen, haben alle Persönlichkeiten ihre Wurzel im Purushottama, dem Höchsten Wesen. Unsere Persönlichkeiten sind unsere begrenzte Interpretation des anfänglichen Ziels, mit dem Gott jeden einzelnen von uns ins Leben gerufen hat. Da der Purushottama also die indirekte Quelle aller Persönlichkeiten ist (oder genauer gesagt, einer der Aspekte des Purushottama ist die Summe aller anfänglichen Ziele), kann Er nicht durch eine bestimmte Persönlichkeit begrenzt werden. Der Purushottama ist das Kosmische. Er ist alle Personen gleichzeitig und, was wichtig ist, mehr als das. Der Begriff Persönlichkeit kann auch nicht auf ein unendliches und ewiges Wesen angewendet werden, wie es der Purushottama ist. Eine Persönlichkeit gegenüber einer anderen bedeutet immer eine Begrenzung.

Die Menschen haben schon immer mit der Komplexität des Höchsten Wesens gekämpft. Es ist in Ordnung, zu vereinfachen, aber wir verlieren seine Essenz, wenn wir zu sehr vereinfachen. Wir können der Einfachheit halber anthropomorphe Bilder von Gott (oder auch nichtmenschliche Bilder) als Abkürzungen verwenden, aber mindestens einmal am Tag müssen wir uns daran erinnern, was Gott wirklich ist.

So sagt Shri Aurobindo, dass das Höchste Wesen nicht der begrenzte persönliche Gott so vieler exoterischer Religionen ist.[360] Vielmehr ist Es die eine Höchste Seele, von der alle Gottheiten Aspekte sind, deren individuelle Persönlichkeiten nur eine begrenzte Entwicklung der kosmischen Natur darstellen. Dieses Höchste Wesen, so Aurobindo, ist kein bestimmter Name und keine bestimmte Form von Gottheit, wie die, die wir als unser *ishtadevata* wählen können. All diese Namen und Formen sind nur Gesichter des einen Göttlichen, das das universelle Göttliche aller Verehrer:innen und aller Religionen ist.

Wenn wir ein *ishtadevata* (die für uns geeignete Form des Göttlichen) wählen, müssen wir pluralistisch bleiben und uns daran erinnern, dass dies nicht das richtige *ishtadevata* für alle sein kann. Wenn wir uns für Krishna entscheiden, können wir nicht leugnen, dass andere sich für Jesus entscheiden werden und umgekehrt. Andernfalls werden wir zu orthodoxen, fundamentalistischen Hardlinern, die sich nicht dafür interessieren, ob jemand anderes Gottesverwirklichung erlangt oder nicht, sondern nur dafür, dass wir Recht haben und andere im Unrecht sind. Das spielt sich oft in der Frage ab, ob man dem richtigen Glauben oder den Anhängern des Satans folgt. Hier wird die Religion jedoch abgewertet und zum Vehikel unserer alten Probleme, der Feindseligkeit und des Antagonismus gemacht. Ein wahrhaft spiritueller Mensch kümmert sich darum, ob jemand anderes das Göttliche verwirklicht oder nicht, und nicht darum, ob er dies auf demselben Weg tut, den er selbst gewählt hat. Wenn es mir wichtig ist, dass andere Menschen meinem Weg folgen, dann deshalb, weil ich mir nicht sicher bin, ob mein Weg richtig ist, und deshalb brauche ich die Bestätigung der anderen. Wenn ich wirklich zur Verwirklichung gelangt bin, interessiert es mich nur, ob andere das auch tun, und nicht, ob sie es auf demselben Weg tun, den ich gewählt habe.

---

360 Sri Aurobindo, Essays on the Gita, S. 343

Aurobindo betont auch die Notwendigkeit, den universellen Purushottama (das Höchste Wesen) zu lieben und nicht irgendeine Sekte oder einen Kult.[361] Sich in den äußeren Belanglosigkeiten der spirituellen Bewegungen und Religionen zu verlieren, nennt er exoterisch. Aurobindo erklärt weiter, dass die Schwäche der emotionalen Religionen (wir können davon ausgehen, dass er mit diesem Begriff die auf *bhakti* basierenden Religionen meinte) darin besteht, dass sie sich immer zu sehr in die eine oder andere göttliche Persönlichkeit vertiefen.[362] Es ist wichtig, sich auf den esoterischen Aspekt einer Religion zu konzentrieren, d.h. den Purushottama - das Höchste Wesen - zu erkennen und zu lieben.

DIE WELT – KEINE ILLUSION

Es ist eine spirituelle Standardaussage, dass die Welt eine Illusion ist und sich alles im Geist abspielt. Diese Konzepte haben der Spiritualität viel Schaden zugefügt, da sie eine spirituelle Umgehung ermöglichen. Der Kern der illusionistischen Theorie liegt in der Umdeutung des Begriffs *maya* in Illusion. Ursprünglich bedeutete der Begriff jedoch göttliche Macht und nicht Illusion. So übersetzt Swami Tapasyananda den Begriff *yoga-maya* als die Kraft der Manifestation.[363] Das *Bhagavata Purana* besagt, dass *maya* als Unwissenheit in den einzelnen Seelen (*jivas*), aber als schöpferische Kraft im Göttlichen wirkt.[364] An der gleichen Stelle wird das Universum als nicht von Gott verschieden beschrieben. Wie kann das Universum eine Illusion sein, wenn es sich nicht von Gott unterscheidet?

---

361 Sri Aurobindo, Essays on the Gita, S. 287
362 Sri Aurobindo, Essays on the Gita, S. 329
363 Swami Tapasyananda, Srimad Bhagavata, Bd. 2, S. 207
364 Bhagavata Purana X.87.14

Das *Bhagavata* nennt *maya* die schöpferische Kraft Gottes[365] und im selben Text heißt es, dass diejenigen, die das Selbst kennen, die gesamte Welt als *sat* (Wahrheit) erkennen, d.h. als wirklich existierend.[366] Das liegt daran, dass jede Form ein Ausdruck des Göttlichen ist. Um diesen Punkt weiter zu erläutern, gibt das *Bhagavata Purana* das Beispiel, dass ein aus Gold hergestelltes Objekt nicht als illusorisch abgelehnt wird, nur weil es aus einer anderen Substanz hergestellt wurde. So wie Gold die Substanz ist, aus der Ornamente hergestellt werden, ist Gott die Substanz, aus der das Universum erschaffen wurde. Gott wohnt dem Universum als seine Substanz inne, so wie Gold in den daraus gefertigten Schmuckstücken wohnt. Außerdem wird Gott in diesem Abschnitt als die Eine ohne Gliedmaßen und Sinnesorgane bezeichnet, die aber dennoch die Kraft ist, die das Greifen, die Fortbewegung und das Fühlen aller Geschöpfe unterstützt. Das bedeutet, dass wir eine reale Welt wahrnehmen, weil das Göttliche unsere Wahrnehmungsinstrumente antreibt. Die Vorstellung, dass die Welt eine Illusion ist, hat in dieser Philosophie keinen Platz.

Eine ähnliche Pauschalaussage ist, dass die Vielfalt der Objekte und Wesen, die wir sehen, unwirklich ist und nur die Einheit dahinter real ist. Das muss korrigiert werden. Sowohl die Einheit als auch die Vielheit sind real und göttlich. So heißt es im *Bhagavata Purana*: Wer versteht, dass das Höchste Wesen sich durch Seine *yoga-maya* (göttliche Kraft) als die Vielen manifestiert hat, hat den *Veda* verstanden.[367] Mit den Vielen ist hier nichts falsch. In Tapasyanandas Ausgabe der *Bhagavad Gita* wird der Begriff *maya* als die geheimnisvolle Kraft Gottes übersetzt, durch die das Göttliche durch Seine materielle

---

365 Bhagavata Purana X.87.38

366 Bhagavata Purana X.87.26

367 Bhagavata Purana XI.12.23

Natur (*prakriti*) geboren wird.[368] Es ist ein vergeblicher Versuch, hier Illusion in den Begriff *maya* hineinzulesen. An einer anderen Stelle desselben Textes wird der Begriff *atma-maya* als innewohnende Kraft oder Wille übersetzt.[369]

Auch Shri Aurobindo ist sehr kritisch, wenn es darum geht, die Welt als Illusion zu bezeichnen. In *Essays on the Gita* erklärt er, dass die Welt keine Illusion ist, sondern dass die *Bhagavad Gita* die dynamische Realität der Welt durchweg anerkennt.[370] Laut Aurobindo übernimmt die *Gita* nicht die strengere Sichtweise der extremen [*Advaita*] *Vedantisten*, denen zufolge die Welt nur eine Erscheinung ist. Eine solche Sichtweise würde die Wurzeln aller Werke und Handlungen (*Karma* Yoga) angreifen. Was Aurobindo meint, ist, dass die *Bhagavad Gita* es sich nicht leisten könnte, der Arbeit, dem Handeln und der Pflicht die herausragende Rolle zu geben, die sie spielt, wenn die Welt wirklich eine Illusion wäre.

Wiederum in *Essays on the Gita* vergleicht Aurobindo *maya* mit *prakriti* (Natur oder göttliche Schöpferkraft) und erklärt, dass *maya* nicht Illusion bedeutet.[371] Aurobindo erklärt, dass *maya* aus der Kraft des Prozesses (hier wird Alfred North Whiteheads Terminologie verwendet), *prakriti*, besteht, die aus dem Zusammenspiel ihrer drei grundlegenden Modi, den *gunas*, besteht.[372] Erinnern wir uns daran, dass Whitehead den dynamischen oder immanenten Aspekt Gottes als Prozess bezeichnete, der in der Sprache der *shastras maya* und *prakriti* heißt.

In *The Integral Yoga* erklärt Aurobindo, dass der Glaube, die Welt sei eine Illusion, durch das Versäumnis verursacht

---

368 Swami Tapasyananda, Srimad Bhagavad Gita, S. 119
369 Swami Tapasyananda, Srimad Bhagavad Gita, S. 135
370 Sri Aurobindo, Essays on the Gita, S. 251
371 Sri Aurobindo, Essays on the Gita, S. 154
372 Sri Aurobindo, Essays on the Gita, S. 252

wurde, den Supergeist herabzurufen.[373] Mit «den Supergeist herabrufen» meint Aurobindo, ein Vehikel für die Intelligenz des Göttlichen zu werden, die sich im ekstatischen Spiel der realen Welt und der realen Wesen ausdrückt. In seinem Hauptwerk *The Life Divine* erklärt Aurobindo, dass die *vedischen* Seher den Begriff *maya* für die göttliche Kraft verwendeten.[374] Für die *rishis* bedeutete *maya* die Macht des unendlichen Bewusstseins, sich selbst als unendliche Existenz zu begreifen. Durch *maya* wird die statische Wahrheit des essentiellen Seins zur dynamischen Wahrheit der Schöpfung.

Später in *The Life Divine* geht Aurobindo sogar auf die Quelle des Glaubens ein, dass die Welt eine Illusion ist.[375] Die Quelle ist einfach die Tatsache, dass, wenn ein Mystiker sein *prana* im Kronen*chakra* absorbiert und so in den Zustand des (in Patanjalis Sprache so genannten) objektlosen *samadhi*, (oder in der Sprache Ramakrishnas) *nirvikalpa samadhi*, (oder in Aurobindos eigener Sprache) *nirvana*, eintritt, die Welt von diesem Zustand aus gesehen unwirklich erscheint. Dazu sagt Aurobindo, dass die Tatsache, dass uns die Welt unwirklich erscheint, wenn wir in die spirituelle Stille des *nirvana* eintreten, nicht beweist, dass der Kosmos die ganze Zeit eine Illusion war. Für das Bewusstsein, das in ihr wohnt, ist die Welt immer noch real. Fest steht nur, dass die Welt demjenigen, der das *nirvana* erlebt, unwirklich erscheint; das ist alles.

BEWUSSTSEIN – NICHT ALLES, WAS EXISTIERT

Eng verbunden mit dem Glauben, dass die Welt eine Illusion ist, ist der Glaube, dass das formlose Absolute (*nirguna Brahman*) die höchste Errungenschaft ist, die man haben kann,

---

373 Sri Aurobindo, The Integral Yoga, S. 40
374 Sri Aurobindo, The Life Divine, S. 115
375 Sri Aurobindo, The Life Divine, S. 436

KAPITEL 9

und dass das Bewusstsein alles ist, was existiert. In diesem Abschnitt werde ich zeigen, dass die Erfahrung des formlosen Absoluten zwar bedeutsam ist, dass es aber genauso heilig und wichtig ist, dem Göttlichen liebevoll und mit Hingabe in ihrem göttlichen Spiel zu dienen und es zu unterstützen. Darüber hinaus ist das Bewusstsein real und seine direkte Erfahrung wird letztendlich zur Selbstverwirklichung beitragen, aber das göttliche Bewusstsein hat sich in diese Welt und das Universum kristallisiert und alle Wesen sind Ihr Körper geworden. Daher sind sie genauso real und heilig. Zu sagen, dass nur das Bewusstsein existiert, wertet die Bedeutung der Tatsache ab, dass Gott zur Welt und zu allen Wesen geworden ist, und dass Gott an der Vergöttlichung der Gesellschaft arbeitet.

Wie ist die Ansicht entstanden, dass die Welt eine Illusion ist und nur das Bewusstsein real ist? Ich habe darüber in meinen beiden Büchern über die *chakras* geschrieben und werde es hier nur kurz tun.[376] Authentische Erfahrungen von *purusha, atman, nirguna* Brahman, dem formlosen Absoluten oder dem unendlichen Bewusstsein werden durch die Absorption des eigenen *pranas* im Kronen*chakra* (*Sahasrara*) angetrieben, egal ob sich derjenige, der die Erfahrung macht, dieser Tatsache bewusst ist oder nicht. Wenn das *prana* in diesem *chakra* absorbiert wird, erscheint das Bewusstsein und die Welt verschwindet. Wenn die Erfahrung lang und tief ist, wie z.B. die Sicht auf das formlose Absolute, kann zu diesem Zeitpunkt keine Wahrnehmung der Welt stattfinden. Das liegt daran, dass das formlose Absolute nur gesehen werden kann, wenn die Identifikation mit dem Körper für den Moment völlig aufgegeben wird. Zusammen mit der Wahrnehmung des Körpers verschwindet auch jede sinnliche Überprüfung

---

376 Yoga Meditation - Through Mantra, Chakras and Kundalini to Spiritual Freedom und Chakras, Drugs and Evolution - A Map of Transformative States

der Existenz des Universums. Zugleich erscheint das formlose Absolute. Lass mich ein Beispiel geben.

Als Arjuna das *vishvarupa* (die universelle Form des Göttlichen) sah, beschrieb er es so, als würde er gleichzeitig in 1000 lodernde Sonnen schauen.[377] Wenn man an diesen Punkt gelangt, ist die Erfahrung so mächtig, dass sie alle Erfahrungen, die man bis zu diesem Punkt gemacht hat, und möglicherweise auch die zukünftigen, übertönt. Man kann dann dem Trugschluss verfallen, die Erfahrungen aller anderen *chakras* auf die des *Sahasrara Chakras* zu reduzieren. Eine solche Reduktion ist verständlich, denn nichts ist mächtiger, als den transzendenten Gott direkt zu sehen. Obwohl sie verständlich ist, ist sie dennoch falsch. Wenn man von dieser Erfahrung zurückkommt und die Welt für unwirklich erklärt, versteht man nicht, dass der transzendente Gott, den man gerade gesehen hat, sich in dieser Welt verkörpert hat. Das Göttliche hat sich auch in uns verkörpert, die es in diese Welt gesandt hat, um sich selbst in uns zu verwirklichen. Das bedeutet, dass der Prozess des immanenten Gottes, der sich in der Welt und in allen Wesen ausdrückt und zu sich selbst wird, genauso heilig, sakral und authentisch ist wie die Erfahrung des transzendenten Gottes. Es gibt keine Diskrepanz zwischen der Realität und Heiligkeit des formlosen Absoluten auf der einen Seite und der Welt und allen Wesen in ihr auf der anderen. Erinnern wir uns auch daran, dass Shri Aurobindo sagte, dass die wahrgenommene Unwirklichkeit der Welt während mystischer Zustände nicht beweist, dass die Welt unwirklich ist, da sie in Zeiten der normalen Verkörperung immer noch als real wahrgenommen wird. Es beweist nur, dass die Welt während mystischer Zustände unwirklich erscheint.[378]

---

377 Bhagavad Gita XI.12
378 Sri Aurobindo, Das Göttliche Leben, S. 436

In einer der wichtigsten Passagen der *Gita* spricht Krishna über essenzielles Wissen (*jnana*, d.h. Selbstverwirklichung) und komplexes Wissen (*vijnana*, d.h. Gottesverwirklichung).[379] Der erste, der die Bedeutung von diesem Vers erläuterte, war Shri Ramakrishna. Shri Ramakrishna lehrte, dass *vijnana* (Gottverwirklichung oder umfassendes Wissen) darin besteht, das göttliche Spiel zu sehen, in dem Gott zu den *jivas* (individuellen Seelen), der Welt und der Verwirklicherin des göttlichen Spiels wird.[380] Diese *lila* ist keine Illusion, sondern ein echter Ausdruck göttlicher Kreativität und Ekstase. Das Göttliche unterstützt das Universum, indem es zum Kollektiv der *jivas* (d.h. aller Wesen) wird. Dies zeigt sich im Zustand von *vijnana*. Deshalb dürfen wir nicht bei *jnana* aufhören, das nur essenzielles Wissen ist, d.h. Selbstverwirklichung, denn sonst erkennen wir die Heiligkeit und Bedeutung der Welt und aller Wesen nicht.

Shri Aurobindo erweiterte die Erkenntnisse von Shri Ramakrishna und formte sie in 35 Lehrbüchern zu einem umfassenden und in sich stimmigen System der mystischen und evolutionären Philosophie, das zeigt, dass nicht nur das Bewusstsein real ist. In *Essays on the Gita* sagt Aurobindo, dass das Höchste Wesen (Purushottama) sogar höher ist als das unveränderliche Brahman (d.h. das *nirguna* Brahman) und dass der Verlust des Egos in dem unpersönlichen, formlosen Absoluten nur ein erster Schritt zur Vereinigung mit dem Purushottama ist.[381] Es hilft sich zu erinnern, dass das 15. Kapitel der Bhagavad Gita das Mysterium des Purushottama beschreibt, das in sich das formlose Absolute, die Gemeinschaft der gebundenen *jivas* (diejenigen, die sich mit ihren Körpern identifizieren) und die Gemeinschaft

---

379 Bhagavad Gita VII.2
380 Swami Tapasyananda, Srimad Bhagavad Gita, S. 208
381 Sri Aurobindo, Essays on the Gita, S. 91

der freien *jivas*, die Verwirklichung erlangt haben, enthält. Aurobindo stellt weiter klar, dass das eigentliche Ziel des Yoga eine lebendige Vereinigung mit dem Purushottama ist und nicht nur ein sich selbst auslöschendes Verschwinden im unpersönlichen, formlosen Absoluten, was das Vernünftigste wäre, wenn man nur das Bewusstsein als real ansieht.[382]

Aurobindo rät auf Schritt und Tritt von einer selbstauslöschenden Spiritualität ab. Er macht deutlich, dass die *Bhagavad Gita* den Glauben ablehnt, dass wir nur *purusha* (Bewusstsein) von *prakriti* (Natur, göttliche Schöpferkraft, in diesem Fall die Welt) trennen und mit dem formlosen Absoluten verschmelzen müssen, da dieses Heilmittel den Patienten zusammen mit der Krankheit beseitigen würde.[383] Aurobindo lehrt, dass wir für viel größere Dinge hier sind, als uns einfach nur im unendlichen Bewusstsein aufzulösen. Ihm zufolge folgt die Welt einem göttlichen Plan, und jeder Einzelne ist ein Teil dieses Plans. Wir werden an die Worte Jesu erinnert: «Was ich getan habe, das werdet ihr auch tun, und noch Größeres werdet ihr auch tun».[384]

In diesem Sinne stellt Aurobindo fest, dass in den ersten Kapiteln der *Gita* die Selbstverwirklichung (d.h. *jnana*) betont wird.[385] Dieses anfängliche Beharren auf Selbstverwirklichung kann mit dem Ende unserer spirituellen Entwicklung verwechselt werden, aber das ist nur der Anfang von *Bhakti* und *Karma* Yoga. Erinnern wir uns daran, dass Aurobindo zum ersten Mal Selbstverwirklichung erlangte, als er auf einen Schauprozess im Alipore-Gefängnis wartete. Diese Erfahrung gab den Anstoß zu seinem höheren Yoga, der Erforschung des Göttlichen und seinem Leben im Dienste

---

382 Sri Aurobindo, Essays on the Gita, S. 132
383 Sri Aurobindo, Essays on the Gita, S. 216
384 Johannes 14:12
385 Sri Aurobindo, Essays on the Gita, S. 235

des Göttlichen. Aurobindo ist besorgt darüber, dass wir unsere Entwicklung einschränken, wenn wir glauben, dass es nichts zu erreichen gibt, außer uns in die Selbst-Auflösung zu meditieren. Er sagt, dass wir, wenn wir unsere Entwicklung zu *vijnana* fortsetzen, anstatt uns mit der Selbst-Auflösung zu beschäftigen, eine umfassendere Lösung erblicken werden, nämlich das Prinzip der Selbsterfüllung in der göttlichen Natur.[386] Diese Selbsterfüllung gipfelt in der liebevollen Hingabe an das Göttliche (*Bhakti* Yoga) und dem Handeln im Dienste des Göttlichen (*Karma* Yoga).

KARMA YOGA – KEINE MINDERWERTIGE DISZIPLIN DES YOGA

Einige Kommentatoren betrachten *Karma* Yoga als einen minderwertigen Weg für diejenigen, die sich noch nicht weit genug entwickelt haben, um völliges Nichtstun zu praktizieren, d.h. *Jnana* Yoga. Manche sehen ihn auch als einen Weg, der allmählich zur Untätigkeit und Introspektion führt. Aber das ist nicht die Sichtweise der *Bhagavad Gita*. Nach Aurobindos Worten führt in der *Samkhya*-Philosophie die Verwirklichung des *purusha* (Bewusstseins) zur Beendigung des Handelns.[387] In der *Gita* hingegen führt sie zu göttlichem Handeln. Krishna lehrt, dass es unmöglich ist, gänzlich untätig zu sein und ein Leben zu führen, das ausschließlich der Selbstbeobachtung gewidmet ist. Nach Krishnas Ansicht ist nicht das Handeln an sich das Problem, sondern die Tatsache, dass wir dem falschen Glauben verhaftet sind, dass unser eigenes Bewusstsein (der *purusha* oder *atman*) die Ursache für unser Handeln ist und nicht das Göttliche. Krishna sagt, dass wir erkennen müssen, dass das Göttliche

---

386 Sri Aurobindo, Essays on the Gita, S. 289

387 Sri Aurobindo, Essays on the Gita, S. 227

sich durch uns selbst ausdrückt. Deshalb sagt er im Kapitel 18, dass das Göttliche uns wie auf einem Rad dreht.[388] Diese Tatsache anzuerkennen, heißt, «das Gefühl des Handelns aufzugeben», d.h. den Glauben loszulassen, dass wir die Handlungen ausführen. Außerdem fordert Krishna dazu auf, die Früchte der Handlungen dem Göttlichen zu überlassen, d.h. wir hängen nicht am Ergebnis unserer Handlungen, ob wir erfolgreich sind oder nicht, sondern tun in jeder Situation einfach unser Bestes und widmen uns dem Göttlichen, egal wie das Ergebnis aussieht.

Wie Krishna fordert auch Aurobindo uns auf, der spirituellen Tendenz nicht nachzugeben, sich über die Welt zu erheben und sich von ihr abzukapseln. Er sagt, dass die quietistische Tendenz im Menschen seine eigene Unvollkommenheit erkennen muss.[389] Laut Aurobindo ist das kinetische Handeln hingegen die Erfüllung Gottes im Menschen und die Gegenwart des Göttlichen in allen menschlichen Handlungen. Außerdem weist Aurobindo darauf hin, dass für das Yoga der *Bhagavad Gita* die Handlung nicht nur eine Vorbereitung, sondern auch ein Mittel zur spirituellen Befreiung ist.[390] Während *jnana* (Wissen) essenziell ist, verweilen wir durch seine Verbindung mit dem Handeln (*Karma* Yoga) im Bewusstsein, nicht nur in tatenloser Ruhe sondern auch inmitten von Stress und intensivem Handeln. In ähnlicher Weise ist *bhakti* (Hingabe) für sich genommen schon bedeutsam, aber in Verbindung mit *Jnana* und *Karma* Yoga gelangen wir zum Verweilen im Purushottama (dem Höchsten Wesen), die zugleich Meisterin über die ewige spirituelle Ruhe und die ewige kosmische Aktivität ist.

---

388 Bhagavad Gita XVIII.61
389 Sri Aurobindo, Essays on the Gita, S. 143
390 Sri Aurobindo, Essays on the Gita, S. 79, 86

Aurobindo weist darauf hin, dass die späteren Lehren der *tantrischen Shaktas*, die *prakriti* oder Shakti sogar über *purusha* stellten, bereits als bemerkenswertes Merkmal der *Bhagavad Gita* erkennbar sind und hier als die große kosmische Handlung, Aktivität und Kraft der kosmischen Energie (göttliche Schöpferkraft, Shakti oder *prakriti*) wahrgenommen werden können.[391] In Verbindung mit den theistischen und hingebungsvollen Elementen lehrt die *Gita*, dass der Mensch, der in der natürlichen Welt verkörpert ist, nicht aufhören kann zu handeln. Unsere bloße Existenz hier ist eine Handlung; das ganze Universum ist ein Akt Gottes, und zu leben bedeutet, Teil dieser göttlichen Aktivität zu sein. Daher ist *Karma* Yoga nicht nur ein untergeordneter Weg für diejenigen, die nicht stillsitzen können, oder ein einführender Weg für diejenigen, die noch lernen, sondern er ist ein komplexer Aspekt des gesamten Yoga bis hin zu seinem Höhepunkt.

BHAKTI-YOGA – NICHT DER EINZIGE WEG, SICH DEM GÖTTLICHEN ZU NÄHERN

Obwohl ich hier ein Lehrbuch über *bhakti* geschrieben habe und mich selbst als *bhakta* sehe, werde ich gegen die fundamentalistische Vorstellung argumentieren, dass *bhakti* die einzige geeignete Form des Yoga für dieses Weltzeitalter und der direkteste Weg zum Göttlichen ist. *Bhakti* ist eine anspruchsvolle Praxis. Damit sie erfolgreich ist, müssen wir eine ausgefeilte Vorstellung vom Göttlichen haben und damit der Realität so nahe wie möglich kommen. Deshalb ermahnt Krishna Arjuna, seinen Geist auf Ihm ruhen zu lassen und seine Intelligenz in Ihn eindringen zu lassen. Es ist relativ einfach, unseren Geist auf dem Göttlichen ruhen zu lassen. Wir brauchen nur Glauben und blindes Vertrauen. Aber

---

391 Sri Aurobindo, Essays on the Gita, S. 107

was ist, wenn unser blinder Glaube in seiner Vorstellung vom Göttlichen falsch ist? Was, wenn wir von Lehrern in die Irre geführt wurden, die es vielleicht gut meinten, es aber nicht besser wussten? In diesem Fall wären wir wie die sprichwörtlichen Blinden, die von Blinden geführt werden.

Bhakti kann ein außergewöhnlicher spiritueller Motor sein, der uns möglicherweise schneller auf dem spirituellen Weg vorantreibt als jede andere Form des Yoga. Das stimmt, und angesichts des Hochgefühls, das man erreichen kann, könnte man es zu Recht als den Höhepunkt des Yoga bezeichnen (obwohl auch andere Aspekte des Yoga Anspruch auf diesen Titel erheben können). Aber um nicht emotional blind und fundamentalistisch zu werden, muss *bhakti* in einen Rahmen aus *Raja*, *Karma* und *Jnana* Yoga eingebettet sein. Eingebettet in einen solchen Rahmen ist die Art und Weise, wie Krishna sie in der *Gita* lehrt. Ohne ein einigermaßen gutes Konzept des Göttlichen zu haben, kann *bhakti* sonst dazu führen, dass wir auf diejenigen herabsehen, die einen anderen Gott verehren. Eingebettet in die anderen Yogas, wird *bhakti* uns verstehen lassen, dass alle Götter Abbilder und Wege zu ein und demselben Purushottama sind, der namenlos ist und gleichzeitig tausend Namen hat.

In *A Synthesis of Yoga* beschreibt Aurobindo verschiedene Wege, um den Geist für das Göttliche empfänglich zu machen.[392] Eine davon ist, den Geist durch Meditationsübungen so ruhig zu machen, dass man das Göttliche buchstäblich hören kann und dann in der Lage ist, Ihren Anweisungen in Bezug auf das eigene Handeln zu folgen. Das ist für die meisten ein schwieriger Weg, aber es ist der Weg, den Aurobindo eingeschlagen hat. Dieser Weg wird in einigen Schulen des Buddhismus beschritten, spielt aber auch im Yoga von Patanjali[393] und im *Vedanta* eine Rolle.

---

392 Sri Aurobindo, The Synthesis of Yoga, S. 802-7
393 Yoga Sutra I.2

Ein zweiter Ansatz ist der Weg der *bhakti*, bei dem man sich ausschließlich auf das Herzzentrum konzentriert und seine Emotionen auf das persönliche Göttliche ausrichtet. Obwohl dieser Ansatz, besonders für emotional veranlagte Menschen, einige Vorteile gegenüber dem ersten hat, erklärt Aurobindo, dass dieser Weg anfälliger für Fehler ist, da das emotionale Wesen eher mit der Unreinheit des Egos und der Selbstbezogenheit behaftet ist. Er erklärt, dass man zu sehr von niederen Emotionen, dem Glauben an Wunder und dem Vertrauen auf göttliches Eingreifen geprägt ist.[394] Es ist also wahrscheinlicher, dass man hier von seinen fehlerhaften Intuitionen in die Irre geführt wird. Dies würde sich dann durch folgende Verhaltensweisen bemerkbar machen: Hochmut, spiritueller Stolz, dass die eigene Gottheit oder der eigene *avatar* besser als andere oder sogar der einzig Wahre ist, und das Herabschauen auf andere, die die eigene Religion oder die eigenen religiösen Ideale nicht teilen, und deshalb erklärt man sie zu Ungläubigen oder Minderwertigen. Solche Haltungen machen jeden spirituellen Fortschritt, der durch *bhakti* entsteht, zunichte, da sie das spirituelle Ego stärken, das fast noch gefährlicher ist als das materialistische Ego. Aurobindo sagt, dass Hingabe ohne Wissen oft zu Bigotterie führt und roh, grob, blind und gefährlich ist, wie die Verbrechen und Torheiten der Religiösen oft gezeigt haben.

Als Nächstes beschreibt Aurobindo den Weg der Fokussierung auf die *chakras*.[395] Die Fokussierung auf die *chakras* wird so lange durchgeführt, bis eine Trennung im Geist erreicht ist, in der man sich auf die Herabkunft der Intelligenz des Göttlichen durch die höheren *chakras* konzentrieren kann. Aurobindo sagt, dass man zu dem Punkt kommen muss, an dem der Denkprozess oberhalb des

---

394 Sri Aurobindo, The Synthesis of Yoga, S. 804-5
395 Sri Aurobindo, The Synthesis of Yoga, S. 805-6

Kopfes im feinstofflichen Körper stattfindet, was dabei hilft, die Intelligenz des Göttlichen herabzuziehen. Das ist der Weg, den der vorliegende Autor eingeschlagen hat.

Ein vierter Weg ist die Reinigung des Intellekts (*buddhi*), bis sein Denkvermögen und seine Fähigkeit, Schlussfolgerungen zu ziehen, so groß sind, dass sie Missverständnisse schnell durchschauen. J. Krishnamurti zum Beispiel war ein Vertreter dieses Weges, der auch im *Samkhya* und im *Yoga Sutra* zu finden ist. Hier werden *tamas* (Masse) und *rajas* (Raserei) allmählich aus dem Intellekt gereinigt, bis er geschärft ist und reines *sattva* (Intelligenz) repräsentiert. Aurobindo argumentiert, dass jeder der vier Pfade Schwächen hat, wenn sie unabhängig voneinander verfolgt werden, und dass das ideale Szenario darin besteht, dass alle vier miteinander kombiniert werden. Seiner Meinung nach sollten sie nicht durch eigene Willensanstrengung kombiniert werden, sondern indem man sich dem Göttlichen hingibt und der göttlichen Shakti die Entscheidung überlässt, in welchem Maße die Pfade gemischt werden müssen und wann einer dem anderen vorzuziehen ist. Dies erfordert vom Praktizierenden ein hohes Maß an Reife, Offenheit und die Bereitschaft zuzuhören. Was wir daraus mitnehmen können, ist, dass es entscheidend ist, *bhakti* mit anderen Formen von *sadhana*, wie *Raja*, *Karma* und *Jnana* Yoga, zu kombinieren, bis man vollständiges *vijnana* (umfassendes Wissen) über das Göttliche erlangt hat.

DAS INDIVIDUELLE SELBST UND DAS GÖTTLICHE SELBST – NICHT EIN UND DASSELBE

Wie bereits erklärt, verschwindet in den Momenten, in denen unser *prana* im *Sahasrara Chakra* absorbiert wird, die Welt und wir erhalten den *darshan* (Blick) auf das formlose Absolute.

Beides kann nicht zur gleichen Zeit stattfinden. Aus diesem Grund können wir bei der Rückkehr von dieser Erfahrung erklären, dass nur das *nirguna* (formlose) Brahman existiert und nichts anderes. Dieser Argumentation folgend erklären einige Philosophen, dass das individuelle und das göttliche Selbst dasselbe sind, weil nur das Brahman während dieser Zeit existiert. Sie behaupten, dass zum Zeitpunkt der Erfahrung eine Form von bewusstem Wesen anwesend ist, dessen sich der Erfahrende bewusst ist. Dies wird dann als das individuelle Selbst angesehen, das bei der Verschmelzung mit dem göttlichen Selbst als identisch erlebt wird. Dies wäre von äußerster Wichtigkeit, denn wenn nachgewiesen werden kann, dass wir kein individuelles Selbst haben, ist der Weg der *bhakti* bedeutungslos. Schließlich gäbe es kein individuelles Selbst, aus dem heraus wir das Göttliche lieben und verehren könnten. Die Identität zwischen beiden Selbsten lässt uns nur die Auflösung und das Verschwinden im formlosen Absoluten. Das bedeutet auch, dass erleuchtete Arbeit für eine erleuchtete Menschheit nutzlos ist, weil es keinen Arbeiter, keine Arbeit und nichts gibt, woran man arbeiten kann - eine nihilistische Ansicht, die von *Advaita Vedanta* und einigen Schulen des Buddhismus vertreten wird.

Bhakti schlägt eine andere Lösung vor: Während der mystischen Vereinigung wird das individuelle Selbst des Mystikers außer Kraft gesetzt und nur das göttliche Selbst wird in seiner Unendlichkeit erfahren. Es gibt also keine Vereinigung zweier Selbste, sondern nur das göttliche Selbst (Brahman). Beim Verlassen des mystischen Zustands kommt das individuelle Selbst wieder zum Vorschein und wird wieder als verschieden vom göttlichen Selbst angesehen. Diese Ansicht wird von dem indischen Theologen Shri Ramanujacharya (kurz Ramanuja) aus dem 11. Jahrhundert, Shankaras großem Widersacher, unterstützt. In seinem *Shri Bhashya*-Kommentar zum *Brahma Sutra* und seiner *Vedanta*

Sara sagt Ramanuja, dass das göttliche und das individuelle Selbst unterschiedlich sind.[396] Ramanuja sagt, dass die Identität der individuellen Selbste mit dem Brahman so erscheint, weil das Brahman das Selbst dieser individuellen Selbste ist, die Sein Körper sind. Er will damit zum Ausdruck bringen, dass das individuelle Selbst sich wie ein Mantel um das göttliche Selbst legt, das allein in einem tiefen mystischen Zustand erfahren wird. So wird dem Menschen vorgegaukelt, dass beide identisch sind. Erinnere dich daran, dass Krishna immer wieder sagt: «Ich bin das Selbst im Herzen aller Wesen.» In unserem Kern befindet sich also das göttliche Selbst, aber es ist nicht das individuelle Selbst. Das Göttliche hat nichts Individuelles an sich.

Ramanuja wischt auch das Argument beiseite, dass der Wachzustand genauso unwirklich ist wie der Traum und der Tiefschlafzustand, ein Hauptpfeiler der *advaitischen* Philosophie, der in der *Mandukya Upanishad* und Gaudapadas *Karika* (Kommentar) zu dieser *Upanishad* formuliert wurde. Beide Texte besagen, dass der Wachzustand ausgelöscht wird, wenn der Traumzustand beginnt. Der Traumzustand wird ausgelöscht, wenn der Tiefschlafzustand einsetzt, der wiederum zerstört wird, wenn der Wachzustand wieder einsetzt. Daher sind alle drei Zustände unwirklich und nur der vierte Zustand, das Bewusstsein, das permanent in allen drei Zuständen vorkommt, ist der wahre und wirkliche Zustand. Ramanuja widerlegt diese Philosophie und sagt, dass aufgrund der unterschiedlichen Natur beider Zustände der Wachzustand nicht wie ein Traum ist.[397] Das im Wachzustand gefundene Wissen ist nicht unwirklich wie das im Traumzustand, denn im Wachzustand gibt es keine Einschränkungen in den Sinnesorganen, und das Wissen wird

---

396 Vedanta Sara von Ramanujacharya III.5.44

397 Vedanta Sara von Ramanujacharya II.2.28

KAPITEL 9

nicht als falsch abgetan. Bitte beachte, dass diese Ansicht der von Patanjali sehr ähnlich ist, der sagt, dass beide Zustände nicht miteinander verglichen werden können, weil der Traumzustand hauptsächlich aus Konzeptualisierung und Irrtum besteht, während der Wachzustand hauptsächlich aus richtiger und falscher Erkenntnis besteht. All dies ist von Bedeutung, weil die *Mandukya Karika*-Philosophie oft zitiert wird, um die kontinuierliche Existenz eines einzigen göttlichen Selbst (*Turiya*, der vierte Zustand, genannt) zu behaupten. Im Gegensatz dazu wird die getrennte Existenz eines individuellen Selbst abgelehnt, indem die Diskontinuität von Wach-, Traum- und traumlosem Schlafzustand aufgezeigt wird. Diese Argumente werden hier als ungültig dargestellt, was für die Existenz eines individuellen Selbst spricht, das vom göttlichen Selbst getrennt ist.

Der nächste wichtige Punkt, den es zu besprechen gilt, sind Ramanujas Klarstellungen zur *Panchakosha*-Lehre der *Taittiriya Upanishad*. Ich habe sie bereits in Kapitel 3 beschrieben, und zwar unter der Überschrift *Warum ist diese Beziehung für das Göttliche so bedeutsam?* Kurz gesagt, während die äußeren drei Schichten Körper, Atem und Geist darstellen, ist die innerste Schicht, *Anandamaya kosha*, das Bewusstsein, das göttliche Selbst. Im *Vedanta Sara* argumentiert Ramanuja, dass die vierte Hülle, die etwas schwer fassbare und falsch interpretierte *Vijnanamaya kosha*, das individuelle Selbst ist. Da sie sich von der fünften und innersten Hülle, *Anandamaya*, unterscheidet, können die beiden offensichtlich nicht dasselbe sein.

Im *Vedanta Sara* argumentiert Ramanuja unter Bezugnahme auf die *Taittiriya Upanishad* II.1.1, dass sich die *Anandamaya kosha*, das göttliche Selbst, von der *Vijnanamaya kosha*, dem individuellen Selbst, unterscheidet. Er sagt, dass das, was mit dem Begriff *Anandamaya* bezeichnet wird, das Brahman ist, weil nur im Brahman die höchste Glückseligkeit ist, die deshalb *Anandamaya kosha* (Kraft der Ekstase-Hülle) genannt wird. Er räumt weiter ein, dass das individuelle Selbst zwar Intelligenz und die Kraft des Sehens besitzt, aber nicht die Ursache des Universums sein kann, die das Göttliche [das Brahman] ist. Er zitiert erneut die *Taittiriya Upanishad*, in der es heißt: «Aus demselben Selbst ist der räumliche Äther entstanden», und erklärt damit, dass der *Anandamaya* [das göttliche Selbst] die Ursache des Universums ist und sich daher vom individuellen Selbst unterscheidet. Ramanuja sagt weiter, dass das *Vijnanamaya* so genannt wird, weil Wissen die grundlegende Eigenschaft des individuellen Selbst ist, während der *Anandamaya* das Brahman ist, dessen wesentliche Eigenschaft höchste Glückseligkeit ist.

Ramanuja erklärt auch, dass der Zusatz *maya* in den Namen aller Hüllen Fülle und nicht Illusion bedeutet. Es steht bereits fest, dass die innerste Hülle, *Anandamaya*, sich auf das Brahman bezieht und im Brahman kann es keine Illusion geben. In der *Taittiriya Upanishad* heißt es, dass das Brahman selbst die Ursache für alle Glückseligkeit ist. Daher kann die innerste Hülle nicht als Hülle der Illusion der Glückseligkeit bezeichnet werden.

Ich fand, dass Ramanujas Behauptung, dass unser innerster Kern das göttliche Selbst ist und das individuelle Selbst darum herumgewickelt ist, die fehlende Verbindung war, die alle verbleibenden Fragen der Yogaphilosophie umfassend erklärt. Wenn wir in tiefer Meditation sind, tauchen wir in unseren Kern ein und finden eine ewige, unendliche und unveränderliche Entität. Diese Entität teilen wir mit allen anderen Wesen, und das ist der Grund für unser Mitgefühl. Weil wir dieses göttliche oder kosmische Selbst mit allen anderen teilen, ist es leicht, genau das zu fühlen, was sie fühlen.

Diese Entität als individuelles Selbst zu bezeichnen, ist jedoch falsch, denn es hat keine Individualität. Das göttliche Selbst in mir geht nahtlos in das göttliche Selbst in dir über, denn es gibt nur eines. Wir alle haben Teil an diesem einen göttlichen Selbst. Im göttlichen Selbst sind wir alle gleich, aber im individuellen Selbst unterscheiden wir uns alle. Das individuelle Selbst verdient diesen Namen nur, wenn es das ist, wo unsere Individualität verschlüsselt ist. Andernfalls ist es besser, den Begriff individuelles Selbst gar nicht zu verwenden.

Das wahre individuelle Selbst ist die *Vijnanamaya kosha*, der Teil unserer Psyche, der das anfängliche Ziel repräsentiert, durch das der immanente Gott uns ins Dasein rief. Weil jedes Individuum ein anderes anfängliches Ziel des Göttlichen repräsentiert, nennt man es die Wissenshülle. Jeder von uns hat ein bestimmtes Wissen, durch das wir uns alle voneinander unterscheiden. Dieses unterschiedliche Wissen hängt mit den verschiedenen Aspekten des immanenten Gottes zusammen, die wir alle hier auf der Erde repräsentieren sollen. Der *karana sharira* (Kausalkörper) ist ein weiterer Begriff, den Yogis verwenden, um dieses individuelle Selbst zu beschreiben. Auch hier ist der Kausalkörper der Träger von Gottes Vision für jeden von uns, dem anfänglichen Ziel.

Eine Sache bleibt noch zu erklären, und zwar die Ähnlichkeit in den Begriffen *vijnana*, d.h. das umfassende Wissen (Gottesverwirklichung), das Krishna in der *Gita* fordert, einerseits und der Begriff *Vijnanamaya kosha* (tiefe Wissenshülle).[398] Shri Ramakrishna erklärte, dass *vijnana* aus der kombinierten Verwirklichung des *nirguna* und *saguna* Brahman, des formlosen Absoluten und des Göttlichen mit Form, besteht. Das formlose Absolute wird durch das Eintauchen in die *Anandamaya kosha*, die Ekstasehülle, offenbart. Diese Erfahrung ist ekstatisch und nimmt uns alle Angst vor dem Tod, denn sie offenbart uns, dass wir nach unserem letzten Tod in die unendliche Ekstase des Brahman

---

398 Bhagavad Gita XII.2

zurückkehren werden. Was uns die *Anandamaya kosha* jedoch nicht offenbart, ist, wie wir unser Leben leben sollen und was wir tun müssen, um dem Göttlichen zu dienen und das Göttliche durch uns wirken zu lassen. Diese Informationen erhalten wir nur, wenn wir über die *Vijnanamaya kosha* meditieren. Es zeigt uns, wie das Göttliche zu sich selbst wird, indem Es durch uns wirkt.

Jnana bedeutet zu erkennen, dass der transzendentale Aspekt des Göttlichen, das *nirguna* Brahman, das Selbst im Herzen aller Wesen ist. In dem transzendenten Gott werden die Vielen zu dem Einen. *Vijnana* bedeutet, das Eine zu erkennen, das zu Vielen wird, aber auch, wie der immanente Gott sich durch die anfänglichen Ziele, die *Vijnanamaya koshas,* oder die individuellen Selbste der unendlich vielen Wesen ausdrückt.

Kapitel 10
KLÄRUNG VON BEGRIFFEN

In diesem letzten Kapitel werde ich Auszüge aus den Schriften vorstellen, die zum besseren Verständnis bestimmter Begriffe beitragen, die, wenn sie missverstanden werden, den Fortschritt in unserer Wissenschaft behindern würden. Außerdem werde ich bestimmte Konzepte näher erläutern und einige Ideen darlegen, für die ich bisher noch keine Gelegenheit hatte, sie zu vertiefen. Die hier besprochenen Begriffe sind

- Geist
- *Avatar*schaft
- *Shraddha* (früher übersetzt als Glaube)
- *Shastra* (Schrift)
- *Yugas* (Weltzeitalter)
- Kasten - zusätzliche Hinweise und Referenzen

GEIST

Während des Mittelalters galt der Körper als schwach und verdorben. Sowohl im Orient als auch im Okzident haben spirituelle Sekten den Körper oft gequält und gefoltert, um ihn von seiner Schlechtigkeit zu reinigen. In der modernen Gesellschaft hat das Pendel zurückgeschlagen und die negative Einstellung gegenüber dem Körper wurde durch eine extreme Verliebtheit in den Körper ersetzt, die sich darin äußert, dass man ihn nach allen Regeln der Kunst verwöhnt. Eine solche Verliebtheit in den Körper kann die spirituelle

Entwicklung genauso lähmen, wie es früher die Quälerei des Körpers tat.

Leider wurde die Rolle des bösen Buben auf den Geist übertragen. Spirituelle Standardargumente machen bis zum Überdruss den Geist für alle Krankheiten des Einzelnen und der Gesellschaft verantwortlich. Die zeitgenössische spirituelle Kultur hat inzwischen akzeptiert, dass der Körper auf dem spirituellen Weg nicht der Feind, sondern eine Bereicherung ist. Ich werde hier argumentieren, dass dies auch für den Geist gilt. Auch der Geist ist eine Bereicherung auf dem spirituellen Weg. Nicht der Geist ist schlecht, sondern das, was wir mit ihm tun und wie. Der Geist sollte also den gleichen Status haben wie der Körper.

Im *Bhagavata Purana* wird erzählt, wie Lord Brahma (im Hinduismus der Demiurg, der für die Erschaffung der Welt verantwortlich ist) keine Ahnung hatte, wie er den Schöpfungsprozess beginnen sollte.[399] Während er darüber nachdachte, hörte er zwei Buchstaben von jenseits der kosmischen Gewässer, den 16. und 21. Konsonanten des Sanskrit-Alphabets. Diese Konsonanten, *ta* und *pa*, bilden zusammen das Wort *tapa*, was so viel wie «sich konzentrieren» bedeutet. Lord Brahma praktizierte dann 1000 göttliche Jahre lang die Konzentration auf den Geist und schaffte es durch diese Konzentration, die Welt in eine aktive Existenz zu denken.

Obwohl wir in unserem persönlichen Leben nicht dazu kommen, ganze Universen zu erschaffen, folgt auch in unseren kleinen Welten das Handeln den Gedanken. Der Grund, warum wir oft nicht dazu kommen, etwas Bedeutendes zu schaffen, ist, dass unsere Gedanken zerstreut sind. So kann sich unser Geist nicht konzentrieren. Die Zerstreuung der Gedanken wird im *Yoga Sutra* als Ursache

---

399 Bhagavata Purana II.9.5 -6

für alle Hindernisse angesehen.[400] Wenn wir lernen, unseren Geist zu konzentrieren und unsere Gedanken auf Gott zu richten, wird unsere Fähigkeit, etwas zu kreieren, in den Dienst des Göttlichen gestellt. Die Gedanken werden durch die Disziplin des *Raja* Yoga konzentriert und durch *Bhakti* Yoga auf Gott ausgerichtet.

Im *Bhagavata Purana* erklärt das Höchste Wesen in der Gestalt von Lord Vishnu, dass Konzentration der Kern Seines Wesens ist und dass die Bedeutung der Konzentration Er selbst ist.[401] Er erklärt weiter, dass Er am Anfang alles durch Konzentration erschaffen hat. Jeder hochkreative Mensch, ob Künstler, Wissenschaftler usw., kann bestätigen, dass Kreativität durch die Konzentration des Geistes auf das gewählte Thema angetrieben wird. In unserer modernen Gesellschaft wird die Ablenkung jedoch fast zu einer Religion erhoben. Ich erlebe häufig, dass Yogaschüler:innen in ihrem Vorhaben scheitern, weil sie sich lieber auf etwas anderes als auf ihr Vorhaben konzentrieren. Was ist Konzentration? Es ist die Fähigkeit, Dinge loszulassen, die nicht wesentlich sind, und sie gewissermaßen zu opfern.

Bei der Vielzahl an Ablenkungen, die soziale Medien und das Internet bieten, müssen wir in der Lage sein, zu entscheiden, was unsere Aufmerksamkeit wert ist und was nicht. Der nächste Vers lehrt uns, wie wir das tun können. Hier erklärt das *Bhagavata Purana*, dass *maha-tattva* das ist, was *prakriti* zuerst wird, wenn sie durch den göttlichen Willen in Bewegung gesetzt wird.[402] *Prakriti* ist der göttliche Prozess, die göttliche Schöpferkraft, Shakti, die Mutter von allem. Die *tattvas* sind die Evolutionen oder Prinzipien, die Sie hervorbringt. Wenn wir den Anthropomorphismus

---

400 Yoga Sutra I.32
401 Bhagavata Purana II.9.22
402 Bhagavata Purana III.10.14

weiterführen wollen, wären sie Ihre Kinder. Das erste von allen [Prinzipien], das auftaucht, wird *mahat* genannt, das Große, weil es zu allem anderen führt. *Mahat* ist die kosmische Intelligenz; wir könnten sie als die Intelligenz des Göttlichen bezeichnen, die das gesamte Universum und die Schöpfung ordnet. Sie ist mit der kosmischen *buddhi* (Intellekt) verwandt, und der Begriff *buddhi* wird normalerweise durch *mahat* ersetzt (wenn man von seiner kosmischen Funktion spricht), weil *buddhi* hauptsächlich für die begrenzte Funktion der Intelligenz im Menschen verwendet wird.

Im obigen Vers heißt es nun, dass Shakti, durch den göttlichen Willen in Bewegung gesetzt, zuerst zur kosmischen Intelligenz wird. Hier liegt ein wichtiger Hinweis für uns verborgen. Es gibt nur einen wahren Willen, nämlich den Willen Gottes. Wenn wir unseren Geist konzentrieren und seine Fähigkeit zur Intelligenz entfalten wollen, müssen wir uns dem Willen des Göttlichen hingeben und Sie bitten, uns zu bewegen, damit wir uns auf die göttlichen Werke konzentrieren können, zu denen wir berufen sind, anstatt unser Leben mit sinnlosen Beschäftigungen zu vergeuden.

In *Essays on the Gita* sagt Aurobindo, dass es eine geheime ideelle Fähigkeit der universellen Energie (die er *vijnana* nennt) geben muss, selbst wenn wir annehmen, dass die Energie und ihre instrumentelle Idee, *buddhi*, mechanisch sind.[403] Lass mich diese Aussage näher ausführen und analysieren. Ich habe bereits erwähnt, dass *mahat* oder *buddhi* eine Entfaltung der *prakriti* oder Shakti ist, die in einigen indischen Denkschulen als mechanisch angesehen wird, ähnlich wie die westliche Wissenschaft die Gesetze der Physik als mechanisch betrachtet. Aurobindo ist bereit zu akzeptieren, dass diese Intelligenz mechanisch ist, aber er sagt, dass hinter ihr eine unerkannte, unsichtbare, ideelle Fähigkeit stehen

---

403 Sri Aurobindo, Essays On The Gita, S.426

muss, die wir das göttliche Ideenwesen nennen könnten, das selbst empfindungsfähig und bewusst sein muss. Aurobindo schlägt den Namen *vijnana* für die ideelle Fähigkeit vor. Es ist das, was ich in meinen Schriften als den immanenten Gott oder kosmische Intelligenz bezeichnet habe und was Alfred North Whitehead Prozess genannt hat.

Das bedeutet, dass es auch auf der gottimmanenten und Shakti-Seite des Göttlichen (die andere Seite ist der transzendente Gott und das formlose Absolute) ein empfindungsfähiges und intelligentes kosmisches Wesen gibt, das sich selbst verwirklicht, indem Es sich durch die Welt und alle Wesen ausdrückt. Während wir mit dem transzendenten Gott durch unser Bewusstsein (*atman, purusha*) in Verbindung treten können, können wir mit dem immanenten Gott in Verbindung treten, indem wir unseren Geist so weit kultivieren, dass er für die Herabkunft des göttlichen Geistes empfänglich wird, den Aurobindo mit dem Begriff Supergeist bezeichnet.

Wenn du glaubst, dass dein Geist etwas Falsches oder etwas zu Überwindendes ist, kannst du nicht zum Vehikel für die Herabkunft der Intelligenz Gottes werden. Die Arbeit für die Herabkunft des Supergeistes ist der ultimative Akt von *bhakti*, der Liebe zum Göttlichen und der Ergebenheit an Gott. Wenn wir als menschliches Kollektiv nicht in der Lage sind, den Geist Gottes in uns herabzuziehen, werden wir als Spezies scheitern und uns durch den ökologischen Holocaust und Ökozid selbst auslöschen.

Aurobindo sagt, dass die Welt kein Hirngespinst des universellen Geistes ist, sondern eine bewusste Geburt dessen, was jenseits des Geistes ist, in die Form selbst.[404] Jenseits des Geistes befindet sich das *vijnana*, das Göttliche, das zu sich selbst wird, indem Es die Welt als Ihren göttlichen Körper

---

404 Sri Aurobindo, The Life Divine, S.125

kristallisiert. Dieser reale Körper des Göttlichen ist kein Hirngespinst, keine Illusion, sondern der göttliche Prozess, in dem Gott sich selbst als die Welt verwirklicht. Gott hat also zwei Hauptaspekte. Auf der einen Seite gibt es den Aspekt des Seins, des transzendenten Gottes, des unendlichen Bewusstseins und des formlosen Absoluten. Auf der anderen Seite gibt es den Aspekt des Werdens, den immanenten Gott, den Prozess, *prakriti* und Shakti. Das Drama der Religion ist, dass sie diesen werdenden Aspekt, den weiblichen Aspekt Gottes, die Mutter und Shakti, weggedeutet hat. Der Grund, warum die Religion viele Probleme der Gesellschaft nicht lösen konnte, liegt darin, dass sie Gott auf seinen supra- und extrakosmischen Aspekt, den transzendenten Gott und Vater, den männlichen Aspekt Gottes, reduziert hat. Geist und Intelligenz sind Aspekte des göttlichen Weiblichen, wurden aber von der göttlichen Shakti abgekoppelt, weil männliche Theologen die Mutter, den Prozess und den immanenten Gott weginterpretiert haben, indem sie Sie zu einem Hirngespinst, einer Fata Morgana, einer Illusion erklärten. Wenn wir die Shakti ehren wollen, müssen wir Sie kultivieren, uns auf Sie konzentrieren, unseren Geist für Sie öffnen und uns bereit machen, Ihre Intelligenz herunterzuladen - ein Prozess, den Aurobindo den Abstieg des Supergeistes nennt.

Aurobindo spricht auch von der realen Idee, der Kraft des Bewusstseins, die das reale Sein ausdrückt, die aus dem realen Sein geboren wurde und an seiner Natur teilhat, die weder Leere noch Illusion ist.[405] Er möchte hier eine Sichtweise des Göttlichen zum Ausdruck bringen, die der von Alfred North Whitehead ähnelt, der ebenfalls sagt, dass Gott ein Wesen ist, das die Welt durch reale Ideen ordnet. Professor Debashish Banerji kommentiert Aurobindos obige Passage indem er sagt, dass sich eine reale Idee von einer begrifflichen Idee dadurch unterscheiden lässt, dass erstere die Realität selbst ist, die sich

---

[405] Sri Aurobindo, The Life Divine, S.125

in der Welt und ihren Formen verkörpert.[406] Das ist es, was wir wahrnehmen und wissen müssen: die Wirklichkeit selbst (d.h. das Göttliche), verkörpert als die Welt und ihre Formen.

Wir finden es schwierig, die «reale Idee als die Wirklichkeit selbst, verkörpert als die Welt» zu verstehen, weil unsere Sprache aus Konzeptualisierungen besteht. Unser Geist, der nicht durch yogische Konzentration geschult und noch nicht durch mystische Einsicht kultiviert wurde, hält dies für eine weitere schön klingende oder großspurige Konzeptualisierung. Es ist alles andere als das. Die Wahrheit ist, dass Gott die Welt und alle Wesen ins Dasein gerufen hat, indem Sie sich selbst als sie kristallisiert hat. Es ist nicht leicht, das in einer menschlichen Sprache auszudrücken. Es ist einfacher, es zu verstehen, wenn man es gesehen hat. Aber egal, ob wir es gesehen haben oder nicht, der entscheidende Schritt ist, sich in den Dienst dieses Prozesses zu stellen. Und das kann man nur, indem man seinen Geist einsetzt.

Eine wesentliche Kategorie der realen Ideen ist das anfängliche Ziel, der Gedankenkomplex, den Gott über jeden von uns hatte und der uns ins Dasein brachte. Es ist wichtig zu verstehen, dass wir Gottes reale Ideen sind, die Gottes wahres Wesen zum Ausdruck bringen, und keine Illusion oder Leere. Wir sind aus der Substanz des göttlichen Denkens gemacht, aus Gott, der eine unendliche Anzahl von Permutationen und Berechnungen Seiner selbst in die Existenz denkt, die weder leer noch illusorisch sind. Ein Teil der Agenda der göttlichen Shakti, der Mutter, dem immanenten Gott, ist es, sich selbst zu werden, indem Sie sich durch uns, Ihre Kinder, ausdrückt. Der Schlüssel zur bewussten Ko-Kreation mit der Mutter liegt darin, unseren Geist so zu kultivieren, dass wir Ihre Herabkunft empfangen können. Das ist die Disziplin des *Bhakti* Yoga.

---

406 Debashish Banerji, Seven Quartets of Becoming, S. 267

Banerji führt weiter aus, dass allein die Tatsache, dass der menschliche Geist das natürliche Universum in Form von Gesetzen beschreiben kann, ein Beweis für die Präsenz des Geistes im Universum ist.[407] Erinnern wir uns daran, dass die *Samkhya*-Philosophie, die dem Yoga zugrunde liegt, behauptet, dass der Grund, warum der Geist die Welt verstehen kann, darin liegt, dass der menschliche Geist aus den gleichen drei Elementarteilchen besteht wie die materielle Welt, nämlich aus den drei *gunas*, *rajas* (Energie), *tamas* (Masse) und *sattva* (Intelligenz). Auf derselben Seite führt Banerji Aurobindos Argumentation weiter aus, dass wir einen widersprüchlichen Geist der Dualität geerbt haben, weil die Dualität das Instrument ist, mit dem Brahman (unendliches Bewusstsein) durch den kosmischen Geist (in den der Mensch eingebettet ist) vielfältige Individualitäten hervorbringt. Das wirft ein anderes Licht auf die von New-Age-Autoren so oft verpönte Dualität oder den dualistischen Geist.

Der kosmische Geist, und damit auch unser Geist, ist das Mittel, mit dem das Sein (d.h. Gott) sich selbst als viele getrennte und unabhängige Wesen erlebt. Das Eine ist zu den Vielen geworden, was Teil der Agenda des Göttlichen ist. Aber das Eine kann nicht zum Vielen werden, wenn Es dies nicht über den Weg des Geistes tut. Es hat dies über denselben Geist erreicht, der uns jetzt sagt, dass wir getrennte Individuen sind, die von dem Einen entfremdet sind. Das ist so, weil der Geist des Einzelnen sich mit einem zeitlich und räumlich begrenzten Körper identifizieren muss, um dessen Überleben zu sichern. Das kann er zunächst nur tun, indem er sich nicht mehr mit dem Einen, dem Brahman identifiziert und sich von dem Einen, dem Brahman, trennt. Durch Training (d.h. indem der Geist *sattvisch* gemacht wird,

---

407 Debashish Banerji, Seven Quartets of Becoming, S. 270

was Gegenstand des Yoga ist), kann der Geist gleichzeitig das Individuum, das Eine und das Eine als die Vielen sehen.

Wir sind jetzt sehr nahe an dem, was Krishna in Vers VII.2 der *Bhagavad Gita vijnana* nennt. Banerji erklärt weiter, dass das Eine sich mit Hilfe des Geistes aufgespalten hat, so dass Es in jedem Seiner unendlichen Teile oder Möglichkeiten des Seins existieren kann [Großschreibung von mir aus Gründen der Konsistenz].[408] Wie Krishna in der *Gita* erklärt, ist dies ein wesentlicher Aspekt des Göttlichen. In der Zwischenzeit bringt es uns in eine schwierige Situation, in der wir uns eine Zeit lang als von der Quelle der göttlichen Liebe abgeschnitten erleben. Erst später, wenn wir (durch *Raja* Yoga) reifer werden, können wir Individuen sein, die von dem Einen getrennt sind, und gleichzeitig durch *Bhakti*, *Jnana* und *Karma* Yoga mit Ihr in Verbindung stehen.

Swami Tyagisananda schreibt in seinem Kommentar zu Naradas *Bhakti Sutra*, dass alle orthodoxen indischen Philosophieschulen (genannt *darshanas*), mit Ausnahme der Ritual-Schule (genannt *Purva Mimamsa*), besagen, dass spirituelle Befreiung nur von denen erlangt werden kann, die zuerst eine klare Vision oder ein klares Bild der Wahrheit haben.[409] Mit Bild oder Vision meint er hier, dass eine Form der intellektuellen Untersuchung stattgefunden hat, durch die der Geist Folgendes identifiziert hat:

- Was genau ist Gott oder das Göttliche?
- Was sind Ihre Aspekte?
- Was macht Sie hier, d.h. was ist Ihre Agenda?
- Wie sind wir mit Ihr verbunden?
- Wie stellen wir uns in Ihren Dienst?

---

408 Debashish Banerji, Seven Quartets of Becoming, S. 271
409 Swami Tyagisananda, Narada Bhakti Sutras, S.125

Erst dann kann das Herz in Aktion treten und sich um die Liebe und Hingabe an das Göttliche bemühen. Denn wenn es vorher aktiv wird, tut es das wahrscheinlich in dem Glauben, dass seine Religion, Sekte oder sein Kult besser oder gültiger ist als andere, die im besten Fall von Ungläubigen und im schlimmsten Fall von Satanisten praktiziert werden. Mit anderen Worten: Das Herz fällt leicht dem religiösen Fundamentalismus zum Opfer.

Das Werkzeug, mit dem wir die oben beschriebene intellektuelle Untersuchung durchführen, ist der oft verschmähte und missverstandene Geist. Deshalb gibt es laut Swami Tyagisananda keinen Grund zu glauben, dass man seinen Geist zurücklassen sollte, wenn man sich Gott zuwendet. Vielen Dank! Genau das wurde von so ziemlich jeder spirituellen Bewegung, Sekte oder jedem Kult verlangt, denen ich in meinen jungen Jahren beigetreten bin. Ich habe den Verdacht, dass Lehrer:innen, die dies vorschlagen, dies oft tun, weil sie wissen, dass Schüler:innen mit einem scharfen Verstand schnell merken würde, dass ihr Zugang zum Göttlichen und ihre Lehren darüber fehlerhaft sind. Sei also gewarnt, wenn Lehrer dir raten, deinen Geist mit deinen Schuhen an der Eingangstür zu lassen.

Den Geist zu benutzen, um das Ziel zu identifizieren, bedeutet natürlich nicht, dass wir uns nicht bewusst sind, dass wir an einem bestimmten Punkt über den Geist hinausgehen müssen, um mystische Einsicht zu erlangen. Aber den Geist hinter sich zu lassen, ist nicht die Aufgabe der Anfängerin, sondern die der etablierten Mystikerin, wenn sie *nirbija samadhi* (*samadhi* über das Bewusstsein) erreicht. Bevor wir diese Stufe erreicht haben, sollten wir sogar die Worte des Lord Brahma zurückweisen, wenn sie der Vernunft widersprechen, so rät das Yoga Vasishta.

Eine weitere Aufgabe, für die der Geist von Vorteil ist, ist die Verwendung heuristischer Abkürzungen für das Göttliche, wie göttliche Bilder oder *mantras*. Swami

Tyagisananda schreibt richtig, dass es eine psychologische Tatsache ist, dass Denken nur mit Hilfe von visuellen und auditiven Symbolen möglich ist. Es ist nicht praktikabel, dass ich jedes Mal, wenn ich an das Göttliche denke oder mich daran erinnere, mich Ihm hinzugeben, Es zu lieben und Ihm zu dienen, eine umfassende Analyse aller Aspekte des Göttlichen vornehme. Wenn ich das täte, würde ich meinen Dienst für das Göttliche immer wieder verschieben und einen großen Teil des Tages damit verbringen, *vijnana* (Gottverwirklichung) wiederherzustellen. Deshalb werden heuristische Abkürzungen visueller (göttliche Bilder) und akustischer Art (*mantras*) empfohlen. Natürlich müssen wir uns, wie Aurobindo sagte, regelmäßig daran erinnern, dass das Bild (wie die Gottheit oder der *avatar*) nicht das Höchste Wesen (Purushottama) ist, sondern nur ein Stellvertreter. Um eine IT-Metapher zu verwenden: Wir klicken auf ein Symbol, um eine Anwendung zu öffnen. Das Symbol ist jedoch nicht die Anwendung selbst, sondern nur ein praktischer Weg, um darauf zuzugreifen, eine heuristische Abkürzung.

In ähnlicher Weise benutzen wir ein göttliches Bild oder eine göttliche Form, um Zugang zum Höchsten Wesen zu erhalten. Dies ist eine von vielen wertvollen Möglichkeiten, den Geist auf dem Weg der *bhakti* zu nutzen. Deshalb sollten wir keine Angst davor haben, unseren Geist zu benutzen, sondern ihn so kultivieren, dass er uns am meisten hilft.

AVATARSCHAFT

Für den menschlichen Geist ist es fast unmöglich, an das Göttliche zu denken, ohne es zu anthropomorphisieren, und wie bereits erwähnt, hat ein menschenähnliches Bild des Göttlichen als heuristische Abkürzung seine Vorteile. Das liegt daran, dass es nicht praktikabel ist, sich jedes Mal an all seine Aspekte zu erinnern, wenn man sich an das

Göttlich wendet. Die Anthropomorphisierung des Göttlichen birgt jedoch auch Gefahren. Eine davon besteht darin, die Gottheit oder den *avatar* mit der Gesamtheit des Göttlichen zu verwechseln und dabei zu vergessen, dass die Gottheit oder der *avatar* nur stellvertretend für die gesamte Weite des Höchsten Wesens (Purushottama) stehen. Das äußert sich oft darin, dass man einfach an einen bestimmten *avatar* glaubt und ihn verehrt, anstatt zu versuchen, seinen oft komplexen und anspruchsvollen Lehren zu folgen.

Aber was genau ist ein *avatar*? Es wird oft vergessen, dass das Göttliche kein Ego hat, von dem aus Es einem Ihrer Kinder die Sohnschaft oder *avatar*schaft vorenthalten könnte. Der einzige vollständige *avatar*, der existiert, ist die Gesamtheit des materiellen Universums mit der gesamten Gemeinschaft der fühlenden Wesen darin. Aber wir wissen, dass bestimmte Menschen es geschafft haben, viel mehr vom Göttlichen herabzurufen als andere. Wie kommt es, dass das Göttliche in manchen Menschen so viel stärker und offensichtlicher ist als in anderen? Wie kommt es, dass Krishna und Jesus, um nur zwei zu nennen, mit solcher Klarheit, Wortgewandtheit und Autorität über das Göttliche und die Realität sprachen, dass Milliarden von Menschen sie heute als Gott verehren?

Niemand hat dieses Problem besser verstanden und erklärt als Shri Aurobindo, der sich selbst auch als *avatar* bezeichnete. Aurobindo erklärte, dass es verzeihlich und verständlich ist, dass der Leser, wenn Krishna in der *Gita* «Ich» sagt, dieses «Ich» für den menschenähnlichen Wagenlenker von Arjuna hält, den Gottmenschen Krishna, den verkörperten *avatar*. Doch Aurobindo ermahnt uns, dass dieses «Ich» in der *Gita* der Purushottama ist, das Höchste Wesen.[410] Aurobindo erinnert uns daran, dass wir uns dem Höchsten Wesen widmen müssen, das namenlos ist und

---

410 Sri Aurobindo, Essays on the Gita, S. 433

gleichzeitig alle Namen trägt, und nicht irgendeiner Sekte oder einem Kult. Die Gefahr, sich einer Sekte oder einem Kult zu verschreiben (Aurobindos eigene Worte), besteht darin, dass Personen und Lehrer außerhalb des Kults gewöhnlich als minderwertig und nicht göttlich abgestempelt werden. Eine solche Abgrenzung entspricht jedoch nicht dem Geist des Höchsten Wesens, das sich gleichzeitig durch alle Religionen, Lehren und Individuen verkörpert.

Wie kommt es dann, dass ein *avatar* so mächtig erscheinen kann, dass er mit dem Höchsten Wesen verwechselt werden kann? Aurobindo erklärt, dass es zwei Aspekte der göttlichen Geburt gibt: Der eine ist der Abstieg des Göttlichen in die Menschheit, der andere ist der Aufstieg, die Geburt des Menschen in das Göttliche, was bedeutet, dass ein Mensch in die göttliche Natur und das göttliche Bewusstsein aufsteigt.[411] Laut Aurobindo ist die *avatar*schaft der Aufstieg des Menschen in die Gottheit, der durch den Abstieg Gottes in die Menschheit unterstützt wird. Er weist darauf hin, dass die Herabkunft des Heiligen Geistes Jesus zu einem *avatar* machte.[412] Diese Ansicht wird heute von einigen progressiven christlichen Theologen wie Marcus J. Borg, einem lutherischen Theologen, vertreten.[413] Borg räumte ein, dass, wenn die orthodoxe Ansicht, dass Jesus tatsächlich der einzige Sohn Gottes war, zutreffend wäre, dann wäre das, was Jesus auf der Erde getan hat, nichts Außergewöhnliches. Denn dann hätte er die Macht gehabt, alles Böse ein für alle Mal zu besiegen und das Reich Gottes auf Erden zu errichten. Wenn jedoch die Ansicht richtig ist, dass Jesus sich selbst verwandelt und den Heiligen Geist herabgerufen hat, dann

---

411 Sri Aurobindo, Essays on the Gita, S. 148

412 Sri Aurobindo, Essays on the Gita, S. 163

413 Marcus J. Borg, Meeting Jesus Again For The First Time, Harper One, 1995

war seine Verwandlung außergewöhnlich, und diese Ansicht vertrat auch Aurobindo. Über die *Gita* sagt Aurobindo, dass der *avatar* hier zwar durch den Namen Krishna repräsentiert wird, Er [Krishna] aber keinen besonderen Wert darauf legt. Die *Bhagavad Gita* hebt hervor, was der *avatar* repräsentiert: das Göttliche, den Purushottama, das Höchste Wesen, von dem alle *avatare* menschliche Geburten sind.[414] In seiner Universalität nimmt das Göttliche alle *avatare*, Lehren und *dharmas* auf. Für mich besteht kein Zweifel daran, dass dasselbe Höchste Wesen durch Krishna, Jesus, den Heiligen Franziskus, Shri Ramakrishna und Shri Aurobindo zu uns gesprochen hat. Aber wie Aurobindo sagte, ist es wichtig, das Höchste Wesen nicht auf einen Seiner *avatare* zu reduzieren.

Aurobindo lehrt, dass die Hauptausrichtung allen höheren Yogas darin besteht, die Intelligenz des Göttlichen herabzurufen, die er den Supergeist oder das Supramentale nennt. Bei einem Menschen, der mit großer Intensität und Integrität praktiziert, wird dies nahtlos in die Herabrufung des *avatars* übergehen. Das ist das Ziel des Höchsten Wesens, nämlich die Vergöttlichung der Menschheit und allen Lebens und der Materie. Betrachtet man die zahlreichen Kriege, Gräueltaten, Verbrechen gegen die Menschheit und die Millionen von kleinen Grausamkeiten und herzlosen Taten, die jeden Tag stattfinden, wird deutlich, dass die Menschheit sich nur in geringem Maße in diese göttliche Agenda integriert hat. Nur wenige Menschen, wie Krishna und Jesus, haben das menschliche Potenzial erfüllt und sind dem Ruf des Göttlichen gefolgt. Dass wir alle dazu in der Lage sind, wird durch die Worte des Nazareners deutlich: «Was ich getan habe, das werdet ihr auch tun, und noch Größeres werdet ihr auch tun.»[415]

---

414 Sri Aurobindo, Essays on the Gita, S. 174
415 Johannes 14:12

KAPITEL 10

SHRADDHA

In den Anfangsjahren der Übersetzung indischer Texte in westliche Sprachen wurden komplexe Sanskritbegriffe oft mit abrahamitischen Begriffen übersetzt, die aufgrund ihrer Gemeinsamkeiten zunächst geeignet schienen, sich aber letztlich als Verschleierung der Bedeutung des ursprünglichen Sanskritbegriffs herausstellten. Eines der schädlichsten Beispiele ist wohl die Ersetzung des Sanskrit-Wortes *shraddha* durch das deutsche Wort «Glaube» (englisch: «faith»). So schreibt Swami Medhananda, dass der unübersetzbare Sanskrit-Begriff *shraddha*, der oft als «Glaube» ins Deutsche oder in «faith» im Englischen übertragen wird, eine Reihe semantischer Konnotationen umfasst, darunter Glaube, Ehrfurcht, Demut, spirituelle Überzeugung und die Fähigkeit und Bereitschaft, nach den eigenen tiefsten Überzeugungen zu handeln.[416]

Wie bereits erwähnt, erklärt Aurobindo, dass *shraddha* zwei Hauptaspekte hat: Der eine ist rückwärtsgerichtet, nämlich die Erinnerung, und der andere vorwärts, nämlich die Intuition.[417] Erinnerung bedeutet, dass wir eine Form der Erinnerung daran haben, dass wir, bevor wir diese verkörperten, von unserem göttlichen Ursprung entfremdeten Wesen wurden, tatsächlich eins mit Gott waren. Andererseits bedeutet Intuition in diesem Zusammenhang, dass wir wissen, dass wir, was auch immer geschieht, letztendlich zu Gott zurückkehren werden, wenn auch vielleicht nicht auf dem direktesten Weg.

Es war mein großes Glück, dass ich beim Tod mehrerer weiser und alter Menschen dabei sein konnte, deren Gesichter zum Zeitpunkt des Todes eine enorme und völlig weltfremde

---

416 Swami Medhananda, Why Sri Aurobindo's Hermeneutics Still Matter, S. 11

417 Debashish Banerji, Seven Quartets of Becoming, S.176

Freude ausstrahlten. Als ich sie fragte, was sie sahen, sagten sie mir, dass sie sahen, dass sie nach Hause gehen würden. Eine solche Vision ist die Intuition, die Teil der Bedeutung von *shraddha* ist. Natürlich ist es heute sehr schwierig, den Begriff Intuition zu verwenden, denn er wird oft mit den Launen des Ego gleichgesetzt. Das Ego wünscht sich etwas, kann aber nicht richtig begründen, warum es sich etwas gönnen sollte. Dann tauft es sein Verlangen in Intuition um, um seine Ziele trotzdem zu erreichen. Trotzdem ist es hilfreich, den Begriff *shraddha* mit Intuition-Erinnerung zu übersetzen oder, besser noch, den Sanskrit-Begriff zu verwenden, ohne ihn zu übersetzen. Das Problem mit dem Begriff «Glaube» ist, dass wir alle eine Meinung darüber haben, was er ist. Das täuscht über die Komplexität des Begriffs *shraddha* hinweg, der sich weder auf das Konzept des guten Glaubens noch auf das des blinden Glaubens reduzieren lässt.

In *Essays On The Gita* gibt Aurobindo eine andere Formel für *shraddha* an.[418] Er sagt, es besteht aus drei Elementen: Einwilligung des Geistes, Zustimmung des Willens und Freude des Herzens. Einwilligung des Geistes bedeutet, dass wir etwas akzeptieren, und es könnte auch bedeuten, dass unser oberflächlicher Geist sich zu etwas bekennt, auch wenn wir es in den Tiefen unseres Unterbewusstseins ablehnen. Die Zustimmung des Willens ist etwas viel Höheres. Ähnlich wie die moderne Neurowissenschaft lehren auch die Mystiker, dass wir keinen freien Willen haben. Wir haben nur ein gewisses Maß an Wahl, das davon abhängt, wie sehr uns unsere unterbewusste Roboterprogrammierung kontrolliert. Anders als die Neurowissenschaft lehren die Mystiker, dass der Mensch einen Willen entwickeln kann, indem er sich auf den Willen des Göttlichen ausrichtet. Weil der Wille des

---

418 Sri Aurobindo, Essays on the Gita, S.358

Göttlichen der einzig wahre freie Wille ist, der existiert, ist er unser einziger Weg zur Freiheit.

Für den Anfänger stellt dies ein Paradoxon dar, denn wie können wir frei werden, indem wir uns dem Willen von jemandem unterwerfen, der mächtiger ist? Die Antwort darauf ist, dass es gefühlt werden muss. Weil das Göttliche allwissend, allmächtig, allliebend und allintelligent ist, werden wir frei, wenn wir uns Ihr hingeben. Diese Haltung hat der heilige Paulus sehr schön ausgedrückt: «Denn wie wir in Adam alle sterben, so werden wir in Christus alle lebendig gemacht werden».[419] Adam steht hier für das menschliche Ego und Christus für das unsterbliche Bewusstsein, den *purusha*. Da das Göttliche, der *purusha*, jenseits des Egos liegt, bedeutet die Ergebenheit an das Göttliche nicht, dass wir uns einem mächtigeren Ego hingeben. Es bedeutet, dass wir uns der Freiheit und der Liebe selbst hingeben.

Wir können nur Freiheit erlangen, wenn wir uns dem göttlichen Gesetz unterwerfen und nicht dagegen rebellieren. Wenn wir uns unterwerfen, erfahren wir die Freude (*ananda*) des Herzens, das heißt, wir erfahren Gottes Liebe, den dritten Teil von Aurobindos Formel für *shraddha*. Das bedeutet, dass *shraddha* beinhaltet, zumindest etwas von dem Nektar zu kosten, der uns erwartet, wenn wir uns auf eine Liebesbeziehung mit dem Göttlichen einlassen. Es ist nun klar, dass *shraddha* eine *sadhana* (spirituelle Praxis und Disziplin) ist, die weit über den einfachen Begriff des Glaubens hinausgeht.

Swami Tyagisananda erklärt in seinem Kommentar zu Naradas *Bhakti Sutra*, dass *shraddha* eine Überzeugung ist, die dynamisch, d.h. prozesshaft geworden ist.[420] Sie beinhaltet nicht die bloße intellektuelle Zustimmung, sondern die

---

419 Korinther 15:22

420 Swami Tyagisananda, Narada Bhakti Sutras, S.254

Bereitschaft, die Wahrheit durch die Praxis der Lehren zu verwirklichen, wenn man von ihrer Rationalität und ihrem Nutzen überzeugt ist. Tyagisananda weist darauf hin, dass *shraddha* etymologisch mit *satya*, d.h. Wahrheit, verbunden ist. Der Swami verdeutlicht hier entscheidende Aspekte von *shraddha*, nämlich die Übereinstimmung mit der Wahrheit, Rationalität und Nützlichkeit.

Als ich ein junger Suchender war, fand ich mich häufig in Gruppen indoktriniert, die man heute als «High-Demand-Gruppen» bezeichnet, d.h. Sekten und Kulte, die sich nicht auf eine bestimmte Religion beschränken. Wann immer ich auf Ungereimtheiten in ihren Lehren oder im Verhalten ihrer Autoritäten hinwies, wurde mir entweder gesagt, ich solle meinen Geist oder mein Ego ablegen, in den gegenwärtigen Moment kommen oder ich solle Glauben haben. Wenn du dich in einer ähnlichen Situation befindest, erinnere dich daran, dass *shraddha* niemals mit rationalem und kritischem Hinterfragen in Widerspruch steht. Deshalb kann Krishna am Ende der *Gita* zu Arjuna sagen: «Nun analysiere alles, was Ich dir gesagt habe, mit deiner besten intellektuellen Fähigkeit und tu dann, was du für richtig hältst».[421] Krishna weiß, dass Arjuna, und damit auch wir alle, nur dann kohärent und konsequent handeln können, wenn wir die dynamische Überzeugung von der Wahrheit dieser Handlung erlangt haben. Und wir können erst dann von etwas überzeugt sein, wenn wir es im Schmelztiegel des Intellekts geprüft haben.

In der *Bhagavad Gita* wird *shraddha* zum Beispiel in Vers XVII.3 behandelt. Hier verkündet Krishna, dass das *shraddha* eines jeden Lebewesens von seiner natürlichen Veranlagung aufgrund vergangener Eindrücke abgeleitet ist. Krishna erklärt weiter, dass ein Mensch in erster Linie durch sein *shraddha* geformt wird, d.h. man wird zu dem, in das man sein

---

[421] Bhagavad Gita XVIII.63

shraddha investiert. In diesem Zusammenhang könnte man *shraddha* als unser Wertesystem übersetzen. Auch hier liegt der Schwerpunkt auf dem Prozess des *shraddha*. Natürlich deutet Krishna nicht an, dass unser *shraddha* aufgrund unserer Eindrücke aus vergangenen Leben dauerhaft festgelegt ist und wir es akzeptieren sollten. Er will damit zum Ausdruck bringen, dass unser *shraddha* so entscheidend ist, dass wir es bewusst durch Praxis kreieren müssen, denn unser Wertesystem bestimmt die Richtung unseres Lebens.

SHASTRA (SCHRIFT)

Eng verbunden mit dem Konzept von *shraddha* ist das von *shastra*. *Shastra* bedeutet «Weg zur Wahrheit», aber ich verwende gerne die Abkürzung «Schrift», ein Begriff, der seine eigenen Probleme mit sich bringt. Swami Medhananda sagt, dass aus Sicht Aurobindos jede Untersuchung über die Bedeutung der Schriften unvollständig und unfruchtbar bleibt, wenn sie nicht auf einer grundlegenden Haltung von *shraddha* beruht.[422] Medhananda erklärt, dass *shraddha* im Kontext der Hermeneutik zwei Hauptformen annimmt: interpretierende Nachsicht und spirituelle Empfänglichkeit. Interpretative Nachsicht bedeutet, dass wir vorläufig davon ausgehen, dass die Aussagen in einer bestimmten Schrift konsistent und in sich stimmig sind. Entsprechend dieser Haltung sollten wir dem Impuls widerstehen, Widersprüche oder Diskrepanzen in einem Schrifttext zu finden, um dann zu versuchen, sie zu erklären, indem wir entweder behaupten, dass einige Aussagen im Text spätere Einfügungen sind, oder indem wir uns auf ein externes Rahmenwerk berufen. Solche Erklärungen sind die üblichen Fallen, in die viele westliche Indologen tappen. Ich will damit nicht sagen, dass

---

422 Swami Medhananda, Why Sri Aurobindo's Hermeneutics Still Matter, S. 11

wir Texte niemals erklären sollten, indem wir behaupten, dass Passagen spätere Einfügungen sind oder indem wir uns auf Rahmenwerke berufen, die außerhalb eines bestimmten Textes liegen. Was ich damit sagen will, ist, dass wir solche Erklärungen erst dann verwenden sollten, wenn wir uns aufrichtig und lange bemüht haben, ein *shastra* auf der Grundlage seiner eigenen Verdienste zu verstehen.

Medhananda stellt klar, dass für Aurobindo das richtige Lesen der Schriften Geduld, Demut und die Offenheit für die Möglichkeit erfordert, dass unsere Unfähigkeit, bestimmte Aussagen im Text zu verstehen, nicht die Widersprüche im Text widerspiegelt, sondern unsere eigenen Beschränkungen als Leser, die über ein Jahrtausend vom Text entfernt sind. Medhananda weist darauf hin, dass Aurobindo auch immer wieder betonte, dass die indischen Schriften vom Leser eine entsprechende spirituelle Aufnahmefähigkeit und Offenheit verlangen. Dies ist ein wichtiger Punkt. Aurobindo macht deutlich, dass der beste Schriftenleser *shraddha* in seinem spirituellen Kern haben muss; nur dann haben die Schriften die Fähigkeit, uns zu formen, zu überraschen, zu verändern und zu erleuchten. Das bedeutet, dass interpretative *shraddha* die Bereitschaft voraussetzt, der Schrift die Macht zu überlassen, anstatt sie ausschließlich dem Leser zuzuschreiben. Das ist etwas, was ich mein ganzes Leben lang beim Studium der indischen *shastras* sehr stark gespürt habe; sie wurden buchstäblich vor meinen Augen lebendig und lehrten mich. Als ich im Alter von 15 Jahren die *Upanishaden* entdeckte, bemerkte ich sofort eine lebendige Intelligenz in den Texten, die meine eigene bei weitem übertraf. Ich bemerkte auch, dass ich um ihren *darshan* bitten musste, um ihre Bedeutung zu erfahren, und dass ich danach so lange geduldig warten musste, bis ich von den Schriften angesprochen wurde.

Medhananda erklärt weiter, dass wir beim Lesen, Interpretieren und Befragen einer Schrift idealerweise auch darauf achten sollten, wie die Schrift uns lesen, analysieren und sogar befragen kann - zum Beispiel, indem sie unsere eigenen ungeprüften Annahmen in Frage stellt oder uns neue Perspektiven eröffnet, aus denen heraus wir über unsere eigenen eingefahrenen Denk- und Lebensweisen nachdenken und sie möglicherweise ändern können. Mit anderen Worten: Wenn wir ein *shastra* lesen, dürfen wir nicht so tun, als sei es die Schöpfung abergläubischer Primitiver, die vor Jahrhunderten lebten (eine Ansicht, die ich manchmal bei modernen Indologen zu erkennen glaube), sondern als sei der Text lebendig und kommuniziere mit uns. Wenn wir offen sind, kann das *shastra* zu uns sprechen wie ein lebendiger Lehrer, der vor uns steht, und in den meisten Fällen sogar besser. Aurobindo hat es geschafft, diese Haltung zu kultivieren. Wenn wir seine Kommentare zu den *Veden*, den *Upanishaden* und der *Bhagavad Gita* studieren, sehen wir, dass das *shastra* ihm Geheimnisse enthüllte, die es seit Jahrhunderten niemandem mehr offenbart hatte. Das lag daran, dass er aufnahmefähig und offen war; vor allem hielt er das *shastra* für fähig, solche Anweisungen zu geben. Das ist das Geheimnis beim Lesen der *shastra*. Alle Informationen sind da, wenn wir bereit sind, zuzuhören.

In Naradas *Bhakti Sutra* heißt es, dass *bhakti* aus dem Studium der Schriften entsteht, die die Herrlichkeit des Göttlichen beschreiben.[423] Dies stimmt mit dem *Yoga Sutra* überein, in dem es heißt, dass die für eine Person geeignete Gottheit (*ishtadevata*) durch das Studium der heiligen Abhandlungen offenbart wird.[424] Die eigene geeignete Gottheit zu kennen, ist notwendig, um *bhakti* zu entwickeln. Madhusudana Sarasvati, der Philosoph aus dem 16. Jahrhundert, der *bhakti* und *Advaita*-Philosophie miteinander verband, sagte, dass

---

423 Swami Tyagisananda, Narada Bhakti Sutras, S. 84
424 Yoga Sutra II.24

für uns heute die Natur die heilige Schrift sein muss. Das ist eine wichtige Aussage. Ich habe Menschen getroffen, die nicht von Büchern angetan sind, sondern das Göttliche in der Natur sehen und erfahren können. Diese Tendenz spiegelt sich auch in der Tatsache wider, dass viele Mystiker:innen, auch wenn sie Gelehrte sind, es oft vorziehen, in der Natur fernab der Städte zu leben. Viele *shastras* geben genau diesen Rat, nämlich sich in die Natur zu begeben, um die Fähigkeit des Zuhörens zu entwickeln.

In diesem Zusammenhang bemerkt Aurobindo, dass es nicht ausreicht, ein Gelehrter zu sein, um die Schriften zu verstehen; man muss eine Seele sein.[425] Um zu wissen, was der Seher sah, muss man selbst sehen können und ein Schüler, wenn nicht sogar ein Meister des Wissens sein. Aurobindo möchte hier zum Ausdruck bringen, dass es nicht ausreicht, ein sprachliches Verständnis für die Buchstaben und Worte auf der Seite zu haben; es muss eine mystische Einsicht folgen. Mit anderen Worten: Wir müssen die Übungen machen, die die Texte vorschlagen, um Wissen zu erlangen. Erst dann können wir die Bedeutung der *shastras* erkennen.

YUGAS (WELTZEITALTER)

Sowohl das *Mahabharata* als auch die *Puranas* folgen der *Yuga*-Lehre, nach der es vier aufeinanderfolgende Weltzeitalter gibt (*Satya, Treta, Dvapara* und *Kali Yuga*), in denen die menschliche Gesellschaft der Entropie (d.h. dem allmählichen Zerfall) unterliegt, sukzessive degeneriert und immer korrupter wird. Nach dieser Lehre befinden wir uns seit über 5000 Jahren im *Kali Yuga*, dem Zeitalter der Dunkelheit. Es gibt unterschiedliche Ansichten darüber, wie lange das *Kali Yuga* dauert, wann es endet und was danach kommt. Diese Lehre

---

425 Sri Aurobindo, Collected Works of Sri Aurobindo, Sri Aurobindo Ashram Trust, Pondicherry, 2003, Bd. 12, S. 37

hat in den letzten Jahrzehnten mehr Aufmerksamkeit erregt. Das liegt daran, dass der von der europäischen Aufklärung inspirierte Glaube, dass wir in eine technologische Utopie eintreten, in der die Wissenschaft all unsere Probleme löst, allmählich von der ernüchternden Erkenntnis abgelöst wird, dass die meisten von uns entwickelten Technologien unheilvolle Nebenwirkungen haben, die wir erst nach Jahrzehnten oder sogar Jahrhunderten verstehen, wenn es schon zu spät ist, sie zu korrigieren.

Eine weitere ernüchternde Erkenntnis ist, dass die Menschheit nicht in der Lage zu sein scheint, über die permanente Kriegsführung hinauszukommen. Die geopolitische Instabilität ist zum Zeitpunkt der Erstellung dieses Buches die höchste seit dem Zweiten Weltkrieg. Die Macht der Tyranneien und Diktaturen in der Welt nimmt zu, was mit einer Beschneidung der bürgerlichen Freiheiten und der Pressefreiheit einhergeht. Während sich immer mehr Reichtum in den Händen von immer weniger Menschen konzentriert, muss das arbeitende Volk im Gegenzug von Jahr zu Jahr länger und härter arbeiten, und die Ausbeutung nimmt zu. Die Krise der psychischen Gesundheit der Menschen verschärft sich, denn die Zahl der Autismus-Spektrum-Störungen, Borderline-Persönlichkeitsstörungen, bipolaren Störungen, Angstzuständen und Depressionen nimmt ständig zu. Während die Bedrohung durch künstliche Intelligenz immer größer wird, steigen die Militärausgaben weltweit in die Höhe. Die Ozeane erwärmen sich und versauern, die Treibhausgase in der Atmosphäre steigen, die Polkappen schmelzen und Taifune, Hurrikane und Wirbelstürme nehmen an Intensität zu. Die Wüstenbildung, Versauerung und Versalzung der Böden und deren Erosion beschleunigen sich, was zu einem immer schnelleren Rückgang der Ackerflächen führt. In Verbindung mit der immer knapper werdenden Wasserversorgung führt dies zu einer zunehmenden Flüchtlingskrise, die den Zusammenhalt der Gesellschaften, in die diese Klima- und Wirtschaftsflüchtlinge einwandern, destabilisiert. Gleichzeitig treiben die Zerstörung von Lebensräumen, die Rodung von Land, die Überjagung und der Klimawandel das sechste Massensterben von Arten voran. Dieses Massenaussterben verringert die Artenvielfalt, den Garanten für die Homöostase in der Biosphäre. Der Begriff Homöostase bedeutet, dass die Bioparameter (die das Leben auf der Erde garantieren) nur in einer engen Bandbreite schwanken. Aufgrund der Homöostase, die durch die symbiotische Wirkung der gesamten Biomasse des Planeten geschaffen wurde, war das Klima während des Holozäns (der geologischen Ära, die die letzten 10 Millionen Jahre umfasst) die stabilste Klimaperiode in der Geschichte des Planeten. Ohne ein solch stabiles Klima wäre die Evolution des Homo Sapiens auf erhebliche Hindernisse gestoßen. Es ist umstritten, ob das kommende Anthropozän, ein neues geologisches Zeitalter, das durch die vom Menschen verursachte Destabilisierung der planetarischen Homöostase gekennzeichnet ist, Organismen beherbergen wird, die komplexer sind als die einzelligen Arten.

Ich sage nicht, dass der wissenschaftliche und technische Fortschritt nur schlecht ist oder zurückgedreht werden könnte. Was ich damit sagen will, ist, dass der allgemeine *Sieg-Heil*-Technik-Fanatismus[426] des modernistischen Zeitalters einer viel realistischeren und nüchternen Einschätzung der Fähigkeiten der Menschheit gewichen ist. Die *Yuga*-Lehre, die vor vielen tausend Jahren entwickelt wurde, gibt einen erstaunlich genauen Bericht darüber, wo wir heute stehen.

---

426 Ich verwende diesen Begriff, um darauf aufmerksam zu machen, dass diese Art von Fanatismus lange Zeit unbestritten war und der faschistischen Ideologie innerhalb einer faschistischen Gesellschaft fraglos ähnelte.

Ich stelle hier nur ein paar Auszüge daraus vor. Sie können uns helfen, uns mit der Tatsache abzufinden, dass viele Dinge, die uns noch vor wenigen Jahrzehnten versprochen wurden, nicht nur nicht eingetreten sind, sondern dass viele Menschen heute einen ausgesprochen düsteren Ausblick auf unsere Zukunft haben. Die *Puranas* und das *Mahabharata* haben diese Entwicklung vorhergesagt, die Gründe erklärt und Lösungen aufgezeigt.

Im *Bhagavata Purana* erklärt Krishna, dass die Menschen im Zeitalter von *Kali* ungerecht in ihren Ansichten sein werden.[427] In einer späteren Passage desselben Textes wird ausgeführt, dass das Hobby vieler Menschen darin besteht, den Frauen und dem Reichtum anderer hinterherzujagen und dass der materielle Reichtum bei der Einschätzung des Wertes einer Person an die Stelle von tugendhaftem Verhalten und Charakter tritt.[428] Ich denke, niemand kann bestreiten, dass dies unser heutiger Stand der Dinge ist. Etwas später im Text fügt das *Purana* hinzu, dass die Menschen im *Kali Yuga* dazu neigen, aus dummen Gründen geizig, gnadenlos, gierig, glücklos und rachsüchtig zu sein.[429]

Auf der nächsten Seite wird in demselben *Bhagavata Purana* eine besonders besorgniserregende Tendenz des *Kali Yuga* erörtert: dass spirituelle Lehren und Lehrer korrupt werden.[430] Im *Bhagavata* heißt es, dass Lehrer, die Autoritäten in *adharma* (unrechtmäßiges Verhalten, Korruption und Laster) sind, anfangen werden, über *dharma* zu lehren und auf den heiligen Sitzen angesehener Lehrer sitzen. Die Passage spricht für sich selbst. An anderer Stelle liefert das *Bhagavata* weitere Anzeichen für das *Kali Yuga*, die ähnlich

---

427 Bhagavata Purana XI.7.5
428 Bhagavata Purana XII.2.40-42
429 Bhagavata Purana XII.3.25
430 Bhagavata Purana XII.3.38

wenig schmeichelhaft sind, aber auch hier beschreibt es unser Zeitalter genau.[431]

Schon früh im *Bhagavata Purana* wird die zunächst überraschende Behauptung aufgestellt, dass das Göttliche, das aus Sat-Chit-Ananda besteht, für die Verehrung im *Krta*-Zeitalter geeignet ist.[432] Dies bedarf einer Erklärung und Analyse. *Krta Yuga* und *Satya Yuga* sind Synonyme und beziehen sich auf das erste Zeitalter, das auch das Goldene Zeitalter oder das Zeitalter der Wahrheit genannt wird. In diesem ersten aller *Yugas* war die Menschheit vermutlich spirituell reifer und mehr im Einklang mit der Natur und dem Göttlichen. Sat-Chit-Ananda ist der Name des Göttlichen in den *Upanishaden* und kann mit Wahrheit-Bewusstsein-Ekstase übersetzt werden. Dies ist auch der Name, den Shri Aurobindo für das Göttliche verwendet, der aber in späteren Zeiten durch menschenähnliche Gottheiten ersetzt wurde. Es ist wichtig zu verstehen, dass wir in einer längst vergangenen Ära noch spirituell reif genug waren, um den heutigen, scheinbar komplexen Namen des Göttlichen als Sat-Chit-Ananda oder Wahrheit-Bewusstsein-Ekstase zu verstehen. Im heutigen Zeitalter hingegen scheinen wir Reichtum, Macht, sexuelle Leistungsfähigkeit, gewalttätige Unterhaltung, Ruhm und die Anzahl der Likes in den sozialen Medien zu vergöttern. Das *Purana* ist daher realistisch, wenn es feststellt, dass die Menschheit Sat-Chit-Ananda aus den Augen verloren hat.

Kommen wir nun zu der Lösung, die die *Puranas* und das *Mahabharata* für unser Dilemma anzubieten haben. Dieses Dilemma wurde dadurch verursacht, dass die Menschheit ihren Halt im göttlichen Gesetz verloren hat und nach ihrer eigenen Größe und ihrem Ego strebt. Wir können diesen

---

431 Bhagavata Purana XII.2.1-16
432 Bhagavata Purana III.21.8

Prozess umkehren, indem wir uns wieder auf das Göttliche ausrichten, und ein neues Goldenes Zeitalter kann über uns hereinbrechen. Die Richtung der Menschheit wurde immer von einer Minderheit mutiger, bahnbrechender Individuen bestimmt, die die Mehrheit mit sich zogen. Wenn genügend Menschen die Herausforderung der *Bhagavad Gita*, des *Bhagavata Purana* und anderer *shastras* annehmen, um sich durch eine Konvergenz von *Raja*, *Karma*, *Jnana* und *Bhakti* Yoga wieder auf die Agenda des *Purushottama*, des Höchsten Wesens, auszurichten, wird sich der Kurs der Menschheit ändern.

KASTEN UND VARNAS - ZUSÄTZLICHE HINWEISE UND REFERENZEN

Es gibt eine Wahrheit hinter dem *varna*-System der *Gita*, die wir verstehen müssen, da sie die Grundlage für Krishnas Aufruf ist, unsere eigene persönliche Bestimmung zu finden, wie jeder Einzelne dem Göttlichen dienen muss. Damit will ich weder das moderne, erbliche indische Kastensystem noch seine Klonen in der westlichen Gesellschaft rechtfertigen. In ihrem Buch *Caste: The Origin of Our Discontents* beschreibt die amerikanische Pulitzer-Preisträgerin Isabel Wilkerson, dass dem Rassismus gegenüber Afroamerikanern in den Vereinigten Staaten ein geschichtetes Kastensystem zugrunde liegt, das dem in Indien und Nazideutschland ähnelt. Als australischer Staatsbürger bin ich mir sehr wohl bewusst, dass die Behandlung der australischen Aborigines ebenfalls in diese Liste aufgenommen werden sollte. Als ich mich mit der australischen Geschichte beschäftigte, fiel mir auf, dass hinter und unter der Einstufung der australischen Aborigines als Untermenschen (Kapitän Cook erklärte Australien als von Menschen unbewohnt, um es für die britische Krone beanspruchen zu können) die systematische Enteignung und der Transfer von Wohlstand von den Aborigines zu den weißen Kolonialisten über zwei Jahrhunderte hinweg stand. Viele junge australische Industrien hätten nicht überlebt, und die Wirtschaft des Landes hätte sich nur durch systematischen Landraub und die Bereitstellung billiger oder sogar kostenloser Arbeitskräfte eines 200 Jahre lang unterworfenen Volkes zu ihrer heutigen Form entwickeln können. Das heißt, auch wenn solche Gesellschaften oberflächlich betrachtet rassistisch aussehen, liegt dem Rassismus und ähnlichen Systemen der sozialen Schichtung die systematische Übertragung von Reichtum und Eigentum zugrunde. Obwohl ich diese Themen in diesem Buch über *Bhakti* Yoga nicht ausreichend behandeln kann, halte ich es für notwendig, sie zu erwähnen, weil ich häufig über Kaste und *varnas* gesprochen habe. Zusätzlich zu Wilkersons Buch empfehle ich Bill Gammages *The Biggest Estate on Earth - How Aborigines Made Australia*.

Der Sanskrit-Begriff, der dem deutschen Wort Kaste zugrunde liegt, ist *varna*, was Farbe bedeutet. Die Idee dahinter ist, dass wir von den geistigen Eigenschaften *tamas* (Masse oder Trägheit), *rajas* (Raserei oder Energie) und *sattva* (Intelligenz oder Weisheit) gefärbt sind. Auf dieser Grundlage sollte unsere gesellschaftliche Rolle im spirituellen Beruf, in der Regierung und der Verteidigung, in der Wirtschaft oder in der Arbeiterklasse liegen. Laut der *Bhagavad Gita* gab es diese Unterscheidung ursprünglich, damit wir unsere Fähigkeiten und Neigungen nutzen können, um dem Göttlichen und der Gesellschaft zu dienen. Ursprünglich waren die Kasten nicht vererbbar, und es war möglich, die Kaste zu wechseln, wenn die geerbte Situation nicht zur eigenen Konstitution passte. Krishna bezieht sich häufig auf die *varnas*, aber Aurobindo, Swami Tapasyananda und andere weisen darauf hin, dass er sich nicht auf die modernen Kasten, sondern auf geistige Eigenschaften bezieht. Leider haben alle mittelalterlichen Kommentatoren in Krishnas Verwendung von *varna* Kasten hineininterpretiert. Sie haben dann seine Aufforderung, seinem *svadharma* zu folgen, so interpretiert, dass man sich an die Kastenregeln halten soll. Ich habe bereits Swami Tapasyananda zitiert, der argumentiert, dass die mittelalterlichen Kommentatoren Lord Krishna mit dieser Argumentation keinen großen Dienst erwiesen haben. Ich möchte hier weitere Hintergrundinformationen liefern, denn wenn wir *varna* nicht als geistige Qualität einer Person (und stattdessen als erbliche Kaste) und *svadharma* nicht als die höchste Bestimmung eines Menschen (und stattdessen als Aufforderung, sich an seine Kastenregeln zu halten) verstehen, können wir die philosophische Tiefe der *Bhagavad Gita* nicht ausloten und ihrem Aufruf zu einer intimen, persönlichen Beziehung mit dem Göttlichen nicht nachkommen. Das war die Ansicht von Shri Aurobindo.

Im *Mahabharata* sagt Krishna, dass Verehrer des Herrn niemals *shudras* sind (der Name der niedrigsten Kaste, die angeblich von *tamas* - Trägheit - beherrscht wird). Krishna sagt hier, dass nicht die Geburt einen zum *shudra* macht, sondern die Hingabe an Gott oder das Fehlen davon, also die spirituelle Qualität eines Menschen. Der Krishna des *Mahabharata*, der *Gita* und des *Bhagavata Purana* ist mit dem Kastensystem vertraut. Er argumentiert jedoch, dass die vererbte Kaste keine Rolle spielt, sondern die Hingabe an das Göttliche zählt. Er fährt fort, dass ein weiser Mensch nicht einmal einen Ausgestoßenen (der im Kastensystem unter den *shudras* steht), der dem Göttlichen ergeben ist, verachten sollte. Sollte er dies tun, wird er in die Hölle fallen. Daher steht es uns nicht zu, zwischen den verschiedenen Gottergebenen zu unterscheiden. Auch hier sagt Krishna, dass das Kastensystem keine Rolle spielt, sondern dass es darauf ankommt, wie sehr man das Göttliche erkennt und wie sehr man dem Göttlichen dient.

Auch wenn viele moderne kapitalistische Gesellschaften kein so starres System wie das indische Kastensystem haben, sollten wir nicht zu selbstgefällig sein. Realistisch betrachtet haben diese Gesellschaften ein Kastensystem, das sich strikt an den finanziellen Möglichkeiten einer Person orientiert. Wenn du im Kapitalismus kein Geld hast, ist deine Situation nicht viel anders als die eines indischen Außenseiters. Wenn du dagegen ein erblicher Milliardär bist, kannst du machen, was du willst. Dazwischen gibt es Abstufungen, die sich wiederum nicht so sehr vom Kastensystem unterscheiden. Das Problem mit dem Reichtum im Westen ist, dass er dir Zugang zu teuren Anwälten verschafft und dir damit die Möglichkeit gibt, weniger finanzstarke Gegner bei Gerichtsverfahren auszustechen. Es wäre wichtig, eine Gesellschaft zu schaffen, in der der Wert einer Person weder durch die Größe ihres Vermögens noch durch die Familie, in die sie hineingeboren wird, bestimmt wird.

Auch Aurobindo vertrat die Ansicht, dass die Auffassung falsch ist, dass *svadharma* (eigene Pflicht) bedeutet, sich an die eigene Kaste zu halten.[433] Er führt weiter aus, dass diese falsche Vorstellung auf der irrigen Lehre beruht, dass die Welt eine Illusion ist. Wenn wir glauben, dass die Welt eine Illusion ist, dann, so Aurobindo, ist das Festhalten an den Kastenregeln das Nächstbeste für diejenigen, die für die spirituelle Befreiung noch nicht bereit sind. Aurobindo sagt, wenn wir zugeben, dass die Welt real ist, bedeutet das Finden des eigenen *svadharma*, Gottes Werk in der realen Welt zu unterstützen. Es bedeutet, für Gott in der Welt zu leben und Gott dabei zu helfen, die Welt auf ein göttliches Ideal hinzuführen, die Vergöttlichung der menschlichen Gesellschaft.

---

433 Debashish Banerji, Seven Quartets of Becoming, S. 312

Epilog

Auf einer tieferen Ebene schafft unsere *bhakti*-Praxis eine Öffnung für das Göttliche, das durch uns an der Welt teilhaben kann. Es gibt tatsächlich keinen Unterschied zwischen dem Göttlichen und der Welt. Die Welt, der Kosmos, ist der Körper des Göttlichen. Da das Göttliche jedoch eine lebendige, wenn auch kosmische Intelligenz ist, müssen wir, die begrenzten verkörperten Intelligenzen, uns auf einer tieferen Ebene für die Frequenzen des Göttlichen öffnen. Auf diese Weise kann das Göttliche auf einer höheren Ebene an der Welt teilhaben.

In Shri Aurobindos eigenen Worten wird ein Weg geschaffen, indem wir erkennen, dass *ananda*, Ekstase, der passive Zustand des Brahman ist und *prema*, Liebe, sein aktiver Zustand. Wenn wir uns durch Meditation und *sadhana* auf die Ekstase des Brahman einstimmen, werden wir schließlich von seiner Liebe erfüllt und können diese Liebe in die Welt hinaustragen. Dann werden wir erfahren, dass reine, göttliche Liebe, *prema*, kein Gefühl ist, sondern eine Eigenschaft des Göttlichen, die uns verliehen wurde.

Als wesentlich für diesen Weg der Hingabe rät Aurobindo zu *manana* und *darshana*, d.h. dem ständigen Denken an das Göttliche in allen Dingen und dem Sehen des Göttlichen immer und überall.[434] Wenn du dies tust, wird sich die Gemeinschaft mit dem Göttlichen ganz natürlich einstellen. Diese Kommunion, nicht die Vereinigung, sollte unser Ziel sein. Shri Ramakrishna drückte dies sehr schön aus, als er sagte: «Ich möchte lieber Zucker schmecken, als zu Zucker zu

---

434 Sri Aurobindo, The Synthesis of Yoga, S. 601

werden», da die Integrität des Gottesverehrer in einer solchen Kommunion aufrechterhalten wird.

Die Einhaltung von *dharma* (rechtes Handeln) ist auf diesem Weg der *bhakti* unerlässlich, denn Krishna ermahnt uns, Gott in allem zu sehen, was nicht im Widerspruch zu *dharma* steht, in der Kraft, die nicht durch Begierde verdorben ist, und im Begehren, das mit *dharma* übereinstimmt.[435] Die *Gita* ist keine uralte Unterhaltung, die uns nichts angeht. Wir müssen verstehen, dass Arjuna hier für uns alle steht; er stellt die Fragen, die uns alle verwirren. Auf einer metaphorischen Ebene steht Arjuna für das oberflächliche Selbst, das phänomenale Selbst, und Krishna für das tiefe Selbst, das wahre Selbst.

Abgesehen davon, dass wir verstehen, dass Arjuna und Krishna Aspekte unserer eigenen Psyche darstellen, müssen wir auch lernen, mehr zusammenzuarbeiten und weniger zu streiten. Im *Bhagavata Purana* heißt es, dass Lebewesen sich gegenseitig und letztlich auch sich selbst durch gegenseitige Streitigkeiten zerstören und durch gemeinsame Zusammenarbeit gedeihen.[436] Über die Zusammenarbeit hinaus nimmt die *bhakta* an den Freuden und Leiden aller Wesen teil. So sagt Krishna in der *Gita*, dass die größten Yogis diejenigen sind, die den *atman* in allen anderen sehen und ihre Freuden und Leiden wie ihre eigenen empfinden.[437]

Um das Göttliche wirklich zu verstehen, reicht es letztlich nicht aus, über eine Gottheit oder einen *avatar* zu meditieren. Im *Bhagavata Purana* heißt es, dass wir über jeden Aspekt des Göttlichen einzeln meditieren müssen und, wenn wir darin geübt sind, über alle Teile zusammen.[438] Der letzte Schlüssel

---

435 Bhagavad Gita VII.11
436 Bhagavata Purana I.15.24
437 Bhagavad Gita VI.32
438 Bhagavata Purana III.33.22

zum *Bhakti* Yoga besteht darin, bei der Ausführung von Handlungen nicht unsere eigene Zufriedenheit im Sinn zu haben, sondern die von Gott. So sagt Shri Krishna, dass wir Hingabe zu Ihm erlangen, wenn wir all unsere weltlichen Bemühungen mit Seiner Zufriedenheit im Sinn ausführen.[439] Wenn alle diese Bausteine vorhanden sind, können wir eine vergöttlichte Gesellschaft schaffen, die von einer entwickelten, echten Liebe zum Göttlichen, zu allen Wesen und zum gesamten Kosmos geleitet wird.

---

439 Bhagavata Purana XI.11.23-24

Bibliographie

Aranya, Sw. H., *Yoga Philosophy of Patanjali with Bhasvati*, University of Calcutta, Kolkata, 2020.

Aurobindo, S., *Secret of the Veda*, Sri Aurobindo Ashram Trust, Pondicherry, 1995.

Aurobindo, S., *Essays on the Gita*, Sri Aurobindo Ashram Trust, Pondicherry, 1995.

Aurobindo, S., *Record of Yoga*, Vol. 2, Sri Aurobindo Ashram, Pondicherry, 2001.

Aurobindo, S., *The Life Divine*, Sri Aurobindo Ashram, Pondicherry, 1939-40.

Aurobindo, S., *Collected Works of Sri Aurobindo*, Sri Aurobindo Ashram Trust, Pondicherry, 2003.

Aurobindo, S., *Savitri – A Legend and a Symbol*, Sri Aurobindo Ashram Trust, Pondicherry, 1995.

Aurobindo, S., *The Integral Yoga*, Lotus Press, Twin Lakes, 1993.

Aurobindo, S., *The Synthesis of Yoga*, Sri Aurobindo Ashram, Pondicherry, 1948.

Aurobindo, S., *The Upanishads*, Sri Aurobindo Ashram Trust, Pondicherry, 1996.

Bader, J., *Meditation in Sankara's Vedanta*, Aditya Prakashan, New Delhi, 2010.

Banerji, D., *Seven Quartets of Becoming- A Transformative Yoga Psychology Based on the Diaries of Sri Aurobindo*, Nalanda International, Los Angeles, 2012.

Bhattacharya, V., editor and translator, *The Agamasastra of Gaudapada*, Motilal Banarsidass, Delhi, 1963.

Borg, M.J., *Meeting Jesus Again For The First Time*, Harper One, 1995.

Chandra Vasu, R.B.S., translator, *The Gheranda Samhita*, Sri Satguru Publications, Delhi, 2006.

Chapple, C., translator, *The Yoga Sutras of Patanjali*, Sri Satguru Publications, Delhi, 2010.

Cobb, J.B., *A Christian Natural Theology*, Westminster John Knox Press, 2007.

Cole, C.A., *Asparsa Yoga – A Study of Gaudapada's Mandukya Karika*, Motilal Banarsidass, Delhi, 2002.

Dasgupta, S., *A History of Indian Philosophy*, 1st Indian edn, 5 vols, Motilal Banarsidass, Delhi, 1995.

Easwaran, E., *The Bhagavad Gita For Daily Living*, 3 vols, Nilgiri Press, 1975.

Eliade, M., *Yoga – Immortality and Freedom*, 2nd edn, Princeton University Press, Princeton, New Jersey, 1989.

Gambhirananda, Sw., *Bhagavad Gita with Commentary of Sankaracarya*, Advaita Ashrama, Kolkata, 2017.

Gambhirananda, Sw., translator, *Brahma Sutra Bhasya of Sri Sankaracarya*, Advaita Ashrama, Kolkata, 1985.

Gambhirananda, Sw., translator, *Eight Upanisads*, Advaita Ashrama, Kolkata, 2016.

Ganguli, K.M., translator, *The Mahabharata*, 12 vols, Munshiram Manoharlal, New Delhi, 2018.

Godman, D. (ed.), *Be As You Are – The Teachings of Ramana Maharshi*, Penguin Books India, New Delhi, 2005.

Gurdjieff, G.I., *Beelzebub's Tales To His Grandson*, Penguin Books, 1999.

Jagadananda, Sw., translator, *Upadesa Sahasri of Sri Sankaracarya*, Sri Ramakrishna Math, Madras.

Jagadananda, Sw., translator, *Vakyavrtti of Sri Sankaracarya*, Sri Ramakrishna Math, Madras.

Johnson, R.A., *We: Understanding the Psychology of Romantic Love*, Harper One, 2009.

Krishna, G,. *Kundalini – Evolutionary Energy in Man*, Shambala, 1997.

Krishnamurti, J., *Krishnamurti to Himself*, HarperCollins, San Francisco, 2013.

Krishnamurti, J., *Krishnamurti's Journal*, 2nd rev. edn, Krishnamurti Foundation Trust India, Chennai, 2023.

Krishnamurti, J., *TheAwakening of Intelligence*, HarperCollins, San Francisco, 2007.

Krishnamurti, J., *The First and Last Freedom*, HarperCollins, San Francisco, 1995.

Kunjunni Raja, K., editor, *Hathayogapradipika of Swatmarama*, The Adyar Library and Research Centre, Madras, 1992.

Leggett, T., *Realization of the Supreme Self*, New Age Books, New Delhi, 1995.

Leggett, T., translator, *Sankara on the Yoga Sutras*, 1st Indian edn, Motilal Banarsidass, Delhi, 2012.

Lester, R.C., *Ramanuja on the Yoga*, Adyar Library and Research Centre, Madras, 1996.

Madgula, I.S., *The Acarya*, 2nd rev. edn, Motilal Banarsidass, Delhi, 2021.

Madhavananda, Sw., translator, *The Brhadaranyaka Upanisad*, Advaita Ashrama, Kolkata, 2017.

Mani, V., *Puranic Encyclopedia*, 1st English edn, Motilal Banarsidass, Delhi, 1995.

Medhananda, Sw., *Why Sri Aurobindo's Hermeneutics Still Matter*, Ramakrishna Institute of Moral and Spiritual Education, Mysore.

Mueller, M., editor, *The Sacred Books of the East*, vol. 38, *Vedanta Sutras*, trans. G. Thibault, Motilal Banarsidass, Delhi, 1982.

Natarajan, A.R., *Ramana Maharshi – The Living Guru*, Ramana Maharshi Centre for Learning, Bangalore, 2016.

Natarajan, A.R., *Timeless in Time – A Biography of Sri Ramana Maharshi*, 2nd edn, Ramana Maharshi Centre for Learning, Bangalore, 2020.

Nikhilananda, Sw., translator, *The Mandukya Upanishad with Gaudapada's Karika and Sankara's Commentary*, Advaita Ashrama, Kolkata, 2007.

Panoli, V., translator and commentator, *Gita in Shankara's Own Words*, Shri Paramasivan, Madras, 2000.

Prabhavananda, Sw., *Bhagavad Gita*, Vedanta Press, Hollywood, 1944.

Prabhupada, B. Sw., *Bhagavad Gita As It Is*, The Bhaktivedanta Book Trust, New York, 1968.

Radhakrishnan, S., editor, *The Principal Upanisads*, HarperCollins Publishers India, New Delhi, 2014.

Radhakrishnan, S., *Indian Philosophy*, Indian edn, 2 vols, Oxford University Press, New Delhi, 1960.

Radhakrishnan, S., translator and commentator, *The Bhagavad Gita*, HarperCollins Publishers India, New Delhi, 2022.

Ramakrishnananda, Sw., *Life of Sri Ramanuja*, Sri Ramakrishna Math, Madras.

Ramanujacharya, S., *Gita Bhasya*, transl. Svami Adidevananda, Sri Ramakrishna Math, Madras, 1991.

Sapolsky, R. M., *Behave: The Biology of Humans at Our Best and Worst*, Penguin Press, 2017.

Shankaracharya, S., *Bhagavad Gita with Commentary*, transl. Swami Gambhirananda, Advaita Ashrama, Calcutta, 1997.

Stoler Miller, B., *The Bhagavad Gita*, Bantam Books, New York, 1986.

Subramaniam, K., translator, *Mahabharata*, Bharatiya Vidya Bhavan, Mumbai, 2019.

Subramaniam, K., translator, *Srimad Bhagavatam*, 7th edn, Bharatiya Vidya Bhavan, Mumbai, 2017.

Swahananda, Sw., translator, *Chandogya Upanisad*, Sri Ramakrishna Math, Madras, 1976.

Tapasyananda, Sw., *Srimad Bhagavad Gita*, Sri Ramakrishna Math, Chennai, 1984,

Tapasyananda, Sw., *Srimad Bhagavata*, Sri Ramakrishna Math, Chennai, 1981.

Tapasyananda, Sw., translator, *Sankara-Dig-Vijaya*, Sri Ramakrishna Math, Chennai.

Tapasyananda, Sw., translator, *Sivanandalahari of Sri Sankaracarya*, Sri Ramakrishna Math, Madras.

Torwesten, H., Ramakrishna – *Schauspieler Gottes*, Fischer Taschenbuch Verlag, Frankfurt, 2001.

Tyagisananda, Sw., *Narada Bhakti Sutras*, Sri Ramakrishna Math, Chennai, 2001,

Vireswarananda, Sw., translator, *Srimad Bhagavad Gita*, Sri Ramakrishna Math, Madras.

Whitehead, A.N., *Adventure of Ideas*, Free Press, 1967.
Whitehead, A.N., *Process and Reality*, Free Press, 1979.

Whitehead, A.N., *Religion in the Making*, Fordham University Press, 1996.

Wilkerson, I., *Caste: The Origin of Our Discontents*, Random House, 2020.

Yogananda, P., *God Talks with Arjuna*, 3 vols, Motilal Banarsidass, 1999.

Informationen über den Autor

Gregor begann in den späten 1970er Jahre mit *Raja* Yoga und fügte in den frühen 1980er Jahren *Hatha* Yoga hinzu. Kurz darauf begann er, jedes Jahr nach Indien zu reisen, wo er von verschiedenen yogischen und tantrischen Meistern, traditionellen indischen *sadhus* und Asketen lernte. Er lebte viele Jahre als Einsiedler, studierte Sanskrit und yogische Schriften und praktizierte yogische Techniken.

Gregors Lehrbuchreihe, bestehend aus *Ashtanga Yoga: Practice and Philosophy, Ashtanga Yoga: The Intermediate Series, Pranayama: The Breath of Yoga, Yoga Meditation: Through Chakras, Mantra and Kundalini to Spiritual Freedom, Samadhi: The Great Freedom, How to Find Your Life's Divine Purpose, Chakras, Drugs and Evolution,* und *Mudras: Seals of Yoga,* hat sich weltweit über 100'000 to verkauft und wurde in acht Sprachen übersetzt. Seine Blogartikel findest du unter www.chintamaniyoga.com.

Heute integriert Gregor alle Aspekte des Yoga in seinen Unterricht, ganz im Sinne von Patanjali und T. Krishnamacharya. Sein ausgeprägter Sinn für Humor, seine vielfältigen persönlichen Erfahrungen, sein umfangreiches und tiefgehendes Wissen über Schriften, indische Philosophien und yogische Techniken machen Gregors Lehren für seine Schüler:innen leicht anwendbar, relevant und zugänglich. Er bietet weltweit Workshops, Retreats und Lehrerausbildungen an.

Kontaktiere Gregor über:
www.chintamaniyoga.com
www.8limbs.com
https://www.facebook.com/gregor.maehle.

www.ingramcontent.com/pod-product-compliance
Lightning Source LLC
Chambersburg PA
CBHW021141160426
43194CB00007B/654